Hajo Funke

Von Wutbürgern und Brandstiftern

Hajo Funke

Von Wutbürgern und Brandstiftern
AfD – Pegida – Gewaltnetze

Unter Mitarbeit von Ralph Gabriel

vbb

Der Druck dieser Publikation wurde durch den Förderverein für interkulturelle Bildung und Begegnung (FiBB) e.V., Oranienburg gefördert.

1. Auflage 2016

Binzstraße 19, D–13189 Berlin
www.verlagberlinbrandenburg.de

Satz und Gestaltung: Ralph Gabriel, Wien
Umschlagentwurf: Julia Kopa, Berlin
Gesamtherstellung: Thomas Schneider, Jesewitz
Druck und Bindung: Euro PB, s. r .o., Příbram

ISBN 978-3-945256-64-0

Inhalt

III. Die Alternative für Deutschland: Rechtspopulistisch in der Methode, rechtsradikal in der Substanz

IV. Die extreme neue Rechte

V. Grenzen der Arbeit gegen rechts

VI. Fazit

VII. Konsequenzen

Anhang

Zu diesem Buch

In der folgenden Darstellung skizzieren wir die in Deutschland zu beobachtende gefährliche Entwicklung rechtspopulistischer, rechtsradikaler und gewaltgefährlicher Prozesse rund um die „Patriotischen Europäer gegen die Islamisierung des Abendlandes“ (Pegida), die Alternative für Deutschland (AfD) sowie den sie umgebenden Gewaltsaum. Der flüchtlingsfeindlichen Kampagne von Bewegung und Partei ist eine besondere Nähe zu Hass und Gewalt eigen, die in ihren Kerngebieten im Osten Deutschlands auf besondere Weise zum Ausdruck kommt. Die Ressentiments gegenüber Flüchtlingen, Migranten und Muslimen haben sich nach dem innerparteilichen Putsch gegen den damaligen AfD-Vorsitzenden Bernd Lucke und im Zuge der Flüchtlingsdebatte 2015 noch einmal enorm ausgeweitet. Mit der Dynamik einer rechtspopulistischen und rechtsradikalen Bewegung geht eine Gewaltwelle einher, wie wir sie seit den frühen 1990er-Jahren nicht mehr erlebt haben.

Um diese Dynamik besser zu verstehen, werden wir die flüchtlingsfeindlichen Einstellungen im Kontext gewaltpotenzieller Entwicklungen abschätzen und analysieren. Dabei gehen wir ausführlich darauf ein, wie die AfD an den Schwächen der Demokratie und der allgemeinen Verunsicherung durch soziale Schieflagen anknüpft, diese Ängste und Verunsicherungen aber nicht durch eine verantwortungsbewusste und -bereite Politik, sondern durch die Konstruktion von Sündenböcken – Migranten, Flüchtlinge, Muslime – gefährlich auflädt. Die AfD macht mit der Angst Politik. Dabei dient sie in keiner Weise denen, die sie angeblich vertritt.

Augenscheinlich werden Pegida und Teile der AfD von etablierten neonazistischen und terroraffinen Netzwerken gestützt. Forciert wird diese Entwicklung vom einflussreichen völkisch-rechtsradikalen „Flügel“ innerhalb der AfD um Björn Höcke und André Poggenburg und den Kooperationen mit dem „Institut für Staatspolitik“ von Götz Kubitschek in Schnellroda (Sachsen-Anhalt) und den vom Verfassungsschutz inzwischen beobachteten „Identitären“. In mehreren Exkursen beleuchten wir die spezifischen Situationen in einzelnen Bundesländern.

Unsere Hinweise verstehen wir als Intervention gegen diejenigen, die Ressentiments und Gewalt entfesseln. Wir warnen ausdrücklich vor der Wahl der rechtsradikalen AfD, die weder ein Programm noch eine Strategie zu mehr Sicherheit und Gemeinwohl bietet, sondern die Gesellschaft tiefer in Konflikte stürzt und diffuse Ängste manipulativ verstärkt und dafür ausnutzt, bei Wahlen hohe Stimmenanteile zu erzielen. Wir gehen davon aus, dass die AfD, würde ihr Macht und Einfluss zuteil, eine gefährliche und auf Dauer unser Gemeinwesen zerstörende Dynamik entfesseln könnte.

Unsere Ausführungen legen Konsequenzen nahe, die grundlegend an dem sozialen, ökonomischen und politischen Unbehagen – und damit auch an den Vorstellungen des neoliberalen Dogmas von noch mehr Wettbewerb und Markt – ansetzen und für ein sozialeres und demokratischeres Deutschland und Europa werben. Wir empfehlen eine Strategie, die sich auf eine glaubwürdigere Politik und vor allem auf eine Eindämmung der Gewaltursachen konzentriert.

Diese im Juli 2016 abgeschlossenen Notizen sind eine skizzenhafte Zwischenbilanz, die zahlreiche öffentliche Beiträge bündelt. Der Text greift in der Einschätzung von Pegida und AfD auf Thesen zurück, die gemeinsam mit Micha Brumlik formuliert wurden.[1] Basis dieser Arbeit ist die ausführliche Lektüre von Texten und Reden zentraler Akteure von Pegida, AfD und weiterer Organisationen, die Beobachtung von Veranstaltungen dieser Organisationen unter anderem in Sachsen, Berlin und Brandenburg sowie Expertengespräche in den ausgewählten Bundesländern. Im Fall von Brandenburg und Thüringen beziehen wir uns auf Begleitstudien zu Lokalen Aktionsplänen für mehr Demokratie.

Hajo Funke, Ralph Gabriel

1 Vgl. Micha Brumlik/Hajo Funke: „Acht Thesen zum 13. März: Demokratie verteidigen. Die rechtsradikale AfD stellen“, in: *www.hajofunke.de*, 13.2.2016.

Vom Unbehagen zur offenen Gewalt – Eine neue Politik von rechts?

Der Terror, die Angst und die Hetze von rechts

In der vorletzten Juliwoche 2016 wurde Bayern von einer Welle terroristischer Gewalt heimgesucht. Am 18. Juli stürzte sich der 17-jährige Afghane Riaz Khan A. in einem Regionalzug bei Würzburg mit Axt und Messer auf Passagiere und verletzte fünf Menschen zum Teil schwer. Am 22. Juli tötete der 18-jährige Ali David S. in einem Münchener Einkaufszentrum neun Menschen mit Migrationshintergrund. Am 24. Juli sprengte sich der 27-jährige Syrer Mohammed D. in Ansbach in die Luft und verletzte eine Vielzahl von Menschen.

Die Attentäter von Würzburg, München und Ansbach waren junge radikalisierte Männer. Zwei waren von der Ideologie des sogenannten Islamischen Staats, der Münchener Ali S. von der Ideologie eines rassistischen Rechtsextremismus beeinflusst. Er identifizierte sich mit dem norwegischen Massenmörder Anders Breivik und schlug am fünften Jahrestag des Massakers von Oslo und Utoya zu.

Unsere Aufmerksamkeit ist gefragt

Zwischen den verschiedenen Gewalttätern, Amokläufern und Terroristen bestehen Unterschiede hinsichtlich ihrer Persönlichkeit und ihrer ideologischer Motive. Der Attentäter, der Amokläufer, der Krieger im vermeintlichen Namen des Islam haben bei aller Differenz aber eines gemeinsam, so der Journalist Thomas Assheuer in der *Zeit*, nämlich „den irren Hass, den enthemmten Vernichtungswillen und einen mörderischen Narzissmus, der sich durch eine Bluttat von sich selbst erlöst“.[2]

Solche Taten führen in der Bevölkerung zu einer tiefgreifenden Verunsicherung mit dem Gefühl, dass jederzeit und überall ein Amokläufer oder Terrorist ohne Warnsignal zuschlagen könnte. Tatsächlich gibt es keine absolute

2 Vgl. Thomas Assheuer: „Terror: Epidemie des Argwohns“, in: *www.zeit.de*, 30.7.2016.

Sicherheit, solche Taten zu verhindern. Wir müssen lernen, mit den Gefahren umzugehen, auch präventiv.

Der Psychologe und Terrorexperte Peter Langman wies im Gespräch mit Journalisten der *Zeit* darauf hin, dass es im Vorfeld solcher Taten oft Warnsignale gibt, aus denen aber nicht immer die notwendigen Konsequenzen gezogen werden können, um Anschläge zu verhindern.[3] Es ist wenig beruhigend, dass Attentäter häufig ihre Absichten ankündigen und man so erkennen könnte, ob jemand ein potenziell oder akut Gefährdender ist. Terrorstudien zufolge teilt selbst ein „einsamer Wolf" in immerhin 60 Prozent aller Fälle seine Pläne mit Kontaktpersonen, heute zumeist über das Internet. Rückzug aus der Welt, feindseliges Verhalten, Suche nach Vorbildern auf einschlägigen Websites – das sind die Stichworte, die Peter Langman nennt.

Diese Analyse gilt auch für die oben genannten Taten. Ein psychologischer Gutachter hatte vor dem späteren Selbstmordattentäter von Ansbach gewarnt, ohne dass dies angemessene Konsequenzen gehabt hätte. Ali S. aus München war in psychiatrischer Behandlung – seine Persönlichkeit ähnelte einem seiner weiteren Vorbilder, dem Amokläufer von Winnenden. „Man kann nicht sagen, dass Fachleute keine Chance gehabt hätten, die Gefährlichkeit ihrer Patienten zu erkennen. Ali und die anderen haben sich gleichsam unter Aufsicht in ihre Todesraserei hinein gesteigert", so die Autoren in der *Zeit*.

Gewalt provoziert Gewalt

Ganz allgemein halten die Autoren der *Zeit* nach dem Interview mit Peter Langman fest:

> „Gewalt kann Gewalt auslösen [...]. Das ist wohl der Grund, warum Personen, die als Kinder misshandelt worden sind, häufiger selbst dazu neigen, andere Menschen zu misshandeln. Ähnliches zeigen auch Studien über Nachkriegsgesellschaften: Dort gibt es höhere Raten bei Mord, Raub und Diebstahl. Wer in einem Klima der Gewalt sozialisiert wird, neigt eher dazu, selbst gewalttätig zu werden."

3 Vgl. Jana Gioia Baurmann/Bastian Berbner/Kerstin Bund/Lisa Caspari/Cathrin Gilbert/Otto Lapp/Caterina Lobenstein/Yassin Musharbash: „Gewalt: Warum es nicht aufhört", in: *www.zeit.de*, 4.8.2016.

Das Wissen, dass die Täter von Würzburg und Ansbach in einem brutalen Bürgerkrieg heranwuchsen, ist in Anbetracht der vielen Flüchtlinge, die im letzten Jahr nach Europa gekommen sind, um hier Schutz vor eben diesem Bürgerkrieg zu finden, in der Tat nicht beruhigend.

Ebenso beunruhigend ist auch die Tatsache, dass Gewalt ansteckend sein kann. Statistische Untersuchungen an der Arizona State University in den USA haben Ähnlichkeiten zwischen der Verbreitung von Amokläufen und der von Viruserkrankungen festgestellt, betont Peter Langman. So steige das Risiko einer Nachahmung um bis zu 30 Prozent in den ersten 13 Tagen nach der Tat. Je mehr Attentate passieren, desto wahrscheinlicher zieht jedes von ihnen mehrere nach sich. Die Infektion mit dem Virus der Gewalt gilt für Terroristen, die den Namen des Islam missbrauchen ebenso wie für Rechtsextreme oder Amokläufer. Auch BKA-Präsident Holger Münch ist sich dessen bewusst. Er warnte Anfang des Jahres angesichts zunehmender Gewalt gegen Flüchtlinge wiederholt vor dem Entstehen rechtsextremer Untergrundgruppen nach dem Vorbild des Nationalsozialistischen Untergrunds (NSU).[4]

Internet, öffentlicher Raum und Paranoia

Der Gewaltvirus ist besonders ansteckend, wenn man ihn per Internet oder Sensationsberichterstattung verbreitet. Wenn die „Bilderfetzen einander überblenden und sich in der medialen Wahrnehmung zu einem Fantasma allgegenwärtiger Gewalt verschmelzen", können sie, so Thomas Assheuer, nicht nur eine neue Epidemie des Argwohns, sondern auch Hysterien auslösen.

Die Kommunikationsmöglichkeiten des Internets spielen für Gewalttäter eine zentrale Rolle. Die Nutzer der halb-öffentlichen Foren, sozialen Medien oder geschlossenen Chatrooms im Web 2.0 schaffen sich eine eigene mentale, politische Realität. Man klickt sich in seine „Ingroup" und bestätigt sich gegenseitig in seiner (Abwehr-)Haltung. In der Internetcommunity bleibt man sich nahe, wird sich gleich und so faktisch immun gegenüber kognitiver und emotionaler Dissonanz, die es sonst – sei es aus dem sozialen Nahraum oder von öffentlichen Gegnern – gäbe. Hier mobilisiert man für das große, gemeinsame Ziel: gegen die Ungläubigen im Namen des Islam oder gegen Flüchtlinge bzw. für Deutschland als völkische Nation. Beide Gruppen vertre-

4 Vgl. „BKA-Chef warnt vor Entstehen neuer Rechtsextremisten-Gruppen", in: *www.de.reuters.com*, 17.1.2016.

ten „Werte“, die zentral gegen die Menschenwürde und die damit verbundenen Menschenrechte als Kern des Grundgesetzes gerichtet sind.

Die gegenwärtige Bewegung gegen Flüchtlinge ist in ihrem Ausmaß ohne die modernen Medien nicht denkbar. Für rechte Gewalttäter basiert sie auf einer wahnhaften Realitätswahrnehmung, dass eine Million Flüchtlinge den „Tod Deutschlands“ herbeiführen würden, weshalb Notwehr und Widerstand in allen Formen ein Gebot der Stunde seien. Diese verzerrte Realitätswahrnehmung gedeiht im virtuellen Raum des Chatrooms ohne Gegencheck besonders und entfaltet eine Macht, die auf die Realität zurückschlägt – wie im Fall des Mordversuchs an einer Flüchtlingsfamilie im niedersächsischen Salzhemmendorf.[5] Einige Tage bevor es zum Mordangriff in einer Flüchtlingsunterkunft kam, hatten sich drei als unbescholten geltende junge Erwachsene im Internet aggressiv und darüber hinaus mit Hakenkreuzsymbolen aufgeschäumt, ehe sie sich, wiederum über das Internet, für die Tatnacht verabredeten – nur wenige Stunden danach wurde ein Molotowcocktail produziert und gezündet.

Terrortaten können von den öffentlichen Debatten beeinflusst sein. In einem solchen Kontext war der Mordanschlag am 17. Oktober 2015 von Frank S. auf die Kölner Oberbürgermeister-Kandidatin Henriette Reker (CDU) zu sehen. Diese Tat hatte einerseits mit der neonazistischen Sozialisation des Täters zu tun, sie war gleichzeitig aber auch Resultat der monatelangen Entfesselung von Ressentiments gegen Flüchtlinge durch Rechtspopulisten und Rechtsradikale.[6]

Rufe von rechts

Rechtspopulisten und Rechtsradikale nahmen die Gewalttaten in Bayern zum Anlass, politisches Kapital daraus zu schlagen. Sie deuteten den Münchener Amoklauf vor Bekanntwerden des rassistischen Motivs – komplett voreilig – vor einem islamistischen Hintergrund.[7] Der Fraktionsvorsitzende der AfD in Sachsen-Anhalt André Poggenburg verkündete: „Merkel-Einheitspartei: Danke für den Terror in Deutschland und Europa!“ „AfD weist seit langem auf Sicherheitslage in Deutschland + EU hin: Politikversagen; Linksradi-

5 Vgl. „Der Anschlag aus der Garage“, in: *www.ndr.de*, 28.8.2016.

6 Vgl. „Urteil: 14 Jahre Haft für Reker-Attentäter“, in: *www.wdr.de*, 1.7.2016.

7 Vgl. Jan Schmidbauer: „Rechtspopulisten blamieren sich mit München-Kommentaren“, in: *www.sueddeutsche.de*, 23.7.2016.

kale hetzen und drohen lieber gegen Mut-zur-Wahrheit". Der Bundespressesprecher der AfD Christian Lüth propagierte: „AfD wählen! Schüsse am Olympia-Einkaufszentrum: Tote in München – Polizei spricht von akuter Terrorlage." Der rechte Publizist Jürgen Elsässer forderte wenige Stunden nach der Münchener Tat unter der Überschrift: „Terror in München – Krieg gegen Deutschland" die sofortige Abriegelung der Flüchtlingszentren in Deutschland. Auch der Dresdner CDU-Politiker Maximilian Krah forderte eine Wende in der Flüchtlingspolitik: „Das muss der Wendepunkt sein: Die Willkommenskultur ist tödlich. Es geht um unser Land!"

Nach Bekanntwerden der rechtsextremen Motive des Ali S. konzentrierte sich die Propaganda auf die Attentäter von Würzburg und Ansbach. Die Bundessprecherin der AfD Frauke Petry fragte am 25. Juli auf Facebook: „Würzburg, Reutlingen, Ansbach ... ist Deutschland nun bunt genug, Frau Merkel?"

Solche Verbal-Aggressionen haben Auswirkungen, wie *Der Spiegel* berichtete:[8]

> „Seit der Axtattacke von Würzburg [...] greifen Bundesbürger wieder zur Selbstjustiz. Im niedersächsischen Gailhof und im nordrhein-westfälischen Rösrath wurden Asylbewerber auf offener Straße attackiert. Im sächsischen Niesky fielen aus einem Auto heraus Schüsse auf eine Asylunterkunft. In Dresden, Heidenau und Königstein malten Unbekannte Leichenumrisse vor die Bahnhöfe und hinterließen Flugblätter mit der Aufschrift: Migration tötet."

Rufe von Rechtspopulisten und Rechtsradikalen sind dazu geeignet, Ängste in der Bevölkerung zu steigern. Sie schüren die Angst, statt gemeinsam vernünftige Schritte zum Abbau ihrer Ursachen zu finden. Mehr noch, sie machen in fataler Weise eine Politik damit, entfesseln Ressentiments, die zu einer Spirale der Gewalt führen. Politik mit der Angst war auch das Ticket, mit dem die Nationalsozialisten an die Macht kamen und die Katastrophe des Zweiten Weltkriegs entfesselten.

8 Vgl. Maik Baumgärtner/Anna Clauß/Martin Knobbe/Ann-Katrin Müller/Ralf Neukirch/Sven Röbel/Jörg Schindler/Wolf Wiedemann-Schmidt: „Angst vor der Angst", in: *Der Spiegel*, 31/2016, S. 19.

Das Unbehagen und die Ressentiments

Es gehört zum Kerngeschäft der Rechtspopulisten und Rechtsradikalen, Ängste und Sorgen der Menschen aufzugreifen und bis hin zum Paranoiden zu steigern. Eine solche Taktik hatte Jörg Haider in Österreich mit seiner Freiheitlichen Partei Österreichs (FPÖ) erfolgreich entwickelt, indem er die Sorgen der Bürger aufnahm und verstärkte und gleichzeitig ein Auffangbecken für die radikalisierte Angst und Wut, die er schürte, anbot. Für solche Parteien sind Flüchtlinge Sündenböcke, an denen man sich abarbeiten kann, genauso wie am Establishment – und dies alles, ohne auch nur Ansätze einer Antwort zu liefern. Ihre „konstruktive" Perspektive lautet: Raus aus der EU, weg mit den Flüchtlingen, Schließen der Grenzen. Dies alles kann aber unter den Wählern nur „erfolgreich" sein, wenn es in der Bevölkerung tiefer liegende Gründe für Frustration, Enttäuschung und eine um sich greifende Politikverdrossenheit gibt, die rechtspopulistisch mobilisiert werden kann. So folgt auf die Wut des Einzelnen die Entfesselung von Ressentiments gegenüber den Anderen.

Die Krisen und die Ohnmacht

Das derzeit in Deutschland zu beobachtende Massenphänomen des Rechtspopulismus wurde durch die sich aufschichtende Verunsicherung und Krisenwahrnehmung im Kontext der Flüchtlingswelle des letzten Jahres ausgelöst. Die Flüchtlingswelle war sicherlich der entscheidende, aber nicht der einzige Anlass. Auch die Kriegs- und Krisensituationen in Teilen der Welt, vor allem im Nahen und Mittleren Osten, machen ohnmächtig und wirken emotional bedrückend. Dazu gehören die gefährlich außer Kontrolle geratenen Bürgerkriege in Syrien und im Irak, die Krimkrise und der Krieg in der Ukraine oder der seit Jahrzehnten anhaltende Konflikt zwischen Israel und den palästinensischen Autonomiegebieten. Zum Versagen der Staatengemeinschaft zählt insbesondere jenes der USA, die mit militärischer Unterstützung Großbritanniens im Irak 2003 einen Angriffskrieg entfesselten, ohne ein Konzept der Nationenbildung nach dem Ende des Krieges zu haben. Durch den Krieg kam es zu über einer Million Toten. Die brutale Besatzung schuf die Bedingungen für die Entfesselung islamistisch legitimierter Terroreinheiten, die immer öfter auch in Europa zuschlagen. Der sogenannte Islamische Staat ist in vielerlei Hinsicht auch ein Resultat des verheerenden Umgangs amerikanischer

Militärangehöriger mit der irakischen Bevölkerung nach 2003.[9] Die Staatengemeinschaft hat es nicht geschafft oder sogar ausdrücklich versäumt, Krisen und Kriege früh einzuhegen.

Unzufriedenheit in der Bevölkerung macht sich darüber hinaus an den Wahrnehmungen sozialer, politischer und ökonomischer Ungerechtigkeit fest. Dazu zählen die Folgen der Finanz- und Wirtschaftskrise 2008 und die seit 2010 anhaltende Euro-Krise, die vielen Staaten im Süden Europas noch erhebliche Probleme bereitet, die wachsende Spaltung in Arm und Reich, die grassierende Steuerflucht, vielfach korrupte Erscheinungen wie beispielsweise der Skandal deutscher Autobauer um Abgaswerte von Dieselfahrzeugen oder beim internationalen Fußballverband FIFA. Dazu kommen Empfindungen von Ohnmacht im Zuge des globalisierten Kapitalismus, im Hinblick auf das Finanzkapital und seine Erpressungslogik, die unkalkulierbaren Weltmärkte und die weitreichende Entmachtung demokratisch legitimierter Parlamente.

Die internationale Politik fand auf diese Herausforderungen bisher keine Antworten. Die Wahrnehmung einer Welt, die nicht mehr kontrollierbar erscheint, führt zu individuellen und kollektiven Verunsicherungen, zu einer „Entsicherung", wie sie Wilhelm Heitmeyer in den *Deutschen Zuständen* seit 2002 beschreibt.[10] Die Welt scheint „aus den Fugen", so die an Shakespeares Hamlet angelehnte Charakterisierung durch Bundesaußenminister Frank-Walter Steinmeier (SPD).

Konturen einer (neoliberalen) „Abstiegsgesellschaft"

Der Soziologe Oliver Nachtwey geht in seinem kürzlich erschienenen Buch *Die Abstiegsgesellschaft. Über das Aufbegehren in der regressiven Moderne* dem Gefühl elementarer sozialer und politischer Verunsicherung nach.[11] Noch in den 1960er- und 1970er-Jahren ging man von einer Gesellschaft des Aufstiegs und der sozialen Integration aus, zu der man durch Bildung und die Verteilung

9 Vgl. Hajo Funke: Der amerikanische Weg. Hegemonialer Nationalismus in der US-Administration, Berlin 2002; ders.: Gott Macht Amerika. Ideologie, Religion und Politik der US-amerikanischen Rechten, Berlin 2006.

10 Vgl. Wilhelm Heitmeyer (Hg.): Deutsche Zustände, Folge 10, Frankfurt a. M. 2012.

11 Vgl. Oliver Nachtwey: Die Abstiegsgesellschaft. Über das Aufbegehren in der regressiven Moderne, Berlin 2016.

von Besitzständen komme. Seither vollzieht sich in den meisten westlichen Staaten ein fundamentaler gesellschaftlicher Wandel: Aus der Gesellschaft des Aufstiegs und der sozialen Integration sei eine Gesellschaft des sozialen Abstiegs und der Polarisierung geworden, so Nachtwey. Zwar wird allenthalben beschworen, wie gut es Deutschland im Vergleich zum Rest Europas und der Welt gehe. Herausgestellt werden der Abbau der Arbeitslosigkeit oder die europaweit herausragende ökonomische und politische Stabilität. Dabei übersehen aber viele in Deutschland, dass sich gleichzeitig die soziale Ungleichheit verstärkt hat, der Niedriglohnsektor gewachsen ist und unsichere, prekäre Arbeitsverhältnisse zunehmen. Statt sozialer Integration mehren sich Abstürze und Abstiege. Die Blütezeit der sozialen Moderne – der Sozialstaat, soziale Mobilität, Bildungschancen und der Abbau alter Klassenschranken – ist Vergangenheit.

Im neoliberalen Zeitalter schwinden nicht nur die Ressourcen, sondern auch der Wille zur sozialen Integration. Der Privatisierungsdruck öffentlicher Daseinsvorsorge wuchs in den letzten Jahrzehnten systematisch, der Sozialstaat wurde abgebaut, soziale Bürgerrechte reduziert. Die soziale Moderne entwickelte sich zu einer regressiven Modernisierung, so Nachtwey. Auf der politischen Ebene wurde der drastische Anstieg der Ungleichheit und erst recht der Wahrnehmung dieser Ungleichheit mit der Forderung nach mehr Leistung, mehr Wettbewerb und mehr Chancengerechtigkeit neoliberal abgewehrt. Obwohl die Ungleichheit der springende Punkt der gegenwärtigen Repräsentationskrise der parlamentarischen Demokratien ist, gibt es keinen öffentlichen Ort, an dem die Gefahren wachsender sozialer und politischer Ungleichheit angemessen erörtert werden.

Verlust politischer Gleichheit angesichts sich ausweitender sozialer Ungleichheit

Studien zu Politikverdrossenheit und Demokratieunzufriedenheit zeigen schon seit Längerem eine Zunahme von Wahrnehmungen wie „wir werden sowieso nicht gefragt“ oder „wir sehen uns politisch und sozial abgehängt“ – also Wahrnehmungen von sozialer, politischer und kultureller Entfremdung mit Folgen für die Legitimation von Demokratie (und Rechtsstaat).

Wie sehr sich das soziale und politische Unbehagen mit der Erschütterung sozialen und demokratischen Fortschritts vertieft hat und zur Gefahr für die Demokratie selbst wird, hat Armin Schäfer in seinem Buch *Der Verlust politischer Gleichheit. Warum die sinkende Wahlbeteiligung der Demokratie scha-*

det jüngst herausgestellt.[12] Darin weist er nach, wie sich mit der weltweiten Finanz- und Wirtschaftskrise 2008 die Krisenwahrnehmung verschärft hat. Entscheidend sei – er zitiert hierzu Wolfgang Streecks *Gekaufte Zeit*[13] –, wie sich der Bedeutungsgehalt der Demokratie ändert, wenn sich politische Entscheidungen nicht zuerst am Willen der Mehrheit, sondern vorrangig an der Bewertung des Regierungshandelns durch die Finanzmärkte oder den Ansprüchen von Gläubigern orientieren. Während der Politikwissenschaftler Francis Fukuyama 1992 noch davon ausging, dass Kapitalismus und Demokratie eine höchst erfolgreiche Einheit bilden,[14] stellt Schäfer nun ihre weitere Vereinbarkeit in Frage. Es sind mehr oder weniger aktuelle Gründe für die Verschärfung und Radikalisierung des sozialen und politischen Unbehagens, so Schäfer. Zunächst konstatiert er, dass die rechtliche Gleichheit unter den Bedingungen wachsender sozialer Ungleichheit den Anstieg der Ungleichheit nicht mehr kompensiert, wodurch demokratische Grundprinzipien ausgehebelt werden. Mit der stärker werdenden ungleichen Verteilung von Einkommen sinkt die Wahlbeteiligung (die noch einmal zwischen sozialen Gruppen unterschiedlich ausfällt). Es gibt eine Wirkungskette aus wachsender sozialer Ungleichheit, ungleicher politischer Partizipation und schließlich der Entscheidung zugunsten der politisch Aktiven, in deren Folge die Nichtbeteiligten benachteiligt werden. So stimmen auch immer mehr Menschen in Deutschland der Aussage zu, dass Politiker nicht die Meinung der einfachen Leute vertreten, sondern stattdessen vor allem auf den eigenen Vorteil bedacht sind. Es ist ein Teufelskreis, der für die sozial Schwachen den Status als freie Bürger verhindert, so Armin Schäfer.

Mit der Entleerung der Demokratie wächst die Gefahr von rechts

Mit dem Umbau des Sozialstaats, dem Rückbau sozialer Staatsbürgerrechte kehrt eine (neue) Klassenstrukturierung der sozialen Ungleichheit zurück, so Oliver Nachtwey. Gleichzeitig bestehen kaum noch Chancen zur Etablierung

12 Vgl. Armin Schäfer: Der Verlust politischer Gleichheit. Warum die sinkende Wahlbeteiligung der Demokratie schadet, Frankfurt a. M. 2015.

13 Vgl. Wolfgang Streeck: Gekaufte Zeit. Die vertagte Krise des demokratischen Kapitalismus, Berlin 2013.

14 Vgl. Francis Fukuyama: Das Ende der Geschichte. Wo stehen wir?, Reinbek 1992.

der traditionellen Klassenauseinandersetzungen. Stattdessen breiten sich mit den Erfahrungen wachsender Ungerechtigkeit soziale Abgrenzungen und antidemokratische Affekte aus. Die Abstiegsängste produzieren auch in der noch einigermaßen ökonomisch sicher scheinenden Mittelschicht das Bedürfnis nach Ausgrenzung und Abwehr.

Aufgrund der Erfahrungen nach 1990 sind Unzufriedenheit und Enttäuschungen in Ostdeutschland besonders präsent. Ein Teil der Enttäuschten wurde hier lange von der Partei Die Linke bzw. ihrer Vorgängerin PDS aufgefangen, doch offenbar zeigen deren Angebote nur noch begrenzt Wirkung. Die politisch und ökonomisch Enttäuschten haben sich zu weit größeren Anteilen inzwischen aus dem politischen System zurückgezogen und gehören – allerdings nicht nur in Ostdeutschland – zu der wachsenden Gruppe der Nichtwähler. Durch große Koalitionen erscheint das politische System für viele Wähler ohne zureichende soziale, politische oder kulturelle Alternativen. Auf deren Enttäuschungen reagieren die großen politischen Lager gar nicht oder hilflos: Während die Sozialdemokratie, die originäre Vertreterin des „sozialen Gewissens“, mit einem fahrigen Hin und Her antwortet, verfängt sich die CDU/CSU in internen Irritationen einer vermeintlichen Sozialdemokratisierung. In dieses Vakuum stieß Thilo Sarrazins eugenische Agitation *Deutschland schafft sich ab* schon 2010 und enttabuisierte Rassismus, Biologismus und Ethnozentrismus. Seit spätestens Oktober 2014 entfalteten Pegida und andere ressentimentgeleitete Bewegungen ihre Wirkung, die die neue Spitze der AfD seit Sommer 2015 begierig aufgreift.

Auf die Kontrollverluste der Politik gegenüber den Krisen und Ohnmachtserfahrungen folgen zunehmend autoritäre Reaktionen, rechtspopulistische oder rechtsradikale Angebote und eine Entfesselung von Vorurteilen und Ressentiments. Wo soziale Spielräume aufgegeben werden, trumpfen Bewegungen auf, die sich selbst den Problemen entziehen, indem sie Sündenböcke konstruieren und deren Bekämpfung als Erfolge definieren. In Situationen der Anomie und angesichts multipler Krisen bringen sich radikale Rechte in Position und greifen die Hegemonie demokratischer, liberaler und vor allem sozialer Ideale an.

Die Verwandlung von Angst in Aggression

Die allgemeine Stimmungslage, auf der die Pegida-Bewegung und Teile der AfD ihre Ressentiments entfesseln können, haben Andreas Zick und Anna

Klein in ihrer Studie *Fragile Mitte – Feindselige Zustände* aufgezeigt.[15] Darin offenbaren die Autoren einen Zusammenhang zwischen der persönlichen Erfahrung, ökonomisch nichts verändern zu können oder sich abgehängt zu fühlen, und einer Zunahme der Tendenz, Wut an Schwächeren auszulassen. Die Autoren interessierten sich zunächst für demokratiepolitische Einstellungen. Zwei Drittel der Befragten äußerten Zweifel an gegenwärtigen demokratischen Aushandlungsprozessen. Der Aussage „Die gewählten Vertreter von Parteien zerreden alles und lösen keine Probleme" stimmten 73,1 Prozent „eher" oder „voll und ganz" zu. Drei Viertel sahen die Demokratie durch politische Eliten missachtet: „Politiker nehmen sich mehr Rechte heraus als normale Bürger." Ebenso gingen drei Viertel davon aus, dass letztendlich die Wirtschaft in unserem Land und nicht die Politik entscheidet. Genauso viele meinten, dass in Deutschland zu wenig gegen soziale Missstände protestiert wird. Auch wenn es gegenteilige Erfahrungen geben mag – das Ausmaß von Politik- und Demokratieverdrossenheit sowie die Enttäuschung darüber, wie Demokratie funktioniert, sind schon länger dramatisch. Besorgniserregend ist darüber hinaus, dass trotz des relativen Wohlergehens der Bundesrepublik Deutschland die Enttäuschungen in den letzten 25 Jahren nicht abgenommen, sondern sich zum Teil noch verstärkt haben.

Die Resignation, dass der Stärkere sich ohnehin durchsetzt, in der Ökonomie wie im gesellschaftlichen Leben, verbindet sich gerade unter Pegida-Anhängern mit den Erfahrungen der Ohnmacht hin zu autoritären Reaktionen. Um der Ohnmachtserfahrung zu entgehen, stellt man sich wie in einem emotionalen Umkipp-Prozess auf die Seite der Stärkeren und verachtet nun selbst jene, die als schwach gelten, z. B. Langzeitarbeitslose, Obdachlose oder alle, die man als fremd, als nicht zugehörig wahrnimmt. Bewusst oder unbewusst macht man sie so zu Sündenböcken des eigenen Schicksals. Auf dieser Grundlage finden Aussagen, dass Langzeitarbeitslose selbst Schuld hätten an ihrem Schicksal oder dass es „wertes" und „unwertes" Leben gebe, erhöhte Zustimmung.

Die Studie von Zick und Klein berücksichtigte auch Präferenzen für politische Parteien. Es fügt sich in das Bild von Ohnmachtserfahrungen, dass unter AfD-Sympathisanten eine Anti-Europa-Haltung deutlicher ausgeprägter ist als bei anderen und ihre Einstellungen „einen erhöhten Chauvinismus

15 Vgl. Andreas Zick/Anna Klein: Fragile Mitte – Feindselige Zustände, herausgegeben von der Friedrich-Ebert-Stiftung, Bonn 2014.

und eine stärkere Verharmlosung der NS-Zeit aufweisen. Nach jenen, die die NPD präferieren, zeigen sich in der AfD-Anhängerschaft die zweithöchsten Zustimmungswerte zu Ausländerfeindlichkeit, Chauvinismus und Verharmlosung des Nationalsozialismus", so die Studienergebnisse vom November 2014.

Dammbrüche in Europa. Zeichen eines haltlosen Rechtspopulismus.

Am 22. Mai 2016 erhielt der rechtspopulistische Kandidat Norbert Hofer bei der Wahl zum österreichischen Bundespräsidenten im zweiten Wahlgang bei hoher Wahlbeteiligung von über 72 Prozent mit 49,7 Prozent fast jede zweite Stimme. Einen Monat später, am 24. Juni 2016, stimmte eine knappe Mehrheit in Großbritannien, ebenso bei einer hohen Beteiligung von über 70 Prozent, für den Austritt aus der Europäischen Union. Beide Abstimmungen fanden vor dem Hintergrund der Debatte um die gegenwärtige Flüchtlingspolitik statt. Rechtspopulisten beider Länder wussten diese Debatte mit den jeweiligen länderspezifischen ökonomischen, sozialen und politischen Schieflagen rücksichtslos miteinander zu vermengen.

Das Ergebnis des Referendums in Großbritannien war ein Schock für die Anhänger und Verfechter der europäischen Idee. Von den Fremdenfeinden der „vereinten" Rechtspopulisten und Rechtsradikalen – von Marine Le Pen über Geert Wilders und Hans-Christian Strache bis hin zu einzelnen Vertretern der AfD – wurde es nicht nur begrüßt, sondern überschäumend gefeiert. Nun verstärken sich Gefahren eines rechtspopulistischen und rechtsradikalen Dominoeffekts in der Europäischen Union, besonders in Frankreich, den Niederlanden und in Österreich, wo ähnliche Referenden gefordert werden.

Nach der Entscheidung scheint indes in Großbritannien überhaupt erst eine Ahnung davon zu entstehen, was die verheerenden Wirkungen eines (rechts-)populistischen und nicht zuletzt gegen Migranten gerichteten In-or-Out–Referendums sein können. Erst jetzt wird offenkundig, welche Dimensionen ein tatsächlicher Austritt hat – hinsichtlich der Wirtschaftslage in Großbritannien und in der Welt, der Wünsche nach mehr sozialer Gerechtigkeit und weniger marktradikaler Ökonomie oder dem Binnenverhältnis zwischen England, Schottland, Wales und Nordirland. Kurzum: Die Frage des Referendums hat unterschiedliche Bereiche politischer Interessen in einer völlig unverantwortlichen Weise demagogisch und mit einer politischen Gewaltrhetorik unter dem Schlagwort „Brexit" zusammengepresst, die letztlich auch in einem tödlichen Attentat auf die Labour-Abgeordnete Jo Cox ihren traurigen, realen Höhepunkt hatte.

Referenden dieser Art sind kein Ausweis vollendeter Demokratie: Sie sind, wie sich zeigt, eine mehr oder weniger brutale Form der Aufzwingung des Votums einer mitunter knappen Mehrheit gegenüber dem Rest. Referenden mit solcher politischer Reichweite laden zur demagogischen Zuspitzung ein: „ja oder nein", „raus oder rein", „die oder wir" sind binäre Codes, in denen die vielen Aspekte und Detailfragen keine Berücksichtigung mehr finden können. Viel demokratischer ist es in der Tat, den entscheidenden Gründen von Politikdistanz und -verdrossenheit angemessen und spezifisch nachzugehen, nicht zuletzt in den politischen Prozessbeteiligungen in Kommunen, Regionen und Ländern. Dazu sind auch die zu oft abgehoben erscheinenden oder tatsächlich so agierenden europäischen Gremien im Europäischen Rat, der Europäischen Kommission und dem Europäischen Parlament aufgefordert. Das allerdings impliziert eine responsive, am Gemeinwohl orientierte Politik. Dazu braucht es weniger Selbstgefälligkeit, sondern sensibles und effektives Krisenmanagement durch Politiker, die die ernste Krise Europas „verstanden" haben. Die „Wut über Europa", über die abstrakten und undurchsichtigen Entscheidungsprozesse, über den rigiden, oft neoliberalen ökonomischen und finanzpolitischen Kurs in Europa und auch die deutsche Beteiligung daran muss ernst genommen werden und zu entscheidenden Kurskorrekturen führen. Eines machen der „Brexit" und die Reaktionen aber auch klar: Wer Rechtspopulisten und Rechtsradikale wählt, wählt die Gefährdung Nachkriegseuropas und damit die Gefährdung der Grundlage unseres Zusammenlebens.

I. Gegen die Menschenwürde

Die Entfesselung von Ressentiments zeichnet sich in Deutschland inzwischen seit weit über einem Jahr ab und hat sich selbst radikalisiert. Pegida – und seit Mitte 2015 zunehmend auch die AfD – provozieren Feindseligkeiten gegenüber Flüchtlingen. Im Fall von Pegida kommt ein freimütig verbalisierter Rassismus hinzu. Dies wurde spätestens im Januar 2015 deutlich, als Einträge von Lutz Bachmann, dem Organisator der Pegida-Demonstrationen, auf Facebook öffentlich wurden. Demnach hatte Bachmann im September 2014 – noch vor der ersten großen Pegida-Demonstration in Dresden – Flüchtlinge als „Gelumpe", „Dreckspack" und „Viehzeug" bezeichnet. Mit einem Schlag war klar, dass Bachmanns Denken neben, vor und hinter der zunächst für viele plausibel erscheinenden Kritik am Parteiensystem von einem dumpfen Rassismus beherrscht wird.

Durch die Entfesselung von Ressentiments mobilisieren die Verantwortlichen von Pegida und AfD – ob gewollt oder nicht – neonazistische Gewalttäter. Wir haben es inzwischen in Deutschland mit einer Gewaltwelle zu tun, wie wir sie seit Jahrzehnten nicht mehr erlebt hatten. Bei deutschen Rechtspopulisten und Rechtsradikalen ist damit die gewaltgefährliche Wirkung weitaus präsenter als bei anderen Rechtspopulisten Europas wie beispielsweise der Freiheitlichen Partei Österreichs (FPÖ).[16]

Rechtsextreme Einstellungen und Gewaltbereitschaft

Ein Zusammenhang zwischen der Mobilisierung von Ressentiments gegen Flüchtlinge und Muslime und einer zunehmenden Gewaltbereitschaft lässt sich durch die Ergebnisse der sogenannten Mitte-Studie belegen, die im

16 Inzwischen aber steigen auch in Österreich die Fälle von rechtsextremen Gewalttaten im Kontext der Debatte um die Aufnahme von Flüchtlingen an. Am 1. Juni 2016 kam es zu einem ersten Brandanschlag auf eine Flüchtlingsunterkunft in Altenfelden/Oberösterreich, bei dem das gesamte Gebäude zerstört wurde. Vgl. Markus Rohrhofer: „Abfackeln ist doch keine Lösung", in: *www.derstandard.at*, 4.6.2016.

Juni 2016 vorgestellt wurde. Mit dieser seit 2002 an der Universität Leipzig durchgeführten Erhebung gibt es ein Instrument, mit dem die Verbreitung autoritärer und rechtsextremer politischer Einstellungen in Deutschland und die Verbreitung von Gewaltbereitschaft erfasst wird. 2015 wurde die Befragung zum achten Mal durchgeführt und unter dem Titel *Die enthemmte Mitte. Autoritäre und rechtsextreme Einstellung in Deutschland* von Oliver Decker, Johannes Kiess und Elmar Brähler vorgelegt.[17] Die „Mitte-Studie" erfasst rechtsextreme Einstellungen im Ost-West-Vergleich, nach Parteipräferenz und im Kontext politischer Milieus.

Polarisierung der politischen Milieus

Die „Mitte-Studie" beschreibt unterschiedliche politische Milieus und zeigt damit Normen und Wertvorstellungen im Kontext einer sich verändernden Welt auf. Die Milieus werden von den Autoren in zwei großen Gruppen unterteilt: die „demokratischen" und die „antidemokratisch-autoritären" Milieus. Zunächst die gute Nachricht: In den letzten zehn Jahren haben sich die demokratischen Milieus insgesamt von 36,9 Prozent auf 59,9 Prozent der Bevölkerung ausgeweitet. Das „moderne demokratische" Milieu, das alle Aussagen des Rechtsextremismus ablehnt und aktive Stütze der demokratisch verfassten Gesellschaft ist, wuchs in diesem Zeitraum von 23,3 Prozent auf 30,6 Prozent an.

Gleichzeitig gehören der Auswertung zufolge im Jahr 2015 immer noch 26,0 Prozent der Bevölkerung den „antidemokratisch-autoritären" Milieus an, die durch „starke Vorurteile", eine „große Bereitschaft zur autoritären Aggression" und einen „ausgeprägten Verlust von Vertrauen in das demokratische System" gekennzeichnet sind (2006: 41,7 Prozent). Bedeutsam ist dabei, dass unter den antidemokratischen Milieus die Akzeptanz von Gewalt als Mittel der Interessensdurchsetzung am stärksten ausgeprägt ist.

17 Oliver Decker/Johannes Kiess/Elmar Brähler (Hg): Die enthemmte Mitte. Autoritäre und rechtsextreme Einstellung in Deutschland, Gießen 2016. Die Studie der Universität Leipzig entstand in Kooperation mit der Rosa-Luxemburg-, der Heinrich-Böll- und der Otto Brenner Stiftung.

Ausländerfeindlichkeit im Ost-West-Vergleich

Nach dem Befund der Studie lag die manifeste Ausländerfeindlichkeit in Deutschland im Jahr 2015 bei 20,4 Prozent. Sie ist im Vergleich zum Vorjahr angestiegen, im Osten von 22,4 auf 22,7 Prozent und im Westen von 17,0 auf 19,8 Prozent. (Ihren Höhepunkt erreichte die festgestellte Ausländerfeindlichkeit im Jahr 2012 in Ostdeutschland mit 38,7 Prozent, in Westdeutschland lag sie im Jahr 2006 mit 25,7 Prozent am höchsten.)

Die Aussage: „Die Ausländer kommen nur hierher, um unseren Sozialstaat auszunutzen" findet insgesamt eine Zustimmung von 32,1 Prozent (Ost: 38,5 Prozent; West: 30,4 Prozent). 26,1 Prozent der Bevölkerung sind der Auffassung, dass Ausländer in ihre Heimat zurückgeschickt werden sollen, wenn Arbeitsplätze knapp werden (Ost: 29,0 Prozent; West: 25,3 Prozent). 33,8 Prozent finden, dass die Bundesrepublik durch die vielen Ausländer in einem gefährlichen Maß überfremdet sei (Ost: 35,2 Prozent; West: 33,5 Prozent).

Insgesamt sind 41,4 Prozent *aller* Befragten „eher" oder „voll und ganz" der Auffassung, dass Muslimen die Zuwanderung nach Deutschland untersagt werden solle, 50 Prozent stimmen zu, dass sie sich durch die vielen Muslime manchmal wie ein Fremder im eigenen Land fühlen, und knapp 59,9 Prozent sagen, dass die meisten Asylbewerber nicht wirklich befürchten, in ihrem Heimatland verfolgt zu werden, sondern dies nur vorgeben.

Höchstwerte von Ressentiments unter AfD- und Pegida-Anhängern

Interessant sind die Einstellungen unter den Anhängern der AfD im Vergleich zu denen der etablierten politischen Parteien. Die Umfrage zeigt, dass die AfD in ihrer Anhängerschaft die Ressentimentbehafteten bündelt. So meinen 71,7 Prozent der AfD-Wähler, dass die Bundesrepublik „durch die vielen Ausländer in einem gefährlichen Maß überfremdet" sei (CDU/CSU: 27,2 Prozent; SPD: 31,9 Prozent; Linke: 15 Prozent; Grüne: 15,6 Prozent). 85,9 Prozent der AfD-Anhänger fühlen sich „durch die vielen Muslime [...] manchmal wie ein Fremder im eigenen Land" (CDU/CSU: 45,7 Prozent; SPD: 47,8 Prozent; Linke: 37,7 Prozent; Grüne: 24,7 Prozent). Der Aussage „Die meisten Asylbewerber befürchten nicht wirklich, in ihrem Heimatland verfolgt zu werden" stimmen 88 Prozent der AfD-Anhänger zu (CDU/CSU: 59,3 Prozent; SPD: 56,3 Prozent; Linke: 50,4 Prozent; Grüne: 36,1 Prozent). Unter den AfD-Anhängern liegt die Zustimmung zur Demokratie als Idee bei 87,7 Prozent, Anhänger der etablierten Parteien stimmen dieser Idee zu über 95 Prozent zu.

Ebenso deutlich ist das Ergebnis für die flüchtlings- und islamfeindliche Pegida. 28,4 Prozent der Pegida-Anhänger lehnen die Demokratie als Idee ab, unter allen Befragten liegt dieser Wert bei nur 10 Prozent. Fast 80 Prozent der Pegida-Anhänger sind islamfeindlich gesinnt: Der Aussage „Durch die vielen Muslime hier fühle ich mich manchmal wie ein Fremder im eigenen Land" stimmen 78,2 Prozent der Pegida-Anhänger zu. 75,9 Prozent fordern einen Zuwanderungsstopp für Muslime.

Mit der Studie werden auch rechtsextreme Einstellungen in der Bevölkerung erhoben. Den Ergebnissen zufolge hatten in Deutschland im Jahr 2015 5,4 Prozent ein geschlossenes rechtsextremes Weltbild (im Osten liegt der Wert bei 7,4 Prozent, im Westen bei 4,8 Prozent). Von ihnen haben 52,2 Prozent eine Präferenz für die AfD.

Gewaltpotenziale

AfD und Pegida (sowie die durch sie mobilisierten und mit ihnen verbundenen rechtsextremen und neonazistischen Ränder) sind die Avantgarde der Entfesselung von Ressentiments gegenüber Flüchtlingen und Muslimen. Die Ausländerfeindlichkeit hat sich im Kontext der Flüchtlingswelle in Ost- und West-Deutschland erheblich verbreitet und reicht inzwischen insbesondere gegenüber Muslimen bis zur Hälfte der Bevölkerung. Dieses Vorreiter-Angebot kann in gewaltgefährlicher Weise mobilisiert werden.

Den Autoren der „Mitte-Studie" zufolge ist die AfD darüber hinaus inzwischen so etwas wie ein Heimathafen für Antidemokraten und Rechtsextreme geworden. Offenbar wählen selbst Rechtsextreme mit einem geschlossenen Weltbild in ihrer relativen Mehrheit nicht mehr die NPD, sondern die AfD.

Die dynamische Entwicklung der rechtspopulistischen und rechtsradikalen Bewegungen konnten wir in den letzten beiden Jahren beobachten, die Ergebnisse der „Mitte-Studie" zeigen ihr ausweitbares Potenzial. Dazu gehört auch die Ausdehnung rassistischer Gewalt, die sich, einmal zugelassen und etabliert, als Gewaltbewegung auf hohem Niveau hält, obwohl der Anlass durch das Abebben der Flüchtlingsdebatte ihren Zenit zum Teil überschritten hat.

Rechte Ausschreitungen: Wiederkehr der Gewaltexzesse der 1990er-Jahre?

Im März 2016 veröffentlichten unabhängige Opferberatungsprojekte aus Ostdeutschland, Berlin und Nordrhein-Westfalen eine gemeinsame Statistik zu politisch rechts motivierter Gewalt für das Jahr 2015. Insgesamt kam es demnach in den sieben Bundesländern zu 1 747 Gewalttaten von rechts:[18]

> „Im Jahr 2015 stieg die Zahl politisch rechts, rassistisch und antisemitisch motivierter Gewalttaten erneut deutlich an. In den ostdeutschen Bundesländern und Berlin haben sich die Angriffe von 782 auf 1 468 nahezu verdoppelt. Mit Nordrhein-Westfalen legt erstmalig auch ein westdeutsches Bundesland unabhängige Zahlen zur Angriffssituation vor. 279 rechtsmotivierte Angriffe wurden in dem bevölkerungsreichsten Bundesland gezählt, 1 747 sind es damit in der Summe. Mindestens 2 237 Personen wurden 2015 in den sieben Bundesländern verletzt und massiv bedroht. Bei 1 056 Angriffen, d. h. 60 Prozent der erfassten Fälle, spielen rassistische Tatmotive eine zentrale Rolle. [...] Das Gewaltpotential ist gefährlich angestiegen. Zunehmend wurden Waffen, Sprengstoffe und Brandsätze eingesetzt. Täter/innen nahmen häufiger tödliche Verletzungen in Kauf."

Die unabhängigen Opferberatungsstellen verzeichneten in Ostdeutschland und Berlin im Jahr 2015 einen Anstieg der rechten Gewalttaten um etwa 90 Prozent, in Brandenburg und Thüringen hat sie sich mehr als verdoppelt:

> „In Sachsen wurden mit 477 Fällen die meisten Angriffe gezählt (2014: 257, 85 Prozent mehr als in 2014). In Berlin wurden 320 Angriffe registriert (2014: 179 Angriffe, +79 Prozent), in Nordrhein-Westfalen 279 [für das Jahr 2014 lagen keine Zahlen vor], in Sachsen-Anhalt 217 Angriffe (2014: 120, +80 Prozent), in Brandenburg 203 (2014: 93, +118 Prozent), in Mecklenburg-Vorpommern 130 Angriffe (2014: 84, +53 Prozent) und in Thüringen 121 Angriffe (2014: 58, +109 Prozent). In allen Bundesländern, in denen bereits 2014 Angriffe dokumentiert wurden, stieg die Zahl deutlich an. 2015 fanden in Ostdeutschland, Berlin und Nordrhein-Westfalen

18 Vgl. „1747 Fälle politisch rechts motivierter Gewalt in Ostdeutschland, Berlin und NRW – Unabhängige Opferberatungsprojekte veröffentlichen gemeinsame Statistik für 2015", in: *www.opferperspektive.de*, 9.3.2016.

Rechte Gewalttaten im Jahr 2015 / Wahl- und Umfrageergebnisse für die AFD und NPD im Sommer 2016

	Einw. in Mio.	Rechtsextreme und fremdenfeindliche Gewalttaten				Wahl- und Umfrageergebnisse***		
		Zahl der Vorfälle		pro 100 000 Einw.				
		lt. BMI*	lt. Opferberatungsstellen**	lt. BMI*	lt. Opferberatungsstellen**	AfD	NDP	AfD und NPD
Baden-Württemberg	10,72	41		0,38		15,1	-	**15,1**
Bayern	12,69	68		0,54		8	-	8
Berlin	3,47	104	320	**3,00**	**9,22**	15	-	**13**
Brandenburg	2,46	110	230	**4,47**	**9,35**	20	-	**20**
Bremen	0,66	4		0,61		11	-	**11**
Hamburg	1,76	7		0,40		8	-	8
Hessen	6,09	10		0,16		10	-	**10**
Mecklenburg-Vorpommern	1,60	78	130	**4,88**	**8,13**	19	3	**22**
Niedersachsen	7,83	74		0,95		4	-	4
Nordrhein-Westfalen	17,64	161	279	0,91	1,58	12	-	12
Rheinland-Pfalz	4,01	38		0,95		12,0	-	12,0
Saarland	0,99	3		0,30		11	-	11
Sachsen	4,06	131	477	**3,23**	**11,75**	13	5	**18**
Sachsen-Anhalt	2,24	67	217	**2,99**	**9,69**	24,2	-	**24,2**
Schleswig-Holstein	2,83	14		0,49		9	-	9
Thüringen	2,12	11	121	0,52	**5,71**	17,5	-	**17,5**

Die Tabelle zeigt, dass die Zahl rechte Gewalttaten in den ostdeutschen Bundesländern und in Berlin signifikant höher ist als im Westen der Republik. Auch die Zustimmung zur AfD (und zur NPD) ist hier ausgeprägter.

* Die Zahlen der Gewalttaten laut Bundesministerium des Innern (BMI) werden monatlich von der Bundestagsfraktioin der Partei Die Linke erfragt und auf der Internetseite der Bundestagsabgeordneten und Bundestags-Vizepräsidentin Petra Pau veröffentlicht. Die Zahlen gelten als vorläufig. Vgl. „Rechtsextreme Straftaten 2015", in: *www.petrapau.de*, zuletzt eingesehen am 13.8.2016.

** Die Zahlen der Gewalttaten laut unabhängiger Opferberatungsprojekte aus Ostdeutschland, Berlin und Nordrhein-Westfalen sind der Statistik zu politisch rechts motivierter Gewalt für das Jahr 2015 entnommen, die im März 2016 in einer gemeinsamen Presseerklärung veröffentlicht wurde. Vgl. „1747 Fälle politisch rechts motivierter Gewalt in Ostdeutschland, Berlin und NRW – Unabhängige Opferberatungsprojekte veröffentlichen gemeinsame Statistik für 2015", in: *www.opferperspektive.de*, 9.3.2016.

*** Vgl. *www.wahlrecht.de/umfragen/landtage*, zuletzt eingesehen am 13.8.2016.

> pro Tag im Durchschnitt 4,8 politisch rechts motivierte Gewalttaten statt. Zum überwiegenden Teil handelte es sich dabei um (versuchte) Körperverletzungsdelikte: 10 schwere, 608 gefährliche und 613 einfache Körperverletzungen."

In keinem anderen Land West- und Mitteleuropas, in dem es Rechtspopulismus oder Rechtsradikalismus gibt, sind wir bisher mit diesem gewalt-gefährlichen Phänomen auch nur annähernd stark konfrontiert.

Gewalt gegen Flüchtlinge

Die Gewalt richtete sich insbesondere gegen Geflüchtete und deren Unterkünfte. Insgesamt gab es im Jahr 2015 deutschlandweit über 1 000 Angriffe auf Flüchtlinge und Flüchtlingsheime. Dieser Trend hat sich in den ersten Monaten des Jahres 2016 fortgesetzt. Der Journalist Marius Münstermann hat für das erste Halbjahr 2016 die Chronik der flüchtlingsfeindlichen Vorfälle, basierend auf den Zahlen der Amadeu Antonio Stiftung und von Pro Asyl, ausgewertet.[19] Die Chronik dokumentiert im ersten Halbjahr 2016 insgesamt 715 Gewalttaten gegen Flüchtlinge (erstes Halbjahr 2015: 287). Davon waren 90 Brandstiftungen (19), 126 tätliche Übergriffe (50) und 499 sonstige Übergriffe (z. B. Schüsse, Stein- und Böllerwürfe, Schmierereien, mutwillige Wasserschäden). Insgesamt mussten 202 Verletzte (67) verzeichnet werden:

> „Doch die Dunkelziffer dürfte noch deutlich höher liegen. Viele Fälle kommen nie zur Anzeige – teils, weil die Betroffenen Angst vor der Polizei haben oder sie kein Aufsehen erregen wollen, aus Sorge um ihren Aufenthaltsstatus oder ihr laufendes Asylverfahren. Ebenso sind Angriffe auf Polizei, Presse oder engagierte Unterstützer/innen in der Chronik nur begrenzt abgedeckt."

19 Vgl. Marius Münstermann: „Neue Dimension der Gewalt", in: *www.mut-gegen-rechte-gewalt.de*, zuletzt eingesehen am 13.8.2016.

Gewalt in den östlichen Bundesländern und Berlin – Berichte aus den Opferberatungsstellen

Thüringen: Rechter Terror im Kontext der Antiflüchtlingsbewegung

In Thüringen führt ezra, die Mobile Beratung für Opfer rechter, rassistischer und antisemitischer Gewalt mit Sitz in Erfurt, seit 2011 die Chronik zu rechten Gewalt- und Straftaten. Die Verdoppelung der Gewaltzahlen, darunter auch 17 Brandanschläge, ist für die Projektkoordinatorin Christina Büttner erschreckend:

> „So viele Fälle [wie 2015] wurden in Thüringen noch nie gezählt. Zudem werden die Angriffe brutaler. [...] Wir haben es längst mit rechtem Terror zu tun. Mittlerweile gehören rechte Angriffe und Brandanschläge auf Flüchtlingsunterkünfte zum Alltag in Deutschland. Die Politik überbietet sich mit populistischen Forderungen zur sogenannten ‚Flüchtlingskrise'. Es darf aber nicht ausgeblendet werden, dass Rassismus die eigentliche Krise ist. Mit dem Beginn der Demonstrationen der AfD im Herbst 2015 wurde in Thüringen eine breite Unterstützung rassistischer Ressentiments in der Gesellschaft deutlich. Diese Mobilisierung nutzten auch gewaltbereite Einzeltäter und Gruppen, um innerhalb und am Rande dieser Veranstaltungen Gegendemonstranten gezielt anzugreifen."[20]

Im Jahr 2015 registrierte ezra acht Angriffe, die im Kontext von AfD-Demonstrationen in Erfurt begangen wurden. „Die rassistischen Parolen der AfD-Politiker verschaffen den rechten Schlägern und Brandstiftern ihre Legitimation", so Christina Büttner. Erfurt war 2015 mit insgesamt 23 Fällen Schwerpunkt rechtsmotivierter Angriffe in Thüringen. Auch im ersten Halbjahr 2016 verzeichnete ezra einen starken Anstieg rechter und rassistischer Gewalt in Thüringen. Dazu Büttner:

> „Beunruhigend ist vor allem die Normalisierung rechter Gewalt. Obwohl die Angriffszahlen in Thüringen so hoch sind wie nie, bleibt ein notwendiger Aufschrei aus. [...] Eine breite gesellschaftliche Solidarität mit den

20 „Verdoppelung rechter Gewalt im Jahr 2015 in Thüringen. Opferberatungsstelle ezra veröffentlicht Jahresstatistik", in: *www.ezra.de*, zuletzt eingesehen am 13.8.2016.

Betroffenen gibt es nicht. In der politischen Debatte wird der massive Anstieg oft relativiert, indem auf der Grundlage der sogenannten ‚Extremismustheorie' auf andere politisch motivierte Straftaten verwiesen wird. [...] Die Täter/innen fühlen sich in diesem Umfeld sicher und werden durch Schweigen oder gar durch Zustimmung aus der Bevölkerung bestärkt. Gibt es hier keine Interventionen von Politik, Zivilgesellschaft und anderen gesellschaftlichen Akteuren, wird die rechte Angriffswelle nicht abbrechen und sich im schlimmsten Fall noch verstärken."[21]

Brandenburg: Eskalation der Gewalt

In Brandenburg beobachtet die Opferperspektive e.V. seit vielen Jahren rechte Übergriffe und Gewalttaten.[22] Nach einem Rückgang zwischen 2007 und 2010 steigt die Zahl der Vorfälle seit 2011 wieder schrittweise an. Dabei kam es im Jahr 2015 mit insgesamt 203 Angriffen zu einer Explosion rechter und rassistischer Gewalt, die sich gegenüber dem Vorjahr mehr als verdoppelt hat (2014: 93). Es war dies das höchste Angriffsniveau seit 15 Jahren. Insgesamt richteten sich Angriffe oder Bedrohungen gegen mindestens 706 Personen (415 direkt und 293 indirekt Betroffene), im Vergleich zum Vorjahr wurden 2015 damit 346 Prozent mehr Menschen in Brandenburg bedroht oder angegriffen. Zu den Taten zählen 61 einfache und 76 gefährliche Körperverletzungen (insgesamt 67,5 Prozent) sowie eine versuchte Tötung. Hinzu kamen zehn Brandstiftungen, 19 Sachbeschädigungen und 30 Bedrohungen.

Die Schwerpunkte der Gewalttaten lagen in Cottbus und im Landkreis Spree-Neiße sowie in den nördlichen Landkreisen Uckermark, Oberhavel und Ostprignitz-Ruppin. Offenkundig traten rechte Taten gehäuft dort auf, wo es rechtsextreme Zellen oder Szenen schon lange gab und heute noch gibt. In und um Cottbus korrespondierte der Anstieg rechter Gewalt mit der rassistischen Mobilisierung gegen Geflüchtete durch aggressive Proteste gegen Erstaufnahmeeinrichtungen, die großen Zuspruch fanden, so die Opferperspektive e.V.

Hinzu kommt auch in Brandenburg eine erhöhte Brutalität. Dazu zählen beispielsweise die massive Pfeffersprayattacke auf Geflüchtete in ihrer Unter-

21 „Erneut starker Anstieg rechter und rassistischer Gewalt in Thüringen – Opferberatung ezra veröffentlicht Halbjahresstatistik", in: *www.ezra.de*, zuletzt eingesehen am 13.8.2016.

22 Vgl. „Rechte und rassistische Gewalt in Brandenburg eskaliert – 203 Angriffe im Jahr 2015", in: *www.opferperspektive.de*, 1.3.2016.

kunft in Massow im Landkreis Dahme-Spreewald am 1. September 2015 oder der Brandanschlag auf eine noch nicht bezogene Unterkunft für Flüchtlinge in Nauen im August 2015. Im Raum Finsterwalde wurden Flüchtlinge am 12. Dezember 2015 aus einem Auto heraus beschossen. Die Opferperspektive sieht die Zunahme der rechten Gewalt als Resultat rassistischer Hetze in sozialen Medien und bei Kundgebungen. Dieser Anstieg verweise auf eine gefährliche Normalisierung rechter Gewalt.

Eine weitere Auswertung zu gegenwärtigen Formen des Rechtsextremismus hat das Aktionsbündnis Brandenburg, das sich gegen Gewalt, Rechtsextremismus und Fremdenfeindlichkeit wendet, im Februar 2016 vorgelegt. Demnach haben insbesondere die Straßenaktivitäten von Rechtsextremen massiv zugenommen.[23] So fanden im Land Brandenburg im Jahr 2015 insgesamt 105 Aktionen mit je mindestens 50 Teilnehmenden statt. 2014 waren es lediglich zehn solcher Aktionen. Insgesamt zählte das Aktionsbündnis Brandenburg 210 Aktionen mit einer Gesamtteilnehmerzahl von etwa 23 300 Menschen: „Die größten Versammlungen waren am 31. Oktober in Lübbenau, als rund 700 Menschen einem Aufruf der Initiative ‚Zukunft Heimat' folgten, und am 20. November in Cottbus mit rund 650 Menschen bei einer AfD-Demonstration."

Sachsen: Gewaltbereite Massenbewegung von rechts

Die Regionalen Arbeitsstellen für Bildung, Integration und Demokratie (RAA) Sachsen verzeichneten im Jahr 2015 insgesamt 477 rechte Gewaltstraftaten (2014: 257).[24] Knapp 90 Prozent wurden im Zusammenhang mit dem Thema Asyl verübt, 74 Angriffe auf oder im Umfeld von Asylunterkünften – darunter 19 Brandstiftungen und 21 gefährliche Körperverletzungen (u. a. mit Steinen oder Sprengsätzen/Böllern).

Dem Soziologen Matthias Quent zufolge hat Pegida die rechte Gewalt in Dresden begünstigt.[25] Immerhin gingen 43 der von der Opferberatung der

23 Vgl. Frank Metzger/Kilian Behrens: „Die Bedrohung wächst. Rassistische Mobilisierungen in Berlin und Brandenburg", in: *Monitor. Rundbrief des apabiz*, 73, 4/2016.

24 Vgl. „Rechtsmotivierte und rassistische Gewalt in Sachsen 2015", in: *www.raa-sachsen.de*, 26.2.2016.

25 Vgl. Matthias Quent: Rechte Gewalt in Sachsen: Lokale Unterschiede, in: Gert Pickel/Oliver Decker (Hg.): Extremismus in Sachsen, Leipzig 2016.

RAA Sachsen registrierten Angriffe in Dresden von Demonstranten bei Pegida aus – das entspricht knapp 10 Prozent der gesamten Angriffe 2015. Insgesamt wurden in Sachsen 72 Angriffe im Umfeld von Demonstrationen verübt, so die RAA Sachsen.

Auch dem Politikwissenschafter Hans Vorländer zufolge haben die Demonstrationen zu einer sprunghaften Zunahme gewalttätiger Übergriffe auf Asylbewerber geführt.[26] In Dresden gab es außerdem mehrere Brandanschläge auf Wohnprojekte der alternativen Szene, die sich um Flüchtlinge kümmern. Schwächen in der Unterbringung und Versorgung von Geflüchteten durch Verwaltung und Politik, unter anderem durch die Nutzung von Zelten, sind in Dresden an der Tagesordnung und verstärken das fremdenfeindliche Klima.

Die Schwerpunkte rechter Gewalt in Sachsen lagen 2015 im Landkreis Sächsische Schweiz-Osterzgebirge (16), in Dresden (14) und dem Landkreis Leipzig (9). Matthias Quent hat in diesen drei Regionen unterschiedliche Ursachen und Akzentuierungen rechter Gewalt ausgemacht: Während es in Dresden die Pegida-Bewegung war, kommen in den nahe gelegenen Orten im Landkreis Sächsische Schweiz-Osterzgebirge, in Freital oder Heidenau, Strukturen etablierter rechtsextremer Szenen hinzu. Auch in und um Leipzig ist es die etablierte neonazistische Szene, aus der heraus Aktionen gegen Flüchtlinge vorbereitet und durchgeführt werden, die schließlich auch zur Wiederbelebung bereits versandeter Strukturen geführt hat. Man kann sie in Borna, Grimma, Wurzen, Geithain und Colditz schon lange beobachten. Quent verweist schließlich auf die lange Tradition rechtsextremer Strukturen etwa in der Sächsischen Schweiz: In diesem Kreis erreichte die NPD 2014 noch 7,7 Prozent der Stimmen.

Sachsen-Anhalt: Wahrnehmungsdefizite der Strafverfolgungsbehörden

2015 stieg auch in Sachsen-Anhalt die Anzahl der rechten Gewalttaten massiv an: Die Mobile Beratung für Opfer rechter Gewalt zählte mit 217 Angriffen so viele wie noch nie. Dies entspricht einer Steigerung von 80 Prozent gegenüber dem Vorjahr. Allein im Kontext von Flucht und Asyl hat die Opferberatungs-

26 Vgl. Hans Vorländer/Maik Herold/Steven Schäller: Pegida. Entwicklung, Zusammensetzung und Deutung einer Empörungsbewegung, Berlin 2016.

stelle 146 Taten gezählt.[27] Bei mehr als 80 Prozent der Fälle handelt es sich um versuchte bzw. vollendete Körperverletzungen (179). Außerdem wurden 10 Brandstiftungen, 21 Nötigungen bzw. Bedrohungen und sieben Sachbeschädigungen registriert. Als Schwerpunktregionen nennt die Opferberatung die Stadt Halle (Saale), gefolgt von der Landeshauptstadt Magdeburg und den Landkreisen Anhalt-Bitterfeld, Börde sowie dem Saalekreis.

Zu den Gewalttaten gehörte der Brandanschlag auf von Migranten bewohnte Häuser am 14. August 2015 in Merseburg, bei dem die Bewohner wegen starker Rauchgasentwicklung auf ein Vordach fliehen mussten. Zu den Taten gehören aber auch alltägliche rassistische Angriffe. So wurden in Sachsen-Anhalt mehrmals Geflüchtete beim Einkaufen in Supermärkten, in der Straßenbahn oder auf offener Straße angegriffen.

Auch Menschen, die sich gegen rassistische Hetze engagieren, wurden Ziel von Angriffen. So wurden am 23. März 2015 in Magdeburg oder am 21. Oktober in Halle (Saale) Gegendemonstranten aus Magida- bzw. AfD-Demonstrationen heraus angegriffen.

189 der insgesamt 217 Angriffe wurden auch von der Polizei als Gewaltstraftaten eingestuft. Den Ermittlungsbehörden waren im Frühjahr 2016 mindestens 157 davon bekannt. Trotzdem hat das Landeskriminalamt Sachsen-Anhalt nur etwas mehr als die Hälfte (56 Prozent) auch als politisch rechts motiviert registriert, so die Auswertung der Opferberatung. „Wir sehen ein erschreckendes Wahrnehmungsdefizit der Strafverfolgungsbehörden bei der Anerkennung von rechten Tatmotiven", betonte ihre Sprecherin:

> „Damit einher geht ein Mangel an Ermittlungserfolgen wie beispielsweise in Gräfenhainichen, wo bislang Unbekannte mehrere Anschläge auf eine geplante Flüchtlingsunterkunft verübt haben und zuletzt im Februar 2016 sogar auf das von einem Sicherheitsdienst bewachte Gebäude geschossen wurde. Wenn rechte und rassistische Gewalt von den Behörden nicht als solche erkannt und verfolgt wird, ist das eine Botschaft an die Täter, weiter zu machen wie bisher."[28]

27 Vgl. „Jahresbilanz der Mobilen Opferberatung: Mehr als 200 politisch rechts und rassistisch motivierte Gewalttaten in 2015", in: *www.mobile-opferberatung.de*, 8.3.2016.

28 Ebd.

Mecklenburg-Vorpommern: Fremdenfeindliche und rassistische Gewalt, vor allem gegen Flüchtlinge

Der 2001 gegründete Verein Lobbi e.V., der landesweit Opfer von rechter Gewalt berät, beobachtet seit seiner Gründung die Entwicklung rechter Gewalt. Lobbi registrierte im Jahr 2015 130 rechte Gewalttaten, so viele wie noch nie in der 15-jährigen Vereinsgeschichte. Die Opferberatungsstelle geht von einer hohen Dunkelziffer aus, so Robert Schiedewitz, Mitarbeiter der Lobbi:

> „Häufig erfahren wir von einem Angriff nur, wenn er polizeibekannt ist und in der Folge öffentlich wird. Von den 130 uns bekannten Übergriffen wurden jedoch nur 100 zur Anzeige gebracht. Grund dafür kann Angst sein oder teilweise fehlendes Vertrauen in die Strafverfolgung. Deshalb erfahren wir hauptsächlich in Regionen, in denen wir gut vernetzt sind oder neue Kontakte knüpfen konnten, von besonders vielen Angriffen. Dies können wir aber nicht flächendeckend gewährleisten."[29]

Der Anstieg der Gewalt ist auch in Mecklenburg-Vorpommern im Kontext der Anti-Flüchtlingsbewegung zu sehen. Lobbi zufolge ist im Land nahezu immer mit einem Protest zu rechnen, wenn in einer Gemeinde die Unterbringung von Geflüchteten angekündigt wird. Besonders augenfällig ist dabei die Zunahme an Brandstiftungen auf bestehende oder geplante Flüchtlingsunterkünfte (2015: 8; 2013 und 2014: je 1):

> „Hinter der Zahl verbergen sich Anschläge auf bewohnte Unterkünfte wie im Dezember in Tutow, bei denen der Tod der Bewohner/innen billigend in Kauf genommen wurde, sowie Brandanschläge auf (noch) unbewohnte Unterkünfte, um eine Unterbringung zu verhindern. Auf der Insel Usedom beispielsweise kam es 2015 mindestens drei Mal zu derartigen Vorfällen. Hinzu kommen Brandstiftungen auf Häuser, in denen auch Flüchtlinge wohnen, die keinen Eingang in die Statistik gefunden haben, weil ein rassistisches Motiv zwar denkbar, aber nicht hinreichend geklärt ist."[30]

29 „Wer schweigt, stimmt zu", Pressemitteilung von Lobbi e.V., in: *www.lobbi-mv.de*, 8.3.2016.
30 Ebd.

Berlin: Ausweitung des rechtsextremen und rassistischen Milieus sowie Zunahme rechter Gewalt

Im März 2016 gaben das Berliner Register, das seit 2006 rechte Straftaten in den Bezirken der Stadt dokumentiert, und die Berliner Opferberatungsstelle ReachOut die gemeinsamen Zahlen rechter und diskriminierender Vorfälle für das Jahr 2015 bekannt.[31] Im Jahr 2015 registrierte man 320 Gewalttaten. Dies war im Vergleich zum Vorjahr ein Anstieg um 79 Prozent (2014: 197). Betroffen waren 412 Menschen, die verletzt, gejagt oder massiv bedroht wurden. Nach Angaben der Opferberatung handelte es sich bei den meisten Angriffen um Körperverletzungen (155) und gefährliche Körperverletzungen (96). Angriffe fanden dabei oft in aller Öffentlichkeit statt: Auf Straßen und Plätzen, an Haltestellen, Bahnhöfen und in öffentlichen Verkehrsmitteln geschahen 65 Gewalttaten. Rechte Gewalttaten gab es vor allem dort, wo es um die Unterbringung von Flüchtlingen geht.

In Berlin zeigt sich die Eskalation auch darin, dass sich die rassistisch motivierte Gewalt vermehrt gegen Kinder richtete. ReachOut und Berliner Register haben 15 Gewalttaten dokumentiert, bei denen insgesamt 42 Kinder betroffen waren. Besonders schockierend war eine Tat am 22. August 2015, als Neonazis in der Berliner Ringbahn auf zwei Kinder urinierten, von „Herrenrasse“ sprachen und den Hitlergruß zeigten.[32]

Bei Gewalt und rechter Mobilisierung stellen die Beobachter von Berliner Register und ReachOut ein Ost-West Gefälle fest. Der Schwerpunkt lag im Bezirk Marzahn-Hellersdorf. Hier kam es 2015 zu 295 rechten und diskriminierenden Vorfällen und zu 71 tätlichen Übergriffen (Tiergarten: 23, Mitte: 21, Neukölln: 19, Schöneberg: 18, Charlottenburg: 17).

Die Zahl der Veranstaltungen, auf denen rassistisch, antisemitisch oder extrem rechts gehetzt wurde, hat sich 2015 in Berlin im Gegensatz zum Vorjahr mehr als verdoppelt (2015: 409, 2014: 174). Auch hier lag der Schwerpunkt im Bezirk Marzahn-Hellersdorf.

31 Vgl. „Gemeinsame Pressemitteilung der Berliner Register und der Opferberatungsstelle ReachOut für das Jahr 2015“, in: *www.berliner-register.de*, 8.3.2016.

32 Vgl. „Fremdenhass-Übergriff in Berlin. Das schockt alle: Neonazis urinieren auf Kinder“, in: *www.maz-online.de*, 24.8.2015.

Zum Beispiel Sachsen-Anhalt: Tröglitz und die Psychologie des Straßenterrors

Am 4. April 2015, noch vor der flüchtlingsfeindlichen „Herbstoffensive“ der AfD, kam es in Tröglitz im Burgenlandkreis zu einem Brandanschlag auf ein für Flüchtlinge vorgesehenes Haus. Nachdem die geplante Beherbergung von Asylbewerbern bekannt geworden war, organisierte der NPD-Aktivist Steffen Thiel Demonstrationen im Ort, um die Unterbringung zu verhindern. Die Region zwischen Zeitz, Meuselwitz und Altenburg ist seit Langem ein Hort von Rechtsextremen, des aggressiven Umfelds des NSU-Netzwerks, der „Hammerskins“ und neuerdings der AfD um André Poggenburg. Nach den Beobachtungen von regionalen Experten sind Proteste der NPD und anderer Rechtsextremer dort selten strategisch und schon gar nicht von langer Hand vorbereitet. Gerade deshalb scheinen die Ereignisse von Tröglitz von so großer politischer Bedeutung.

Zwischen Januar und März 2015 hatten immer wieder an die 150 Demonstranten in Tröglitz protestiert. Etwa drei Viertel der Gegner kamen nicht aus dem Ort, sondern aus der näheren und weiteren Umgebung. Die Proteste richteten sich auch gegen den von der CDU nominierten, parteilosen Bürgermeister Markus Nierth. Dieser stellte sich gegen die Proteste und verteidigte die Unterbringung der Flüchtlinge in einem Brief an seine Gemeinde.

Das NPD-Kreistagsmitglied Steffen Thiel verstand die Proteste gegen die Unterbringung als Ausdruck des „gesunden Menschenverstandes“. Die Dorfbewohner würden nur ihr Anliegen vertreten, so der NPD-Mann. Er forderte Nierths Rücktritt: Man werde auf Proteste vor dem Haus des Bürgermeisters verzichten, wenn er sein Amt aufgebe. Man werde dann bei anderen politischen Repräsentanten weiter demonstrieren, um die Unterkunft zu verhindern, so Thiel. Die Politik habe die Pflicht, die Tröglitzer ernst zu nehmen. Ihre Bekundung, keine Asylbewerber im Ort haben zu wollen, deutete Thiel als „demokratische Entscheidung“.

Aus einer Demonstration heraus kam es auch zu Gewaltandrohungen gegen die Familie des Bürgermeisters. Als eine Morddrohung gegen den Bürgermeister bekannt wurde, die von den Sicherheitsbehörden sehr ernst genommen wurde, erklärte Markus Nierth am 5. März 2015 seinen Rücktritt. Damit löste er eine deutschlandweite Debatte aus, wie der Schutz von Flüchtlingen und politisch Zuständigen verbessert werden könne. In Tröglitz selbst schaltete sich Landrat Götz Ulrich ein, der die Unterbringung verteidigte. David

Begrich, Mitarbeiter der Arbeitsstelle Rechtsextremismus im Verein Miteinander e.V., einem Netzwerk für Demokratie und Weltoffenheit in Sachsen-Anhalt, berichtete wenige Stunden nach dem Brandanschlag am 5. April 2015 rückblickend:[33]

> „Am Dienstag vergangener Woche hatte es in Tröglitz eine Einwohnerversammlung gegeben, auf welcher Landrat Götz Ulrich erläuterte, wie sich der Landkreis Burgenlandkreis die Unterbringung von 40 Asylbewerbern im Ort vorstelle. Im Raum deutlich sichtbar präsent: Vertreter der NPD des Burgenlandkreises, die in einheitlichen T-Shirts auftraten und ein rassistisches Argument nach dem anderen gegen den Zuzug der Asylbewerber vorbrachten. Landrat Ulrich hörte zu, widersprach und beharrte auf seiner Auffassung: Asyl ist ein Menschenrecht. Die Diskussion wogte hin und her, zwischen denen, die ihren Rassismus in Sorgen zu kleiden wussten, und jenen, die sich für die Aufnahme von Flüchtlingen aussprachen."

Politik und Sicherheitsbehörden wussten über die aufgeheizte Stimmung im Ort Bescheid. Seit dem Rücktritt des Bürgermeisters standen die Ereignisse im Fokus der medialen Öffentlichkeit. Trotzdem gelang es den Rechtsextremen und ihren Handlangern, sich durchzusetzen. Sie zündeten kurzerhand die geplante Asylunterkunft an. Über die Tat berichtete David Begrich:

> „In der Nacht vom Karfreitag hat es in der oberen Ernst-Thälmann-Straße gebrannt. Die mutmaßlichen Täter sollen gewartet haben, bis die stündlich fahrende Polizeistreife ihre Runde gedreht hatte. Dann verschafften sie sich Zugang zum Haus und legten an mehreren Stellen Feuer. Ebendort schliefen Bewohner, die, durch Nachbarn geweckt, aus dem Haus flüchten konnten."

Über den darauf folgenden Tag berichtete David Begrich weiter:

> „[In der Ernst-Thälmann-Straße] liegt die abgebrannte zukünftige Unterkunft für Asylbewerber. Der Dachstuhl zum Torso verkohlt, abgesperrt mit Flatterband der Feuerwehr. Seit dem Mittag sind Medienvertreter auf der

33 Mit der Genehmigung David Begrichs zitieren wir im Folgenden aus seinen übermittelten Beobachtungen.

> Suche nach Einwohnern des Ortes, die bereit sind, ihnen etwas ins Mikrofon zu sagen oder in den Block zu diktieren. Doch fast niemand ist dazu bereit. ‚Lassen Sie mal gut sein' sind die beschwichtigenden Absagen. ‚Verpisst euch' schon deutlich aggressiver. [...]
> Auf 13.00 Uhr hat die Polizeidirektion Süd die Presse zu den Ereignissen der vergangenen Nacht in Tröglitz geladen. Ebendort offerieren Innenminister und Ministerpräsident den Journalisten, im Falle des Brandes in der künftigen Asylbewerberunterkunft gehe man von vorsätzlicher Brandstiftung aus. Es seien Spuren und Hinweise auf Brandbeschleuniger gefunden worden. Man nehme die Sache sehr ernst."

Mit dem Brandanschlag gelang es den Tätern, die Unterbringung von Flüchtlingen (vorläufig) abzuwenden. Gleichzeitig – und auch das wiegt schwer – war damit aber auch die Debatte um den Schutz für die politisch Zuständigen abgebrochen. Was blieb, waren ein abgebranntes Haus und Ratlosigkeit.

Der zweite Sieg des neonazistisch inspirierten rechten Terrors

Es ist das erklärte Ziel von Neonazis, die Macht des Rechtsstaats zu brechen und an ihre Stelle die Willkürmacht der Straße zu setzen. Lässt man zu, dass Neonazis agieren wie in Tröglitz, ist der Rechtsstaat in seinem Kern angegriffen und in Gefahr. Er ist dann nur noch damit beschäftigt, Notmaßnahmen zu ergreifen.

Die Vorfälle in Tröglitz machen stutzig. Die Behörden in Sachsen-Anhalt, allen voran der Innenminister des Landes, hatten nach dem verzweifelten Rücktritt des Bürgermeisters von Tröglitz und den Debatten um die Gefährdung von (Kommunal)politikern nicht verstanden, worum es geht: dass die Entscheidung darüber, ob Asylbewerber auch in Tröglitz untergebracht werden, nicht der Straße überlassen werden kann, sondern dass die Zuständigen und sich sorgenden Institutionen genügend Einfluss nehmen und sich durchsetzen müssen. Bürgermeister Nierth fühlte sich zwischenzeitlich auch von Landrat Ulrich im Stich gelassen, der sich zu spät zu Wort meldete.

Es ist in der Verantwortung der Sicherheitsbehörden, Schaden von der Demokratie abzuwehren, entschiedener als bisher, kompetenter als bisher. Aber ebenso wichtig ist, dass es vor Ort Engagierte gibt, die es schaffen, solch einen Mob einzudämmen und die zu Grunde liegende Gesinnung einzugrenzen. Gelingt es den Bürgern in Tröglitz und anderswo nicht, das Selbstverständliche durchzusetzen, nämlich ein Miteinander, das sich auch auf Flüchtlinge bezieht, sind sie auf dem Weg, eine sogenannte „national befreite Zone" schweigend hinzunehmen.

Reaktionen nach dem Brandanschlag

Einen Tag nach dem Brandanschlag veranstalteten die demokratisch Engagierten im Ort, die es gibt, eine Kundgebung zur Solidarität mit den Flüchtlingen. Etwa 300 Personen nahmen daran teil. Auch David Begrich war dabei:

> „Für 17.00 Uhr hat die Tröglitzer Bürgerinitiative um Susanna Nierth [die Frau des zurückgetretenen Bürgermeisters] und Pfarrer Keilholz zur Kundgebung gerufen. Pfarrer Keilholz stand in einem Kreis von Mitstreitern. Ruhig und umsichtig erläuterte er den Inhalt seiner Ansprache, die er gleich halten will. Auf dem Friedensplatz haben sich Kamerateams postiert, langsam füllt sich der Platz mit Bürgern aus Tröglitz, vielen auswärtigen Besuchern und der Prominenz aus der Landespolitik. Deren Vertreter sagen, was bei solcher Gelegenheit zu sagen ist: Schrecken, Fassungslosigkeit. Der Tag für Kontexte und Analyse, für Fragen nach dem Warum und Woher scheint heute nicht zu sein."

David Begrich zufolge wurde auch diese Kundgebung von Neonazis gestört:

> „Unter die Demonstranten, die ihre Ablehnung des Brandanschlages zeigen wollen, haben sich auch Neonazis und ihre Anhängerschaft gemischt. Niemand, weder die Presse noch die Einwohner, bemerken sie zunächst. Erst als ein selbstbewusst auftretender Neonazi sich ein Wortgefecht mit Susanna Nierth liefert, wird die Presse auf die smarten jungen Männer inmitten der Kundgebung aufmerksam. Sie halten ein Schild hoch, auf dem sie ‚Plutokraten' für den Kapitalismus verantwortlich machen und auffordern, mit Islamismus Schluss zu machen. ‚Schuld ist das System.' Sie feixen, lachen, reichen Zigaretten rum und machen aus ihrem Größenwahn keinen Hehl. Die Umstehenden schweigen betroffen."

Trotz der Störung ließen sich die Engagierten nicht entmutigen, sich zu einer Willkommenskultur im Ort zu verabreden. Zu ihnen gehört das Ehepaar

Nierth, aber auch der Pfarrer, der die Bedürfnisse und die Kränkungen der Bewohner kennt. Man wird sehen, ob es zukünftig möglich sein wird, auch mit „Fremden“ in Tröglitz zusammen zu leben, ob eine solche Verabredung Früchte trägt und ob sie eine offenere Haltung entwickeln können. Im Juni 2015 kamen drei Flüchtlingsfamilien in Tröglitz an. Die Familie Nierth und andere kümmern sich.

Zum Beispiel Sachsen: Gewalt in Freital, Heidenau, Clausnitz

Freital, Februar 2015 bis April 2016

In einigen Landkreisen des Freistaats registrierte die Opferberatung der RAA Sachsen eine Verdreifachung der Gewalt: In einem dieser Landkreise, dem Landkreis Sächsische Schweiz-Osterzgebirge liegt die Stadt Freital, die bundesweit bekannt wurde, als im Juni 2015 die dortige Asylunterkunft im ehemaligen Hotel Leonardo tagelang von 80 bis 150 Menschen belagert wurde.[34] Zu den Belagerern gehörten Freitaler und zugereiste rechtsextreme Sympathisanten. Bereits im Februar 2015 kam es zu einer ersten fremdenfeindlichen Demonstration mit 1 500 Teilnehmern gegen die noch in Planung befindliche Asylunterkunft. Die Ausschreitungen des rassistischen Mobs im Sommer hatten sich dabei schon angekündigt, doch die politisch Verantwortlichen reagierten nicht darauf. Selbst als die Situation im Juni eskalierte, schöpften Polizei und Versammlungsbehörden nicht ihr Potenzial aus, bestanden nicht auf einem Anmelder der Versammlung und machten keine Gefährder-Ansprachen. Dieses Laisser-faire-Verhalten hat dazu beigetragen, dass sich die Rechtsextremen immer mehr herausnehmen konnten. Die Gewaltbereitschaft in Freital war im letzten Jahr enorm: Bis November 2015 gab es insgesamt 30 rechtsmotivierte Übergriffe auf Menschen, im Schnitt also fast eine Gewalttat in 10 Tagen. Erst nach einer Polizei-Razzia im November 2015 gegen die Mitglieder der „Bürgerwehr Freital“ (auch „Gruppe Freital“ oder „Bürgerwehr FTL/360“ genannt) wurde es ruhiger.

Die Journalistin Simone Rafael, Chefredakteurin der Onlineplattform netz-gegen-nazis.de, geht im Gespräch mit der Opferberatung der RAA Sach-

34 Vgl. „Jahresrückblick 2015, Sachsen: Pegida und die Folgen“, in: *www.netz-gegen-nazis.de*, 25.1.2016.

sen davon aus, dass die Ereignisse in Freital vor allem Resultat einer Fehleinschätzung der Behörden und der Politik waren, welche die entfesselten Gruppen nicht in die Schranken wiesen, sondern als besorgte Bürger mit mehr oder weniger berechtigten Ängsten wahrnahmen.[35] Auch im Wissen um die großen Erfolge der von zuständigen sächsischen Politikern hingenommenen flüchtlingsfeindlichen Demonstrationen von Pegida im benachbarten Dresden habe sich „der gesellschaftliche Diskurs verschoben. Während vorher rassistische Äußerungen eher tabuisiert waren [...], erscheint Rassismus nun legitim. Unwidersprochene Hass-Seiten im Internet verstärken diesen Eindruck", so Simone Rafael. Sachsens Innenminister Markus Ulbig habe darüber hinaus islamfeindliche und rassistische Positionen verstärkt, als er Polizei-Sondereinheiten für straffällige Flüchtlinge aufstellen ließ. So „entstand ein Klima, das Menschen, die zu Gewalt als Problemlösung neigen, ein Gefühl gab, zu Übergriffen von der Bevölkerung legitimiert zu sein und unterstützt zu werden". In dieser Stimmung haben die Menschen in Freital offen rassistisch gehandelt.

Erst nach der Festnahme von fünf Verdächtigen der „Gruppe Freital" Mitte April 2016 zeigte sich, wie lange man ihre Mitglieder und ihr Umfeld hatte gewähren lassen. Nach und nach wurde bekannt, dass sie für mehrere Sprengstoffanschläge gegen ein Asylbewerberheim sowie eine Brandbombe, die das Auto Michael Richters, des Stadtrats der Linken, zum Bersten brachte, verantwortlich waren. Die meisten Vorfälle, die der Gruppe nun angelastet werden konnten, lagen schon fast ein Jahr zurück.[36]

Ein Teil der Gruppe war schon einmal im November 2015 festgenommen, dann aber mangels Beweisen wieder aus der Haft entlassen worden. Auch dieses Versagen mag damit zu tun haben, dass die Sicherheitsorgane vor Ort aus unklaren Gründen nicht angemessen agierten. Es dürfte aber auch ein Fehler gewesen sein, dass der Generalstaatsanwalt in Sachsen gegen sie als Einzelne Anklage erhob. Erst nachdem im Frühjahr 2016 die Generalbundesanwaltschaft die Ermittlungen übernommen hatte und es eine Interaktion zwischen dem kleinen, aber sehr effizienten „Operativen Abwehrzentrum" in Sachsen und den Bundesbehörden gab, gelang ein entscheidender Zugriff. Hinzu kommt, dass rechtsterroristische Zusammenhänge erst im Laufe weiterer Ermittlungen aufgedeckt werden konnte, etwa die Beteiligung eines aus

35 Vgl. „Wie kommt es zum rassistischen Mob in Freital – und wie kommt Freital da wieder heraus?", in: *www.netz-gegen-nazis.de*, 25.6.2016.

36 Vgl. Harald Lachmann: „Ausgerechnet Freital", in: *Südkurier* vom 20.4.2016.

Hamburg Zugezogenen, der sich im Umfeld der „Weißen Wölfe Terrorcrew" bewegt haben soll.

Wie verharmlosend man vor Ort mit der Problematik umgegangen ist, zeigt insbesondere auch das Verhalten des seit August 2015 im Amt befindlichen Oberbürgermeisters von Freital, Uwe Rumberg (CDU). Rumberg hatte die Stimmung befeuert und unter Verwendung von verächtlich machender Hasssprache nach seiner Wahl gesagt: „Es muss stärker unterschieden werden zwischen wirklich hilfsbedürftigen und sogenannten Glücksrittern, die nach Deutschland kommen, um auf Kosten der Gemeinschaft ein sorgloses Leben ohne Gegenleistung zu führen."[37] Er sieht anstelle des Rechtsextremismus-Problems nur eine Medienkampagne gegen Freital.[38]

Heidenau, August 2015. Ein Fanal

Anders verlief die Eskalation der Aggression in Heidenau. Nur einen Tag nach Bekanntgabe der zuständigen Behörden in Sachsen, dass ein ehemaliger Baumarkt vorübergehend als Notunterkunft für Flüchtlinge dienen solle, rief die NPD zu Protestdemonstrationen dagegen auf.[39] Am 19. und 20. August 2015 versammelten sich Rechtsradikale, aber auch Anwohner, die sich von den zuständigen Behörden nicht ausreichend informiert fühlten. Am 21. August 2015 schlossen sich bereits 1 000 Menschen den Aufrufen der NPD an. Am Abend versuchten Demonstranten, die Zufahrtsstraßen zur Unterkunft zu blockieren, um angekündigten Bussen mit Asylsuchenden den Weg zu versperren. In der kommenden Nacht kam es zu Straßenschlachten mit der Polizei. Den Beamten flogen Steine, Baustellenabsperrungen und Pyrotechnik entgegen, mindestens 31 von ihnen wurden verletzt, einer davon schwer. In dieser aufgeheizten Stimmung kamen die ersten Flüchtlinge in der Unterkunft an.

Am vierten Protesttag kam es gegen 23.00 Uhr neuerlich zu einem Gewaltausbruch von etwa 150 Neonazis gegen Polizisten. Am fünften Tag richtete die Polizei endlich eine Sicherheitszone ein, um die Lage für die Flüchtlinge einigermaßen unter Kontrolle zu bringen. Diese Ereignisse wurden bundesweit verfolgt und verurteilt. Am 24. August besuchte Vizekanzler Sigmar Gabriel

37 Uwe Rumberg, zitiert nach „Jahresrückblick 2015, Sachsen: Pegida und die Folgen", in: *www.netz-gegen-nazis.de*, 25.1.2016.

38 Vgl. Harald Lachmann: „Ausgerechnet Freital", in: *Südkurier* vom 20.4.2016.

39 Vgl. „Heidenau – Chronik der Ereignisse", in: *www.mdr.de* vom 17.2.2016.

die Stadt, am 26. August Bundeskanzlerin Angela Merkel, die von rechtsextremen Demonstranten angepöbelt wurde.

Die Gewalteskalation von Heidenau wurde vor allem von Hooligans, Neonazis und der NPD vorangetrieben. Der sächsischen Kleinstadt steht ein engagierter Bürgermeister vor, der sich auf eine engagierte Verwaltung stützen kann. Sie haben sich nach den Vorfällen sofort und deutlich für Menschenrechte und Demokratie positioniert.[40] Gleichwohl fehlte die Unterstützung der Landespolitik und dabei vor allem jene des Innenministers, der es als Verantwortlicher über vier Tage lang versäumte, die Flüchtlinge gegenüber der aggressiven Mobilisierung angemessen zu verteidigen und die Demonstranten mit ihrer Hetze in die Schranken zu weisen. Dies bekam letztlich auch Bundeskanzlerin Merkel bei ihrem Besuch zu spüren. Heidenau war ein Fanal: für rechtsextreme Gewalt – und an die politische Elite –, das dann doch weitgehend ohne Folgen blieb.

Clausnitz, Februar 2016

Noch ein knappes halbes Jahr nach den Vorfällen in Heidenau hatten Politik und Polizei es in Sachsen nicht vermocht, angemessene Konsequenzen zu ziehen, sowohl in der öffentlichen Haltung als auch in der polizeilichen Sicherung vor Gewalt – Kernfunktionen des Rechtsstaats. Nur so ist zu erklären, dass es am 18. Februar 2016 in Clausnitz, einem Ortsteil von Rechenberg-Bienenmühle im Osterzgebirge (Landkreis Mittelsachsen), zu bedrohlichen Angriffen auf einen Reisebus mit Flüchtlingen kommen konnte. Unter dem Titel: „Busattacke in Clausnitz: Ein Dorf wundert sich" schilderte der Journalist Christoph Titz die Ereignisse:[41]

> „Ein wütender Mob von bis zu hundert Leuten tobte am Donnerstagabend vor einem Bus mit 25 Neuankömmlingen, die in Deutschland Zuflucht suchen. Das Gebrüll verängstigte die Businsassen dermaßen, dass sie sich zwei Stunden lang nicht aus dem Fahrzeug trauten. [...] Die Männermeute schrie so laut ‚Wir sind das Volk' und ‚Haut ab!', dass ein Junge vorne im

40 Vgl. „Jahresrückblick 2015, Sachsen: Pegida und die Folgen", in: *www.netz-gegen-nazis.de*, 25.1.2016.

41 Vgl. Christoph Titz: „Busattacke in Clausnitz: Ein Dorf wundert sich" und „So schildert die Polizei die Pöbelnacht von Clausnitz", in: *www.spiegel.de*, 21.2.2016.

Bus in Tränen ausbrach. Der Junge heißt Ramzi, kommt aus dem Libanon und ist 13 Jahre alt. Sein Bruder, Luai, ist 15. Ihn schleifte ein Polizist im Würgegriff aus dem Bus, weil er nicht aussteigen wollte."

In Clausnitz hatte es bereits vor der Ankunft der Flüchtlinge bei einer Einwohnerversammlung Unmutsbekundungen gegeben. Mögliche Protestaktionen waren der Polizei aber nach eigenen Angaben nicht bekannt. Als der Bus mit den ankommenden Flüchtlingen eintraf, blockierten drei Fahrzeuge aus Clausnitz und Frauenstein die Zufahrt zur Unterkunft, vor der sich bereits 30 bis 40 Personen versammelt hatten. Die anwesenden Polizeibeamten, die von der Situation überrascht waren, baten die Bundespolizei um Unterstützung. Als drei weitere Streifenwagen der Bundespolizei eintrafen, war die Zahl der Demonstranten bereits auf 100 angewachsen. Die Aufforderung, die Einfahrt zu verlassen, quittierten die Protestierer mit Gelächter. Lediglich die drei Fahrzeuge verließen die Zufahrt.

Zwei Stunden nach seinem Eintreffen konnte der Bus endlich vor das Heim fahren, doch die 100 Protestierer folgten. Obwohl inzwischen 23 Polizisten vor Ort waren, gelang es den Beamten nicht, die aufgeheizte Menge vom Bus fernzuhalten. In dieser Situation wollten die offensichtlich stark verängstigten Businsassen das Fahrzeug nicht verlassen. Mithilfe eines Dolmetschers versuchten die Beamten, die Flüchtlinge zum Aussteigen zu bewegen. Dann kam es zum Handgemenge zwischen den Ankommenden und Polizeibeamten. An der Eskalation gab der Polizeipräsident von Chemnitz, Uwe Reißmann, den Businsassen eine Mitschuld. Er kündigte Ermittlungen gegen einzelne Flüchtlinge an (die später – auch auf öffentlichen Druck hin – eingestellt wurden).

Nachdem die Flüchtlinge unter erheblichen Schwierigkeiten endlich in der Unterkunft untergebracht waren, verließen die Demonstranten nach und nach den Ort des Geschehens. Gegen 22.30 Uhr beendete die Polizei den Einsatz. Gegen die drei blockierenden Fahrzeugbesitzer wurde wegen des Verdachts des Verstoßes gegen das Versammlungsgesetz und Nötigung Anzeige erstattet. Hinzu kam eine Anzeige gegen einen weiteren Tatverdächtigen wegen des Verdachts der Androhung von Straftaten.

Die während des Protestes aufgenommenen und veröffentlichten Videos sorgten bundesweit für Empörung. Für den Chemnitzer Polizeipräsidenten gab es an dem Einsatz in Clausnitz jedoch nichts zu kritisieren: „Um die Situation nicht noch mehr zu verschärfen und damit Verletzte und Sachschäden zu riskieren, war es notwendig, die Asylsuchenden schnellstmöglich in ihre

Unterkunft zu bringen. Dafür war einfacher unmittelbarer Zwang zum Schutz bei drei der Ankommenden notwendig", rechtfertigte er die Gewaltanwendung gegen drei Flüchtlinge. Dass es sich dabei um Minderjährige handelte, schien unerheblich zu sein.

Eklatant ist weiterhin, dass der wenige Tage später abberufene Heimleiter Thomas Hetze ebenso wie der Bürgermeister von Clausnitz Michael Funke die Vorfälle herunterspielten. Thomas Hetze hatte bereits als AfD-Mitglied Anfang November 2015 auf einer Kundgebung seiner Partei vor einem „ungezügelten hunderttausendfachen Einmarsch von Wirtschaftsflüchtlingen" gewarnt. Dahinter stehe, so Hetze, ein „amerikanischer Masterplan, der auf die Destabilisierung des Nordens von Afrika und des Nahen Ostens" abziele. So sei ein Flüchtlingsstrom entstanden, der Europa schwächen solle. Zweimal wollte Hetze selbst Bürgermeister in Clausnitz werden, zuletzt 2015 als Mitglied der FDP.

Auf den Straßen von Clausnitz will man von all dem nichts wissen. Nach der Eskalation hörte man nur pauschale Verschwörungsmuster, niemand will dabei gewesen sein, die Krakeeler müssen demnach angereist sein. Immerhin gab der Bürgermeister zu, einige der Protestler gekannt zu haben. Wenig erstaunlich, denn: Die Proteste gegen die ankommenden Flüchtlinge wurden u. a. von Thomas Hetzes Bruder angeführt.

II. Die Pegida-Bewegung: Entfesselung des Ressentiments

Seit Oktober 2014 folgten in Dresden bis zu zehntausend Demonstranten den Aufrufen der „Patriotischen Europäer gegen die Islamisierung des Abendlandes“ (Pegida), um gegen den Islam, gegen Flüchtlinge und gegen die Einwanderungs- und Asylpolitik in Europa mobilzumachen.[42] Um den Jahreswechsel 2015/16 breitete sich die Bewegung immer mehr auch in anderen Bundesländern aus, oft mit an den Namen der jeweiligen Bundesländer angelehnten Bezeichnungen. Im Jahr 2015 hat sich die Bewegung in Ausrichtung und Zusammensetzung weiter radikalisiert. 60 Prozent der Pegida-Anhänger zeigen Verständnis für Gewalt, gleichzeitig sind in ihr Demokratieunzufriedene und Fundamentalkritiker der Demokratie besonders stark präsent. In Sachsen hat sich aus der Distanz zu Idee und Praxis der Demokratie eine sowohl nationalistische als auch gewaltbereite Bewegung entwickelt, die in wenigen Monaten zur Verdoppelung rechter Gewalt geführt hat.

Der Protest der Wutbürger

Die am 31. Januar 2016 veröffentlichte Analyse *Pegida. Aktuelle Forschungsergebnisse* des Göttinger Instituts für Demokratieforschung verdeutlicht, wie sich Pegida in Ausrichtung und Zusammensetzung seit den ersten Demonstrationen im Oktober 2014 verändert und radikalisiert hat.[43] Grundlage der Studie war eine nicht repräsentative Querschnittsumfrage unter Pegida-Anhängern vom 30. November 2015 in Dresden mit 610 schriftlichen Rückläufen von 1 800 verteilten Fragebögen. Demnach marschierte ein beträchtlicher Teil der

42 Grundlage dieses Abschnitts sind langjährige Kontakte mit Akteuren aus der politischen Bildung und anderen Experten sowie Recherchen im Rahmen von teilnehmenden Beobachtungen an Pegida-Demonstrationen in Dresden, aber auch in Zwickau, Limbach-Oberfrohna, Colditz, Großenhain, Grimma und in der Sächsischen Schweiz.

43 Florian Finkbeiner/Julian Schenke/Katharina Trittel/Christopher Schmitz/Stine Marg: Pegida: Aktuelle Forschungsergebnisse. Eine Analyse des Göttinger Institut für Demokratieforschung, in: *www.demokratie-goettingen.de*, 31.1.2016.

Pegida-Teilnehmer seit mindestens einem Jahr regelmäßig mit, nur ein kleinerer Teil war erst in den letzten sechs Monaten vor der Befragung zur Bewegung gestoßen. Über die Hälfte der Teilnehmenden ist 46 Jahre alt oder älter und in Summe deutlich älter als Teilnehmende anderer Protestbewegungen wie „Stuttgart 21" oder „Stopp TTIP". 52 Prozent der Pegida-Demonstranten arbeiten Vollzeit, ein Drittel bezieht Rente – wenige sind arbeitslos.

Die Unzufriedenheit mit dem Funktionieren der Demokratie in der Bundesrepublik („eher unzufrieden" und „sehr unzufrieden") liegt unter Pegida-Anhängern bei fast 90 Prozent. Rund 20 Prozent sind prinzipiell gegen die Demokratie als Idee. Über 90 Prozent der Befragten misstrauen der Bundeskanzlerin, dem Bundespräsidenten, den öffentlich-rechtlichen Medien und der EU. Rund 60 Prozent zeigen ein gewisses Verständnis für Gewalt in ihrem Umfeld. Gleichzeitig besteht eine Mehrheit auf Recht und Ordnung, eine deutsche Leitkultur und politische Selbstbestimmung Deutschlands. Minderheitenschutz, Gleichstellung und kultureller Vielfalt können sie dagegen kaum etwas abgewinnen.

Über 93 Prozent wünschen sich „mehr aufrechte Patrioten" in hohen Staatsämtern. Ihre Wut und ethnozentrisch gefärbte Abwehr richten sich gegen den Islam als Religionsgemeinschaft, gegen praktizierende Moslems und den nordafrikanisch-arabischen Kulturkreis. 41 Prozent der Pegida-Demonstranten sprechen prinzipiell allen Menschen ein Recht auf Asyl in Deutschland ab und 94 Prozent plädieren angesichts der Flüchtlingsdebatte für autoritäre Krisenlösungen. 82 Prozent fordern die Befestigung und Verteidigung der deutschen Nationalgrenzen. 80 Prozent können sich vorstellen, die AfD zu wählen.

Das paranoide Weltbild der Pegida-Anhänger

Seit Anfang Februar 2016 liegt eine weitere instruktive Studie zu den Anhängern der Pegida-Bewegung und ihren Auftritten im Internet vor.[44] Vor allem über Facebook mobilisieren die Pegida-Verantwortlichen ihre bis zu 200 000 Anhänger. Die Autoren analysieren die Kommentare und Interaktionen, die auf der Facebook-Seite der Bewegung im Jahr 2015 eingetragen wurden. Die

44 Vgl. Hannes Munzinger/Antonie Rietzschel/Hauke Bendt: „Facebook-Auswertung: Das gefährliche Weltbild von Pegida", in: *www.sueddeutsche.de*, 4.2.2016. Die Auswertung der von der *Süddeutschen Zeitung* gesammelten Facebook-Einträge wurde von den Sprachwissenschaftlern Anatol Stefanowitsch und Susanne Flach vorgenommen.

Analyse einer Zufallsauswahl von 1 000 Kommentaren ergab, dass die Aussagen über Flüchtlinge, Migranten und Muslime durchgängig auf Abwertung, Delegitimation und Schuldweisungen abzielen. Flüchtlinge werden als Opportunisten dargestellt, die nicht wirklich vor Krieg oder Armut fliehen, sie seien faul und primitiv, es handele sich um Kriminelle (darunter Gewalttäter, Vergewaltiger und Betrüger). In anderen Äußerungen werden Flüchtlinge pauschal als eine Gefahr dargestellt, weil sie Invasoren seien oder das Land zerstören wollten. In diesem Zusammenhang ist häufig von „Islamisierung" (als feindlicher Eroberung durch Invasoren) die Rede. Dass die Schutz suchenden Menschen verschiedenen Religionsgruppen angehören, ignorieren die Pegida-Anhänger völlig. Der Islam wird in den Kommentaren ohne jegliche Differenzierung als gewalttätig, terroraffin und menschenverachtend dargestellt. Mit einem solch undifferenzierten Bild wird bewusst die Angst vor Flüchtlingen geschürt und dabei jedes Ereignis ausgenutzt, um das Feindbild zu stützen. Flüchtlinge werden als vermeintlich einheitliche, homogene und undifferenzierbare Gruppe zum Sündenbock für alle Ressentiments. Dabei werden die Begriffe Flüchtlinge, Migranten und Muslime synonym verwendet.

Das Weltbild von Pegida besteht – so die Auswertung der Einträge auf Facebook – vordergründig aus der Wahrnehmung einer unmittelbar bevorstehenden oder in Gang befindlichen Übernahme Deutschlands und Europas durch den Islam und dessen totalitärer Herrschaft. Diese Islamisierung werde von Staaten aus dem arabischen Raum oder nicht näher genannten Mächten betrieben und von deutschen oder europäischen Regierungen und Medien unterstützt. Die Flüchtlinge seien ein Werkzeug dieser gewollten „Islamisierung". Sie sollen die Deutschen verdrängen oder als Kämpfer an deren Vernichtung mitarbeiten. So wird schon allein die schiere Anwesenheit von Flüchtlingen als gefährlich interpretiert. Daher sei es zwingend notwendig, so der gemeinsame Tenor auf Facebook, gegen Flüchtlinge vorzugehen – und zwar mit allen Mitteln.

Aus der Analyse des Nationalsozialismus und seines Antisemitismus wissen wir, dass die Kraft des krankhaft Paranoiden unzähmbar ist, wenn sie nicht frühzeitig gestoppt wird. Am Ende kennt sie nur ein Ziel, dass nämlich die Invasoren, die „uns" zerstören, ausgeschaltet werden müssen, damit das eigene Volk überlebt. In dieser Logik ist jede Flüchtlingspolitik Verrat am Volk. Hat sich eine solche Wahnvorstellung, eine solche Paranoia durchgesetzt, gibt es bei ihren Trägern kein Halten mehr, und es kommt zur Entfesselung von Gewalt.

Demonstrationen gegen das politische Establishment

Um ihre Vorstellungen durchzusetzen, versucht Pegida einen Volksaufstand gegen die etablierte Politik anzuführen. Zunehmend wird der Linken, den Grünen und seit September 2015 auch Bundeskanzlerin Angela Merkel und ihrer Regierung unterstellt, aus Naivität oder sogar böser Absicht das Land durch Asyl und Integration zerstören zu wollen. Die vorgeschlagene Lösung ist dagegen denkbar einfach: Sie besteht in der Ausweisung aller Flüchtlinge. Das liefert ein Rechtfertigungsmuster für Bürgerwehren und Angriffe auf Flüchtlingslager.

Im vierten Quartal 2015 hat sich die Zahl der Aufmärsche und Kundgebungen von Pegida und ihrer radikalen Ableger im Vergleich zu den vorherigen Monaten mehr als verdoppelt und die Zahl ihrer Teilnehmer mehr als verdreifacht, von 10 600 auf 35 900. Insgesamt fanden im Jahr 2015 590 Aufmärsche mit gut 100 000 Besuchern statt. Im Verhältnis zum Vorjahr hat sich 2015 die Zahl der Teilnehmer sogar vervierfacht.[45] Zu den bekannten Ablegern zählen die radikalen Pegida-Gruppierungen in Berlin (Bärgida), Thüringen (Thügida), Düsseldorf (Dügida) und Mecklenburg-Vorpommern (MVgida). Es sei kennzeichnend, so der *Spiegel*-Autor Martin Knobbe, dass nach Auffassung der Sicherheitsbehörden bei den Kundgebungen eine überwiegend rechtsextremistische Einflussnahme bzw. Steuerung erkennbar ist, vor allem durch die NDP und die ihr nahe stehenden Organisationen. Gleichzeitig nahmen auch Aufmärsche von Nazigruppen wie der NPD, ihrer Jugendorganisation „Junge Nationaldemokraten" (JN), die Parteien „Die Rechte" und „Der Dritte Weg" bzw. von Kameradschaften zu.

45 Vgl. Martin Knobbe: „Rechtsextremer Protest: Teilnehmerzahl radikaler Pegida-Ableger hat sich vervierfacht", in: *www.spiegel.de*, 6.2.2016.

Sachsen
Pegida, rechte Gewalt und Politikversagen

Die Opferberaterin Andrea Hübler stellt fest, dass es in Sachsen offensichtlich fast unwidersprochen möglich ist, Menschen anzugreifen.[46] Das funktioniert, weil sich rechtsextreme Formationen in Sachsen in besonderer Weise auch in kommunalen Strukturen verankert haben, ohne dass Politik, Gesellschaft und Öffentlichkeit sie zureichend eindämmen konnten oder wollten. Dem Rechtsstaat in Sachsen entgleitet wiederholt die Gewährleistung der Sicherheit der ihm anvertrauten Flüchtlinge. Generell dürften vier Faktoren von Bedeutung sein, die in den letzten Jahren in Sachsen eskalierend wirkten: 1. das generelle politische Klima, 2. die fehlende politische Entschiedenheit in der Abwehr, 3. die fehlende Effizienz der Polizei und 4. ein sich immer stärker mobilisierender rechtsradikaler Rand. Zu Letzterem gehören die NPD, die Pegida-Bewegung (ihre Anführer haben die Mobilisierung der Aggression gegen Flüchtlinge in Clausnitz gelobt) und schließlich auch Mitglieder der AfD, die ebenfalls die Flüchtlinge zu Mitschuldigen der Eskalation von Clausnitz erklärt hatten.

Die Gewaltbereitschaft korreliert in Sachsen mit einer aggressiven Fremdenfeindlichkeit, vor allem unter Jugendlichen. Das Sächsische Staatsministerium für Soziales und Verbraucherschutz erhob 2009, dass 65 Prozent aller befragten Jugendlichen „voll“ oder „teilweise“ zustimmten, dass der Ausländeranteil in Deutschland zu hoch sei, 51 Prozent meinten „voll“ oder „teilweise zustimmend“, dass der Ausländeranteil in Sachsen zu hoch sei. Dabei lag im Dezember 2014 der Anteil ausländischer Bürger an der Gesamtbevölkerung in Sachsen mit 2,9 Prozent weiterhin deutlich unter dem Bundesdurchschnitt von 9,3 Prozent.[47]

Niedergangswahrnehmungen, Verharmlosungen und Mobilisierung von Ressentiments

Es ist die Mischung aus Abwehr gegen Flüchtlinge und Verharmlosung rechtsradikaler und rechtsextremer Erscheinungsformen, die selbst die Ausweitung der Mobilisierung gegen Flüchtlinge in Freital erleichtert hat, wobei die Gründe auch tiefer liegen mögen. Das Gefühl des Niedergangs ist in Klein- und Mittelstädten Sachsens weit verbreitet. Darauf wies der Soziologe Raj Koll-

46 Vgl. „Ja, Sachsen hat ein Problem mit Rechtsextremismus“, in: *www.welt.de,* 29.2.2016.
47 Vgl. Statistik, Gebiet/Bevölkerung, in*: www.sachsen.de*, zuletzt eingesehen am 13.8.2016.

morgen in einem Interview mit der Wochenzeitung *Die Zeit* hin.[48] Anders als in den Großstädten, aber auch anders als in den stärker sozial kontrollierten kleineren Gemeinden, sei die Wahrnehmung des Niedergangs vor allem in der Generation der 25- bis 35-Jährigen (der „Generation Hartz IV") besonders verbreitet. Oft haben sie das Gefühl, dass man ihnen zunächst die Zuwendung entzogen hat und jetzt die Zukunft entzieht.

Die Rolle der Polizei und des Chemnitzer Polizeipräsidenten Uwe Reißmann

Die Polizei erscheint mehrfach hilflos. Im Fall Clausnitz liegt sogar die Vermutung nahe, dass das Polizeipräsidium Chemnitz eine Eskalation bewusst hingenommen hat. Wie sonst ist erklärbar, dass die Situation sich so zuspitzen konnte, dass die teilweise minderjährigen Flüchtlinge im Bus weinten und zu Tode erschrocken waren? Wieso blieben Platzverweise ohne Wirkung? Wieso ließ sich die Staatsgewalt verhöhnen? Die Polizei hätte Personalien feststellen oder sogar Menschen in Haft nehmen müssen, die sich widerständig verhielten. Warum hat Uwe Reißmann, der zuständige Polizeipräsident von Chemnitz, diesen Polizeieinsatz verteidigt, obwohl es zu übergriffigen Handlungen von Polizisten gegenüber jugendlichen Flüchtlingen gekommen ist? Wie kam Reißmann dazu, diesen Flüchtlingen eine Mitschuld zu attestieren?

Die Eskalationen von Freital, Heidenau oder Clausnitz wären so nicht denkbar, wenn es nicht erhebliche Verfehlungen der Sicherheitsorgane gegeben hätte. Im Nachhinein muss man fragen, warum all die Appelle der letzten Jahre, die es gegenüber den Zuständigen immer wieder gegeben hat, nicht gefruchtet haben. Eine ernsthafte Analyse muss danach fragen, warum und in welcher Weise es schon so lange an einer Abwehr rechtsextremer Erscheinungsformen mangelt, warum die Politik der CDU in Sachsen die Entwicklung rechtsextremer Einstellungen und rechter Gewalt jahrelang verharmlost oder sogar geleugnet hat. Die Behauptung, bei den Straftaten handle es sich um Einzelfälle, begangen von Einzeltätern, ist nicht ausreichend, schon gar nicht, wenn weiterhin fast täglich von neuen Anschlägen berichtet wird. Zur Erinnerung: Im Jahr 2015 waren es 477 fremdenfeindliche Gewaltstraftaten.[49]

48 Vgl. Martin Machowecz im Gespräch mit dem Soziologen Raj Kollmorgen: „Die Leute verlieren die Fassung", in: *www.zeit.de* vom 21.4.2016.

49 Vgl. Politmagazin *Monitor:* „Staatsversagen? Warum Rechtsextremismus in Sachsen besonders gedeiht", in: *www1.wdr.de*, 25.2.2016.

Ein eigenartiges politisches Klima im CDU-geführten Freistaat

Es ist unbestreitbar, dass in Sachsen zur Wut der Bürger und den Aktionen der Rechtsextremisten mehrfach ein Versagen der politisch Verantwortlichen auf Landesebene hinzukommt. Es ist unverständlich, dass die zuständigen Politiker an Personen wie Uwe Reißmann festhalten. Es stellt sich auch die Frage, warum Ministerpräsident Stanislaw Tillich oder sein Innenminister Markus Ulbig nicht gleich nach Clausnitz gefahren sind, um sich ein Bild von der Lage zu verschaffen und an die Seite jener zu stellen, für die sie auch Verantwortung tragen – nämlich die Flüchtlinge. Wie will die politische Führung des Landes eine weitere Eskalation unter Kontrolle bringen?

Der Politik ist es in weiten Teilen nicht gelungen, eine angemessene Infrastruktur für die ankommenden Flüchtlinge zu schaffen. In Freital wurden die Lokalpolitiker erst einen Tag vor der beabsichtigten Unterbringung darüber in Kenntnis gesetzt, dass das ehemalige Hotel Leonardo zu einem Flüchtlingsheim werden soll. Wollte man vermeiden, dass sich die vor Ort bekannten Neonazis darauf einstellen können? Oder wusste man über die Haltung des Freitaler Bürgermeisters Uwe Rumberg Bescheid, der aus seiner Ablehnung von Flüchtlingen keinen Hehl macht? Schon im Wahlkampf betonte er, dass Willkommenskultur „irgendwo ihre Grenzen“ habe.[50]

In Sachsen sind wir mit einem besonderen politisch-kulturellen Phänomen konfrontiert, nämlich einer über 25 Jahre gewachsenen politischen Kultur der Verharmlosung oder Leugnung rechtsextremer Gewalt und einer gleichzeitigen Eindämmung sowie Unterdrückung von kulturellen Alternativen abseits der politischen Vorstellungen der sächsischen CDU. Schon im Jahr 2000 hatte Kurt Biedenkopf die Sachsen für völlig immun gegenüber den rechtsradikalen Versuchungen erklärt.[51] Auch sein Nachfolger Stanislaw Tillich sah die Probleme im Freistaat nicht, als er 2011 erklärte, dass Sachsen kein signifikantes Problem mit Rechtsradikalismus habe. Mit demselben generalisierenden Blick erklärte Günter Baumann, Mitglied der CDU-Bundestagsfraktion: „Sachsen ist nicht rechtsradikal und auch nicht ausländerfeindlich.“[52] Trotz

50 Vgl. Simone Rafael im Gespräch mit der Opferberatung der RAA Sachsen e.V.: „Wie kommt es zum rassistischen Mob in Freital – und wie kommt Freital da wieder heraus?“, in: *www.netz.gegen.nazis*, 25.6.2015.

51 Vgl. Hajo Funke: Paranoia und Politik. Rechtsextremismus in der Berliner Republik, Berlin 2002.

52 „Sachsen ist nicht rechtsradikal und auch nicht ausländerfeindlich“, in: *www.migazin.de*, 25.2.2016.

dieser Bekundungen können wir durch das letzte Jahrzehnt hindurch eine aktive rechtsextreme Gewaltszene beobachten, die sich – wo ihr nicht durch zivilgesellschaftliche Akteure begegnet wurde – ohne große Intervention durch Polizei und Politik – erheblich ausdehnen konnte. So hatte sich auch das NSU-Netzwerk in Chemnitz und über zehn Jahre (!) in Zwickau weitgehend ungehindert bewegen können, unterstützt von vielen Bekannten und Unbekannten, übrigens auch vom Landesverfassungsschutz neben anderen Verfassungsschutzämtern in der Republik.[53] Es gab die „Freien Netze", die ganze Regionen unsicher machten, den „Sturm 88" in und um Mittweida, die Ausbreitung eines gewaltbereiten Rechtsextremismus in großen Teilen der Sächsischen Schweiz, angefeuert durch die erst spät verbotenen „Skinheads Sächsische Schweiz" (SSS).

Sächsischer Chauvinismus?

Der Politikwissenschaftler Hans Vorländer hat Recht, wenn er zu den Pegida-Demonstrationen erklärt: „Die Landesregierung hätte schneller und entschiedener Stellung beziehen müssen, die harte Rhetorik, die an Volksverhetzung oder zum Teil danach später auch an Gewaltaufruf grenzte, verurteilen müssen."[54] Durch Verharmlosung wird die seit Oktober 2014 agierende Pegida-Bewegung nicht zu stoppen sein, werden Ressentiments gegen Flüchtlinge hingegen weiter entfesselt und die Gewaltbereitschaft genährt. Dies gilt ebenso für die Rhetorik in Teilen der AfD, die auf solcher Grundlage in Sachsen ihre Erfolge feiern wird.

Der „sächsische Chauvinismus" (Hans Vorländer), wie er von der politischen Elite des Freistaates repräsentiert wird, ist ein weiteres besonderes politisch-kulturelles Phänomen, wie wir es aus anderen ostdeutschen Bundesländern so nicht kennen. Es ist auch nicht vergleichbar mit jener „Mia san mia"-Mentalität, wie sie die CSU vertritt. In Bayern finden wir zudem zahlreiche einflussreichere zivilgesellschaftliche und kulturelle Alternativen von gesellschaftlicher Relevanz. Im Gegensatz dazu beobachten wir in Sachsen ein Klima der Diskriminierung jeglicher Abweichung. Der hohe Grad an Kon-

53 Vgl. Hajo Funke: Staatsaffäre NSU, Münster 2015.

54 Vgl. Politmagazin *Monitor:* „Staatsversagen? Warum Rechtsextremismus in Sachsen besonders gedeiht", in: *www1.wdr.de*, 25.2.2016.

formismus ist – so unsere These – mitverantwortlich für Art und Ausmaß der Eskalation des Ressentiments.

Die Haltung der dominanten Partei und die Zurückhaltung der Sicherheitsorgane erschwert es den zivilgesellschaftlichen Initiativen, die politische Dominanz der Abwehr zu durchbrechen und die Arbeit gegen rechts und für Flüchtlinge voranzubringen. Dass es zivilgesellschaftlichen Initiativen an unterschiedlichen Orten trotz des Gegenwindes durch die politischen Eliten des Landes gelungen ist, Rassismus und Fremdenfeindlichkeit abzuwehren, ist fast erstaunlich.

Rechtspopulistische Dynamik in Teilen der CDU

Auf die Erfolge der NPD bei den Landtagswahlen im Jahre 2004 reagierte die CDU mit einer Patriotismus-Kampagne, die von den (externen) Beratern Werner Patzelt und Eckhard Jesse für die CDU entwickelt wurde. Matthias Rößler, heute Präsident des Sächsischen Landtags, sprach 2006 dementsprechend von „positiven nationalen Wallungen", von Momenten „kollektiver neuer emotionaler Erhebung", die es in Sachsen brauche, um für die Bürger attraktiv zu bleiben.[55]

Offenbar ist das vor allem bei den jungen CDU-Politikern angekommen. So wird nachvollziehbar, dass der CDU-Landtagsabgeordnete Alexander Krauß mit Asylkritik und rechtspopulistischen Parolen, wie sie sonst nur die AfD vorträgt, in den nächsten Bundestag einziehen will.[56] Kritik weist er als „Belehrungen" zurück. Gegen Vorwürfe, die CDU nähme in Sachsen den Rechtsextremismus nicht ernst, wehrt Krauß sich – passenderweise in der *Jungen Freiheit*: „Wenn ich mir die linksextreme Szene in Sachsen anschaue, zum Beispiel in Leipzig, dann ist sie im Vergleich zum Rechtsextremismus keinesfalls das kleinere Problem."[57]

Es ist eine weit verbreitete Einstellung innerhalb der sächsischen CDU, dass sich Rechte und Linke gegenseitig aufschaukelten, wobei immer wieder

55 Vgl. Matthias Rößler: „Patriotismus im vereinigten Europa", in: *Die politische Meinung*, 435, 2/2006.

56 Vgl. „Der AfD auf der Spur. Zwei junge CDU-Politiker wollen mit Asylkritik in Bundestag", in: *www.lvz.de*, 3.4.2016.

57 „CDU-Politiker Krauß: Sachsen braucht keine Belehrungen", in: *www.jungefreiheit.de*, 23.2.2016.

betont wird, dass die größeren Gefahren von links ausgehen. Diese Haltung erleichtert es der sächsischen CDU, rechtsextreme Gefahren als geringer einzuschätzen und teilweise die Rechten gar als Gegengewicht zu der vermeintlichen Gefahr von links zu interpretieren. Dem liegt eine Tradition innerhalb der Partei zu Grunde, die davon ausgeht, dass man nach wie vor gegen den Kommunismus, den Linksextremismus, aber auch gegen Punks oder andere alternative Lebensformen vorgehen müsse. Die CDU versteht sich in Sachsen als Partei, die „unser Sachsen" repräsentiert. Allen anderen traut sie das offensichtlich nicht zu.

Konflikte mit der Bundes-CDU

Die sächsische CDU geht in besonderem Maße auf Konfrontationskurs zur Bundes-CDU. Einzelne Vertreter tun dies in einer Weise, die zum Teil weit über die Positionen der CSU hinausgehen, die gewiss für viele in der sächsischen CDU ein Vorbild ist. So erklärte der sächsische CDU-Politiker Maximilian Krah:

> „Es war die CDU-geführte Bundesregierung, die diesen Ansturm zumindest mit verursachte, als sie das europäische Dublin-III-Verfahren aushebelte und die Regelung des Asylkompromisses von 1993 ignorierte. Die Probleme, die diese unbegrenzte Zuwanderung, zumeist von jungen, männlichen Muslimen, mit sich bringt, aber sind ungleich größer als die von 1992."[58]

Krah hält das Programm der AfD für das richtige, wenn er weiter schreibt:

> „Das Problem der AfD ist nicht ihre Programmatik, die entspricht weitgehend derjenigen der Jungen Union und CDU, in die ich 1991 und 1996 eingetreten bin. Ihr Problem ist, dass sie personell unkonsolidiert und oft einfach unsympathisch ist. [...] 1992 haben wir in Karlsruhe für den Asylkompromiss gekämpft. Am Abend saßen wir mit der Jungen Union Karlsruhe zusammen, feierten und sangen um Mitternacht die Nationalhymne. Das ist meine CDU. Niemand, den ich kenne, ist in die CDU eingetreten,

58 Maximilian Krah: „Warum verliert die CDU?", in: *www.maximiliankrah.wordpress.com*, 14.3.2016.

weil er eine unbegrenzte Zuwanderung befürwortet, niemand hat je dafür CDU gewählt. Angela Merkel opfert die CDU für Einwanderungspolitik und stützt sich dann stattdessen auf SPD und Grüne."[59]

Noch drastischer wird Krah in einem Autorenbeitrag für die *Sächsische Zeitung*. Unter dem Titel „Wer ist hier rechts?" verteidigt er seine flüchtlingsfeindliche Haltung, nicht ohne sie zu generalisieren:

> „Der Osten, Dresden und Sachsen voran, beurteilt die Masseneinwanderung kritischer und ist Russland gegenüber wohlwollender als der Westen [...] Diese Differenzen führen nun in den westdeutsch geprägten meinungsbildenden Schichten zu einer Abqualifizierung. Der Osten sei eben zurückgeblieben, ihm fehle die Erfahrung des Westens im Zusammenleben mit Ausländern, man sei autoritätsfixiert."[60]

Weiter führt er aus:

> „Das Meinungsspektrum in Dresden und Sachsen entspricht in etwa demjenigen in den östlichen EU-Staaten. Kein EU-Land folgt Deutschland in seiner Einwanderungspolitik. Auch in den USA, Australien, Russland, Israel oder den Emiraten wäre eine Politik der offenen Grenzen undenkbar. Dass in Budapest, Madrid oder London keine zuwanderungskritischen Demonstrationen stattfinden, liegt einfach daran, dass die dortigen Regierungen eine Politik betreiben, wie sie Pegida in Dresden fordert."

Krahs Beitrag erschien im März 2016 zu einem Zeitpunkt in der *Sächsischen Zeitung*, als niemand, der ernsthaft um analytische Differenzierung bemüht war, der deutschen Regierung eine Politik der offenen Grenzen zuschreiben konnte. Sie war zu diesem Zeitpunkt vielmehr auf der Suche nach einer europäischen Lösung der sogenannten Flüchtlingskrise.

In den derzeitigen Entwicklungen sieht Krah eine „Verneinung des Nationalen durch die meinungsbildenden Schichten (in Westdeutschland) als deutschen Sonderweg, den absehbar kein anderes europäisches Land mitgehen wird". Mit der Verteidigung der sächsischen Landespolitik, von Pegida

59 Ebd.
60 Maximilian Krah, „Wer ist hier rechts?", in: *www.sz-online.de*, 29.2.2016.

oder dem Kulturnationalismus versucht Krah Sachsen ebenso wie das übrige Europa gegen die Irrwege der Bundesrepublik (bzw. „Westdeutschlands") abzugrenzen. Schon Ende 2014 hatte Krah in einem ebenso entschiedenen Beitrag Integration als Bringschuld definiert, im April 2014 dies mit der Abweisung doppelter Staatsangehörigkeit verknüpft und mit Verweis auf Pegida als Chance auf eine „ehrliche Debatte zu Asyl, Zuwanderung und Identität" (!) begriffen.

Auf dem Weg zu einer ethnonationalistischen Kampfgemeinschaft?

Weitere CDU-Politiker stehen Maximilian Krah in nichts nach. So interpretierte Frank Kupfer, 2008 bis 2014 sächsischer Staatsminister für Umwelt und Landwirtschaft und seit September 2014 Vorsitzender der CDU-Fraktion im Sächsischen Landtag, die Ergebnisse der Landtagswahlen 2016 als Denkzettel für eine nicht nachvollziehbare Flüchtlingspolitik. Michael Kretschmer, seit 2005 Generalsekretär des CDU-Landesverbands Sachsen und seit 2009 Stellvertretender Fraktionsvorsitzender der CDU/CSU-Bundestagsfraktion, seit September 2013 zudem Vorsitzender der sächsischen Landesgruppe im Bundestag, lobte die ungarische Regierung für die Errichtung des Grenzzauns. Die Ostdeutschen lobte er als Seismographen und sieht „die CDU als eine Partei […], neben der es rechts nichts Demokratisches geben darf. Wir müssen alle integrieren. Das gefällt vielen Journalisten nicht, in der linken Opposition erst recht nicht. Egal."[61]

Die zitierten Repräsentanten der CDU Sachsens haben sich mit ihrer Haltung von der Gesamtpartei entfernt. Man hört von sächsischer CDU-Seite nur selten eine differenzierte Wahrnehmung zur Not der Flüchtlinge oder dem humanrechtlichen Anspruch auf faire Unterbringung. Unter ihren Mitgliedern dominiert vielmehr ein fundamentaler Flüchtlingsabwehrreflex. So ist sie nicht in der Lage, angemessen für Flüchtlinge einzutreten und damit vor Ort für ein faires Klima gegenüber den Flüchtlingen zu werben.

61 Anne Hähnig: „Wutbürgers Liebling", in: *www.zeit.de*, 19.11.2015.

Mecklenburg-Vorpommern
MVgida – Tarnorganisation der NPD

Die von der Opferberatung Lobbi e.V. in Mecklenburg-Vorpommern dokumentierten Taten hängen mit der Mobilisierung von Ressentiments durch MVgida und die örtlichen Kadernetzwerke der Neonazis zusammen. Sie rufen zu Gewalt auf und bereiten pogromähnliche Zuspitzungen vor, als ginge es um eine ethnische Säuberung des Landes. Ebenso wie die Gewalt hat sich auch die Anzahl der Neonazi-Demonstrationen in Mecklenburg-Vorpommern im Jahr 2015 verdoppelt. Dazu Lobbi:

> „Darüber hinaus kam es im vergangenen Jahr zu einer rassistischen Mobilisierung bisher nicht gekannten Ausmaßes. Über 150 Mal wurden Aufmärsche oder Kundgebungen organisiert – mitunter direkt vor oder in der Nähe geplanter oder bereits bezogener Unterkünfte Geflüchteter. Auf Einwohner/innenversammlungen wurde nicht selten offen rassistisch gehetzt, in Sozialen Netzwerken fielen alle Hemmungen. Häuser wurden mit rassistischen Parolen beschmiert, Transparente und Plakate mit rassistischem Inhalt in der Nähe der Unterkünfte aufgehängt. Geflüchtete wurden in unmittelbarer Umgebung ihrer Wohnung angepöbelt, bespuckt oder geschlagen. Häuser wurden mit Flaschen, Steinen oder Böllern beworfen. Die Täter/innen bleiben häufig unbekannt und unbestraft, doch sie schaffen ein Klima der Angst, das die Geflüchteten um so mehr trifft, da sie auf ein neues Leben in Sicherheit hofften."[62]

Obwohl der Zustrom an Flüchtlingen seit Beginn des Jahres 2016 auch in Mecklenburg-Vorpommern entscheidend abgeebbt ist, zählte die Internetplattform ENDSTATION RECHTS.[63] in den ersten fünf Monaten bereits 50 Anti-Asyl-Aktionen.

62 „Wer schweigt, stimmt zu", Pressemitteilung von Lobbi e.V., in: *www.lobbi-mv.de*, 8.3.2016.

63 Vgl. „Neonazi-Demonstrationen in Mecklenburg-Vorpommern verdoppeln sich innerhalb eines Jahres", in: *www.endstation.rechts.de*, 20.5.2016. Das 2006 im Landtagswahlkampf Mecklenburg-Vorpommern von den Jungsozialist/innen in der SPD gegründete Internetportal ENDSTATION RECHTS. berichtet tagesaktuell über Rechtsextremismus in Deutschland.

MVgida in der Hand der NPD

In Mecklenburg-Vorpommern ist weitgehend bekannt, dass die Aufmärsche gegen Flüchtlinge von der NPD organisiert werden. Dabei bedient sich die NPD des Pegida-Ablegers MVgida, der inzwischen unter Beobachtern als Tarnorganisation der NPD gilt.[64] Anders als in anderen ostdeutschen Ländern bemühen sich die in der rechten Szene dominanten NPD-Kader in Mecklenburg-Vorpommern erst gar nicht, als „besorgte Bürger" aufzutreten, die sich ausschließlich Sorgen um die Zukunft der Kinder machen.

Zu den Akteuren bei Demonstrationen von MVgida gehört das bekannte Personal der NPD. An vorderster Front zählt dazu Udo Pastörs, Fraktionsvorsitzender der NPD im Schweriner Landtag. Mit ihm hat der Landesverband einen Vertreter, der Deutschland als „Judenrepublik" bezeichnet, Demokratie und Parlamentarismus ablehnt und gleichzeitig eine bürgerliche Verankerung in den weiten Räumen des Landes sucht, so Andrea Röpke. Zu den NPD-Aktivisten auf Demonstrationen gehören auch der NPD-Landesoperationsleiter Michael Grewe, der Landesvorsitzende Stefan Köster (in erster Reihe als Ordner oder am Frontbanner) und der Neonazi Sven Krüger aus dem völkisch dominierten Dorf Jamel. Hinter dem Mikrofon agiert häufig Andreas Theißen, der Büroleiter von Pastörs.

Organisationsschwerpunkte sind Gewaltschwerpunkte

Gewalt tritt offenkundig besonders dort auf, wo es rechtsextreme bzw. neonazistische Organisationsschwerpunkte gibt. Zentrum dieser Aktivitäten sind Anklam, Greifswald, Pasewalk, Ueckermünde und Wolgast im Landkreis Vorpommern-Greifswald, die Stadt Rostock, Güstrow und Lalendorf im Landkreis Rostock und neuerdings vermehrt Stralsund im Landkreis Vorpommern-Rügen. Im Landkreis Vorpommern-Greifswald zählte Lobbi im Jahr 2015 23 Taten, in der Stadt Rostock 21, im Landkreis Rostock 17 und im Landkreis Vorpommern-Rügen 20, wo insbesondere die Stadt Stralsund Schwerpunktregion rechter Gewalt war. Es gibt rechtsextreme Strukturen

64 Die folgenden Darstellungen basieren zu einem Großteil auf den Forschungsergebnissen der Politikwissenschaftlerin Andrea Röpke, die sich in ihrem Buch *Gefährlich verankert* rechtsextremen Netzwerken und Subkulturen gewidmet hat. Andrea Röpke: Gefährlich verankert. Rechtsextreme Graswurzelarbeit, Strategien und neue Netzwerke in Mecklenburg-Vorpommern, Schwerin 2014.

mit einer erhöhten Gewaltgefahr aber auch in Grevesmühlen und in Wismar im Landkreis Nordwestmecklenburg sowie in der Landeshauptstadt Schwerin.

Neonazistische Netzwerke in Mecklenburg-Vorpommern

Der entscheidende Faktor für mögliche flüchtlingsfeindliche Eskalationen besteht nicht nur in der gefährlichen Verankerung der NPD, sondern in der Zusammenarbeit der NPD mit sogenannten Freien Kameradschaften und einer Mischszene aus Hooligans, kriminellen Rockern, Drogenhändlern und gewaltbereiten Neonazis. In keinem anderen Land der Bundesrepublik hat sich ein neonazistisches Netzwerk so ausgebreitet, gefestigt und ist mit einer zahlenmäßig so starken Mannschaft als NPD im Landtag präsent.

Die Politikwissenschaftlerin Andrea Röpke spricht in ihrem Buch *Gefährlich verankert* von einer rechtsextremen „Graswurzelarbeit", gegen die es offenkundig keine zureichende zivilgesellschaftliche, öffentliche und politisch-kulturelle Strategie gab, die die Ausbreitung dieses Netzwerks bisher einzudämmen in der Lage gewesen wäre. Mecklenburg-Vorpommern ist in den letzten 20 Jahren geradezu ein Erprobungsgebiet für weitgehend informelle rechtsextreme Netzwerke geworden, so die Autorin. Sie beschreibt das Erstarken von Siedlerstrukturen, die feste Etablierung von rechten Ansiedlungen und Immobilien, die der rechten Szene immer mehr sichere Rückzugsorte, Rückzugsräume und kooperative Strukturen im Sinne eines völkischen Rassismus erlauben, wie zum Beispiel die rassistischen Heiden in Lalendorf und Umgebung, die Siedlungsstrukturen rund um Rostock und Güstrow oder die Verankerung des neonazistischen Kaderstamms in und um Lübtheen.

Andrea Röpke analysiert die Organisationsstrukturen der Kameradschaften, deren erstaunliche Stabilität ins Auge fällt, vor allem in Vorpommern, so den „Kameradschaftsbund Anklam", die „Nationalgermanische Bruderschaft", die „Aryan Warriors" in Ueckermünde, den „Kameradschaftsbund Usedom" oder den „Jugendbund Pommern". Sie weist nach, dass die Kameradschaften sich weitgehend ungehindert zum Teil seit den frühen 1990er-Jahren vor allem in den ländlichen Regionen, aber auch in den Städten Wismar, Rostock, Stralsund oder Greifswald haben etablieren können. Röpke macht darauf aufmerksam, dass insbesondere der „Kameradschaftsbund Anklam" aus dem direkten Umfeld von „Blood & Honour" entstanden ist und sich durch Personen wie Detlef Riske und Alexander Wendt, der zugleich im Landesvorstand der NPD sitzt, verankern konnten. So konnte die NPD bei den Landtagswahlen 2006 in Postlow bei Anklam mit 38,6 Prozent ihr Spitzenergebnis erreichen, das bundesweit Beachtung fand. In und um Anklam finden wir kleine Orte, in denen nichts ohne die Kontrollstrukturen der neonazistischen Kameradschaften läuft. Ähnliches gilt für Orte auf der Insel Usedom und den „Kameradschaftsbund Usedom" mit Enrico Hamisch, der das Konzept eines völkischen Alltags verfolgt, einschließlich entsprechender Bildungsangebote. Gleichzeitig existieren Verbindungen zwischen den „Freien Kameraden" und der NPD, so unter anderem durch David Petereit aus Neustrelitz, heute Landtagsabgeordneter der NPD, bis 2009 Chef der verbotenen „Mecklenburgischen Aktionsfront", in Kontakt mit den „Jungen Nationaldemokraten" und einer derjenigen, die offenkundig in zum Teil engem Kontakt mit dem NSU-Umfeld gestanden haben. Weiterhin gibt es die „Nationalen Sozialisten Müritz" mit einem eigenem Veröffentlichungsorgan und die „Nationalen Sozialisten Greifswald" mit ihrer Orientierung an Rudolf Heß und Horst Wessel.

Solche Strukturen bestehen auch im Westen des Bundeslandes, in den Landkreisen Nordwestmecklenburg, etwa im „Germanischen Bollwerk Mecklenburg", der „Kameradschaft Bützow", der „Freien Kameradschaft Wismar" oder eben das völkische Dorf Jamel unter der Kontrolle des umtriebigen Neonazis Sven Krüger. In dieser Region sind es vor allem die „Hammerskins", die Einfluss nehmen.

Andrea Röpke hat durch ihre brillanten Recherchen die Entwicklung zu den sogenannten Bruderschaften innerhalb des Kameradschaftsspektrums identifiziert, welche sich, jedenfalls im Habitus, an den „Hammerskins" orientieren, sich aber wie Rocker geben und mit kriminellen Rockerclubs, Hooligans und Neonazis verbinden, unter anderem in Teterow, in West-Mecklenburg oder in und um Grevesmühlen und dem dortigen „Thinghaus" (unter anderem mit den Mitgliedern der im März 2016 verbotenen „Weiße Wölfe Terrorcrew" und dem Aktiven Heiko Wöhler).

Wir beobachten in Mecklenburg-Vorpommern eine besondere Organisationsleistung des NPD-Landesverbands, der sehr früh die freien Kameradschaftsstrukturen in die politische Arbeit einbezogen hat. So ist es beispielsweise gelungen, alle wesentlichen zuverlässigen nationalen Aktivisten in den Wahlkampf der NPD einzubinden. Diese Besonderheit ist den Neonazis in Mecklenburg-Vorpommern bewusst.

Traditionslinien

Die rechtsextreme Szene hat in Mecklenburg-Vorpommern eine lange Tradition, die oft an konkrete Personen gekoppelt ist. Immer noch aktiv ist beispielsweise Michael Andrejewski, einer der Anheizer bei den Ausschreitungen gegen die Bewohner des Sonnenblumenhauses in Rostock-Lichtenhagen im Jahr 1992. Schon 2004 hatten die Kameradschaften in der Region Ostvorpommern in der Kampagne „Schöner und sicherer wohnen in Ueckermünde", de facto aber als „Nationalgermanische Bruderschaft in Ueckermünde", 2 000 Unterschriften für ein Bürgerbegehren „Nein zum Asylantenheim" gesammelt und den Zuzug von 150 Flüchtlingen verhindert. Zehn Jahre später rief die gleiche Initiative zu einem Bürgerprotest unter dem Motto „Heimat und Identität bewahren – Asylbetrug stoppen" auf die Straße. Mit Hilfe dieser effektiven Netzwerkstruktur erhält die breite Kampagne gegen Flüchtlinge ihr besonders starkes Gewicht. Nirgends sonst in Deutschland mobilisieren die Neonazis so konzentriert und gewaltgefährlich gegen die angebliche „Asylantenflut". So sind es auch die verschiedenen Kameradschaften aus Mecklenburg-Vorpommern, die seit März 2013 die neue Flüchtlingswelle für ihre menschenverachtenden Anschauungen instrumentalisieren. Sie organisierten eine Tour zu zahlreichen Flüchtlingsunterkünften in unterschiedlichen Landkreisen, um gegen die Flüchtlingspolitik mobil zu machen. Die NPD treibt die Proteste aggressiv an, indem sie Angst schürt, beispielsweise im März 2014 auf ihrer Homepage: „Der Asyldruck wird durch den Bund ohne Gnade an Länder, Kreise und Kommunen weitergereicht. [...] Und nicht zuletzt wird mit der wahnwitzigen Zuwanderung der Keim für künftige Rassen-, Religions- und Völkerkriege auf deutschem Boden gelegt."[65]

Angetrieben wird die Partei darüber hinaus durch die „Jungen Nationaldemokraten" (JN), der Jugendorganisation der NPD und eine Art Kaderschmiede, der Andrea Röpke eine Rolle als Avantgarde attestiert. In Sebastian Richter hat der Landesverband jemanden, der sich zum radikal völkischen Flügel innerhalb der Neonazi-Partei zählt: „Wir wollen die JN zu dem machen, was sie immer sein wollte: Kaderorganisation einer nationalistischen Partei. Will heißen, dass wir nach innen bedingungslos ein Leitbild verfolgen, welches sich an Geschichte, Genetik und Schicksal unseres Volkes ausrichtet. Nach außen reichen wir jedem jungen Deutschen die Hand, um aus ihm ein voll-

65 Zit. n. Andrea Röpke: Gefährlich verankert, Schwerin 2014, S. 117.

wertiges Mitglied im Ringen um die Freiheit und Selbstbestimmung unseres Volkes zu machen." Sebastian Richter wurde intensiv durch die „Heimattreue Deutsche Jugend" (HDJ), die „Hilfsorganisation für Nationale Gefangene" und ihre Angehörigen sozialisiert und hat Erfahrungen bei den „Freien Aktivisten Hoyerswerda" gesammelt. Dazu gehörten auch Fragen der Bewaffnung und Wehrsportaktivitäten. Früher lebte er in Hohen Neuendorf (nördlich von Berlin) in einer neonazistischen Wohngemeinschaft, in engem Kontakt mit Maik Eminger, Lutz Giesen und weiteren zentralen Größen der JN. Seine Aktivitäten sind von einem völkischen Siedlungsgedanken geprägt, der etwa in Naschendorf bei Grevesmühlen in die Tat umgesetzt wird, wo „Junge Nationaldemokraten" in Wohngemeinschaften wohnen und eine breite völkische Familien- und Kulturarbeit betreiben.

Gleichzeitig gelingt es der Partei immer wieder, sich als Kommunalpartei darzustellen, insbesondere gegenüber dem Mittelstand. Die NPD wirbt für raumorientierte Wirtschaftspolitik, die Abschaffung des Euro und betreibt vermeintlich bürgernahe Arbeit in ihren Bürgerbüros in Ueckermünde, Anklam, Grevesmühlen, Rostock, Burg Stargard, Lübtheen und Stralsund. So verankert konnte die NPD im vorpommerschen Raum auch bei den Kommunalwahlen 2014 Achtungserfolge erzielen, die größer sind als andernorts.

Arbeitsteilung zwischen NPD und AfD?

Die Mehrheit der Anti-Asyl-Aktionen in Mecklenburg-Vorpommern wird auch vom Innenministerium des Landes als rechtsextrem eingestuft. Der „Abendspaziergang" gegen die Asylpolitik der Bundesregierung am 12. März 2016 in Waren oder die Auftritte der „Identitären Bewegung" vom 9. April 2016 in Ribnitz-Damgarten und Warnemünde waren aber nicht nur an NPD-Sympathisanten gerichtet, sondern auch als Ansprache an potenzielle AfD-Wähler geeignet. Die AfD ist neben der NPD inzwischen die zweite flüchtlingsfeindliche Partei, die hier auf Wählerfang geht, sich dabei aber moderater gibt. Sie macht zwar gegen Flüchtlinge mobil, verzichtet dabei aber weitestgehend auf Gewalt. Gleichzeitig werden aber jene, die diese Zuspitzungen als „Ermutigung" verstehen und die von der AfD geschürten Ressentiments gegebenenfalls auch mit Gewalt umsetzen, von der AfD nicht kritisiert. So gibt es aus dem AfD-Landesverband kaum eine klare Distanzierung zu den Aktionen der NPD oder von MVgida zur Eskalation der Hasswelle gegen Flüchtlinge oder Angriffe auf Flüchtlinge und Flüchtlingsheime. Damit hat auch die AfD in Mecklenburg-Vorpommern die Rolle des geistigen Brandstifters schon übernommen.

De facto gibt es in Mecklenburg-Vorpommern eine stillschweigende Arbeitsteilung: mehr oder weniger laute Hetze bei den einen, die damit die Hemmschwellen zu Gewalttaten senken, und mehr Gewalt bei den anderen, die durch die Hetze entfesselt wurde. Die von der AfD verbreitete flüchtlingsfeindliche und islamfeindliche Stimmung hat sich von ihrem Ausgangspunkt der Kritik verselbstständigt und hin zu mehr Rassismus und Gewalt „befreit".

Es ist schockierend, dass sich etwas wiederholt, was wir vor fast 25 Jahren in Rostock-Lichtenhagen beobachten mussten, als Tausende den Pogromversuch gegenüber 100 vietnamesischen Bewohnern des Sonnenblumenhauses begeistert feierten. Während es damals die Äußerungen des CDU-Ministerpräsidenten und des CDU-Innenministers waren, die buchstäblich Öl ins Feuer gegossen haben, sind es heute die Repräsentanten der AfD, die aus ihrer Fremdenfeindlichkeit keinen Hehl machen und gegen Flüchtlinge hetzen. Und in der NPD ist immer noch jener Michael Andrejewski aktiv, der die Eskalation damals strategisch betrieben hatte.[66] In Mecklenburg-Vorpommern kommt somit eine gefährliche Mischung zusammen: Zur jahrzehntelangen Verankerung rechtsextremen Denkens und Handelns in den Kameradschaftsstrukturen und in der NPD kommt eine Mobilisierung fremdenfeindlicher Einstellungen, die von der rechtspopulistisch-rassistischen MVgida-Bewegung unterstützt und genutzt wird. Und schließlich schaffen AfD und NPD im Gewand vermeintlich demokratischer Parteien das Angebot, sich im geheimen Wahlakt flüchtlingsfeindlich oder gleich völkisch rassistisch äußern zu können.

66 Vgl. Hajo Funke: Brandstifter. Deutschland zwischen Demokratie und völkischem Nationalismus, Göttingen 1993. Die Studie basiert auf Erkenntnissen des Untersuchungsausschusses des Landtags in Mecklenburg-Vorpommern, der damals zu den Vorgängen von Rostock-Lichtenhagen eingerichtet wurde.

Berlin
Bärgida, Flüchtlingsfeindlichkeit und die NPD

Die Mobile Beratung gegen Rechtsextremismus Berlin (MBR) beobachtet seit Jahren die rechtsextremen Akteure in der Hauptstadt. Ihrem *Jahresrückblick 2015* zufolge ist die NPD nach wie vor der aktivste Akteur in der Hauptstadt.[67] Mit Blick auf den Wahlkampf ist die Partei bemüht, wieder als eigenständig sichtbar zu werden. Das Neonazi-Netzwerk „Nationaler Widerstand Berlin", das jahrelang durch Aktionen und Kampagnen auf sich aufmerksam machte und seit 2013 nicht mehr aktiv ist, hat keinen Nachfolger gefunden. So setzt sich die Zerfaserung der rechtsextremen Szene in diverse (Kleinst-)Gruppierungen fort. Dies hat aber weniger inhaltliche als vielmehr machtstrategische Gründe: Während in Pankow die unterschiedlichen Gruppierungen demonstrativ die Durchführung gemeinsamer Veranstaltungen betonen, lassen sich in Lichtenberg in öffentlichen Verlautbarungen durchaus Szenestreitigkeiten feststellen, so die MBR. Im Zuge der rassistischen Mobilisierungen im Jahr 2015 gelang es der rechtsextremen Szene auch in Berlin, neue Anhänger zu gewinnen. Immer wieder tauchten Cliquen oder Einzelpersonen auf, die neue und oft virtuelle Gruppierungen ausriefen.

Seit Januar 2015 findet jeden Montag die Demonstration von Bärgida im Bezirk Tiergarten statt. Der Pegida-Ableger war dabei weniger erfolgreich als Pegida-Ableger in anderen Bundesländern. Bärgida ist ein Sammelbecken verschiedener extrem rechter und rassistischer Akteure und trägt zur Radikalisierung und Organisierung der rechten Szene bei. Neben rassistischen und antimuslimischen Gruppierungen und Einzelpersonen beteiligen sich an den Aufzügen regelmäßig Anhänger der „Identitären" und „Hooligans gegen Salafisten" (HoGeSa) sowie NPD-Aktivisten oder sogenannte Reichsbürger. Bei den Bärgida-Aufmärschen sind Personen und Cliquen in Erscheinung getreten, die sich später in anderen Gruppen zusammenschlossen und eigene Klein- und Kleinstveranstaltungen durchführten. Dazu zählen das „Bündnis Deutscher Hools" (BDH) und die Gruppe „Wir für Berlin – Wir für Deutschland". Das „Bündnis Deutscher Hools" trat als Sicherheitsdienst der Bärgida-Aufmärsche auf. Dabei handelte es sich um einen

67 Vgl. Mobile Beratung gegen Rechtsextremismus in Berlin: „Unser Jahresrückblick 2015", in: *www.mbr-berlin.de*, 17.12.2015.

Zusammenschluss von rund 20 fußball- und gewaltaffinen Personen. Dazu die Mobile Beratung:

> „Im Gegensatz zu anderen Regionen in Deutschland, in denen sich derartige Gruppen tatsächlich aus dem Hooligan-Milieu heraus bildeten, handelt es sich in Berlin um eine bloße Selbstinszenierung. Die Gruppe radikalisierte sich im Laufe des Jahres, bis schließlich mehrere Protagonisten nach [einem] Brandanschlag auf eine Asylunterkunft in Marzahn als Tatverdächtige in den Fokus der Ermittlungsbehörden gerieten. Aus Angst vor Repression, aber auch wegen einer zunehmenden Isolierung innerhalb der Szene, löste sich die Gruppe noch im September 2015 auf."

Als wichtigster Organisator der Demonstrationen ist bisher die „German Defence League" in Erscheinung getreten, die seit Jahren bei islamfeindlichen Gruppierungen wie „Pro Deutschland" und „Die Freiheit" und beim alljährlichen „Tag der Patrioten" als Veranstalter auftritt. Im Umfeld von Bärgida ist eine überschaubare rechtsextreme Mischszene entstanden, in der rassistische Ideologieversatzstücke der extremen neuen Rechten auf das Potenzial von erfahrenen rechtsextremen und aktionsorientierten Kadern treffen.

Berlin Marzahn-Hellersdorf: Seit drei Jahren Neonazis an der Frontlinie

Die Zahlen aus den Statistiken von ReachOut und Berliner Register zeigen eine Radikalisierung des Rechtsextremismus im Bezirk Marzahn-Hellersdorf. In keinem anderen Bezirk gab es mehr Gewalttaten, nirgendwo war der Anstieg der Vorfälle in den letzten drei Jahren höher. Die Zahl rechter und diskriminierender Vorfälle hat sich 2015 mit insgesamt 298 Taten hier mehr als verdreifacht (2014: 85), darunter fallen auch 71 rechte Gewalttaten. Im Bezirk leben 260 000 Menschen – demnach kommen auf 100 000 Einwohner 27,3 Gewalttaten. (Zum Vergleich: Im Durchschnitt der Bundeshauptstadt liegt dieser Wert bei hohen 9,22 Gewalttaten, in Sachsen bei 11,75 – alle Zahlen beziehen sich auf die Zählungen von zivilgesellschaftlichen Akteuren).

Ressentiments und Angriffe richteten sich in der Mehrzahl gegen Flüchtlinge und bestehende oder noch zu errichtende Flüchtlingsunterkünfte. 2015 gab es vor allem Aufmärsche gegen die Gemeinschaftsunterkunft am Blumberger Damm, die häufig von Gewalt begleitet waren. Mit Hetze und Gewalt waren im Alltag darüber hinaus auch andere Migranten, Menschen mit Migrationshintergrund oder ihre Unterstützer konfrontiert. Wenn sich einmal solche Formen etabliert haben – so die Beobachtungen im Bezirk – lassen sich diese von organisierten Strukturen leichter fortsetzen, vor allem wenn es an entschiedener Gegenwehr fehlt. Derzeit weist nichts darauf hin, dass die Vorfälle nach dem Rückgang der Flüchtlingswelle abreißen. Bis heute gelang es der Politik und den Sicherheitsbehörden nicht, die Dynamik im Bezirk in den Griff zu bekommen. Die vorhandenen Initiativen fühlen sich oft alleingelassen. Im Bezirk sollen zukünftig acht von berlinweit insgesamt 26 „Modularen Unterkünften für Flüchtlinge" (MUFs) gebaut werden. Bisher gibt es in Marzahn-Hellersdorf acht Notunterkünfte. Es ist dringend geboten, Rechtsextreme in die Schranken zu weisen, um die Sicherheit der Menschen, die hier zukünftig untergebracht werden sollen, zu gewährleisten.

Der „braune Dienstag"

Rechtsextreme Akteure und Strukturen gab es im Nordosten Berlins schon in den 1990er-Jahren. Seit drei Jahren aber ist der Bezirk Marzahn-Hellersdorf zum Schwerpunkt rechtsextremer Aktivitäten in Berlin geworden. Die Eskalation rechter Gewalt im Bezirk ist dabei vor dem Hintergrund der Flüchtlingsunterbringung im Jahr 2013 zu sehen – sie begann also nicht erst mit der Radikalisierung durch die Pegida-Bewegung oder ihres Ablegers Bärgida und auch nicht mit der„Herbstoffensive" der AfD 2015. Sie ist vielmehr Resultat einer langjährigen Verankerung von neonazistischen Kadern, die die Kampagne gegen Flüchtlinge vorangetrieben haben. Diese Dynamik, die zur heutigen, beschämenden Situation geführt hat, zeichnete Malene Gürgen in ihrem in der *taz* veröffentlichten Artikel „Das Klirren in der Stille" nach.[68]

Die Initialzündung fand am 9. Juli 2013 statt. Dieser Tag ging als der „braune Dienstag" in die Lokalgeschichte des Bezirks Marzahn-Hellersdorf ein. An diesem Tag fand eine Informationsveranstaltung des Bezirks zur geplanten Notunterkunft in der Hellersdorfer Carola-Neher-Straße statt, an der 800 Menschen teilnahmen. In einer insgesamt gereizten Stimmung rissen Rechtsextreme, die sich als „besorgte Bürger" ausgaben, das Wort an sich und hetzten gegen die Unterkunft. Sie hatten bereits wenige Tage zuvor als „Bürgerinitiative Marzahn/Hellersdorf" mit Flugblättern gegen die Einrichtung Stimmung

68 Vgl. Malene Gürgen, „Rechte Gewalt in Berlin. Das Klirren in der Stille", in: *www.taz.de*, 27.6.2016.

gemacht. Die Bezirksvertreter waren in Anbetracht der Wortmeldungen sichtlich überfordert. Nach der Informationsveranstaltung organisierten die rechtsextremen Wortführer eine Spontandemonstration durch den Kiez.

Als Reaktion auf die Eskalation gründete sich noch im Juli 2013 die Initiative Hellersdorf hilft. Viele Mitglieder waren Schülerinnen und Schüler des nahegelegenen Max-Reinhardt-Gymnasiums. Die Gruppe arbeitet seit der Unterbringung von Flüchtlingen im August 2013 mit diesen zusammen und muss sich immer wieder mit zum Teil brutalen Einschüchterungen auseinandersetzen. Flüchtlinge und Engagierte müssen jederzeit mit Übergriffen rechnen. Noch im Sommer 2013 organisierten die Rechtsextremen fast wöchentlich Demonstrationen und Kundgebungen gegen die neue Unterkunft und die Aufnahme von Flüchtlingen, immer noch unter dem Namen „Bürgerinitiative Marzahn/Hellersdorf". Zum Jahreswechsel 2013/14 versuchten Rechtsextreme die Türen der Notunterkunft und des Jugendzentrums „La Casa" mit Feuerwerkskörpern zu zerstören.

Die Proteste der „Bürgerinitiative", soviel ist längst bekannt, werden von lokalen NPD-Aktivisten und anderen bekannten Rechtsextremen gesteuert. Zu den Drahtziehern gehören Patrick Krüger, stellvertretender Landesvorsitzender der Partei „Die Rechte", René U., politischer Ziehvater des NPD-Landesvorsitzenden Sebastian Schmidtke, Marcel R., der bereits im Netzwerk „Nationaler Widerstand Berlin" aktiv war, oder Daniela F., die in den 1990ern die „Kameradschaft Mahlsdorf" mit aufbaute. Die Aktivisten wussten die Auseinandersetzung für ihre Zwecke zu nutzen und konnten so mit ihrer Hetze gegen die Unterbringung von Flüchtlingen bei den Bundestagswahlen im September 2013 Wahlerfolge feiern: In den umliegenden Wahlkreisen erreichte die NPD zum Teil mehr als 10 Prozent der Wählerstimmen. Der „braune Dienstag" wird in der rechtsextremen Szene bis heute als „Hellersdorfer Modell" gefeiert.

III. Die Alternative für Deutschland: Rechtspopulistisch in der Methode, rechtsradikal in der Substanz

Die Alternative für Deutschland (AfD) wurde im Frühjahr 2013 von wirtschaftsliberalen Professoren um Bernd Lucke und ehemaligen Industriebürokraten wie Hans-Olaf Henkel in der Auseinandersetzung um den Euro als moderate Partei rechts der CDU gegründet. Die „Professorenriege" ist inzwischen von den Radikalen in der Partei um Björn Höcke, André Poggenburg und Hans-Thomas Tillschneider mit Unterstützung von Alexander Gauland und Frauke Petry entmachtet worden. Diese Vertreter der „Erfurter Resolution" und der „Patriotischen Plattform" bestimmen seither weitgehend das Geschehen und die Ausrichtung der Partei und führten zu einer rapiden Radikalisierung – sowie zum Teil zu erheblichen Konflikten innerhalb der Parteispitze.

Selten in der Geschichte des Rechtspopulismus und Rechtsradikalismus verwandelte sich im Nachkriegseuropa eine gemäßigte Rechtspartei so schnell und so radikal von der Spitze aus in eine Partei der rechtsradikalen Agitation. Heute richtet sich die Partei mit ihrer Flüchtlings- und Islamfeindlichkeit gegen Gleichheits- und Gleichwertigkeitsvorstellungen und tritt – wie die extreme neue Rechte – für die Ideen des Ethnopluralismus, also die „Reinhaltung" von Staaten und Gesellschaften nach „Ethnien" als völkische Nationen ein. Die AfD fordert eine Bundesrepublik Deutschland, die sich weit weg von den Standards rechtsstaatlich freiheitlicher Demokratie befindet. Sie ist in Ideologie und Handeln der Spitze und der strikt islamfeindlichen Mehrheit des Programm-Parteitags eine rechtsradikale Partei geworden. Hans-Olaf Henkel, einst Mitbegründer der AfD, sprach schon vor geraumer Zeit verbittert von einer „NPD light", zu der sich die Partei entwickelt habe.

Von der moderaten Wirtschaftspartei zur radikalen Agitation

Hinter der Entmachtung Bernd Luckes standen diejenigen, die die „Erfurter Resolution" initiierten und sich in der rechtsradikalen und völkischen „Patriotischen Plattform", eine der radikalsten Formationen innerhalb der AfD, zusammenfanden. Für den Putsch waren Björn Höcke, André Poggenburg und Hans-Thomas Tillschneider die Regisseure, die in Alexander Gauland ihren getreuen Helfer hatten. Die Radikalen in der AfD haben sich inzwischen im „Flügel", so die Selbstbezeichnung, organisiert. Die „Erfurter Resolution" gilt als eine Art Gründungsdokument dieser Sammlungsbewegung. Unter www.derfluegel.de betreiben sie eine Internetseite, auf der sie ihre radikalen Positionen veröffentlichen. Die „Erfurter Resolution" wurde inzwischen, so die Angaben des „Flügels", von mehr als 1 500 AfD-Mitgliedern unterzeichnet.

Die „Erfurter Resolution"

Die Verabschiedung der „Erfurter Resolution" im März 2015 war die erste Aktion der Radikalen in der AfD. Mittels dieser Resolution wurde der Sturz Bernd Luckes und anderer neoliberaler Kräfte vorbereitet, der dann auf dem Parteitag in Essen im Juli 2015 vollzogen wurde. In der Resolution heißt es unter anderem:

> „Das Projekt Alternative für Deutschland ist in Gefahr. Die Bürger haben uns gewählt, weil sie hoffen, dass wir anders sind als die etablierten Parteien: demokratischer, patriotischer, mutiger. [...] Anstatt nun jedoch die Alternative zu bieten, die wir versprochen haben, passen wir uns ohne Not mehr und mehr dem etablierten Politikbetrieb an: dem Technokratentum, der Feigheit und dem Verrat an den Interessen unseres Landes. Zahllose unserer Mitglieder verstehen die AfD nämlich immer noch und gegen jede Verengungstendenz als grundsätzliche, patriotische und demokratische Alternative zu den etablierten Parteien, als Bewegung unseres Volkes gegen die Gesellschaftsexperimente der letzten Jahrzehnte (Gendermainstream, Multikulturalismus, Erziehungsbeliebigkeit usf.), als Widerstandsbewegung gegen die weitere Aushöhlung der Souveränität und der Identität Deutschlands, als Partei, die den Mut zur Wahrheit und zum wirklich freien Wort besitzt."[69]

Diese systematisch gegen die Ausrichtung der Partei unter Bernd Lucke zielende Erklärung wurde zunächst von den Fraktions- bzw. Landesvorsitzenden

69 „Die ‚Erfurter Resolution' – Wortlaut und Erstunterzeichner", in: *www.derfluegel.de*, zuletzt eingesehen am 13.8.2016

der drei damals entscheidenden Landesverbände Thüringen (Höcke), Sachsen-Anhalt (Poggenburg) und Brandenburg (Gauland) erstunterzeichnet. Ebenso unterzeichnet wurde die Resolution von Christina Baum (Baden-Württemberg), Markus Frohnmeyer (Landesvorsitzender der „Jungen Alternative" Baden-Württemberg), Andreas Kalbitz (dem damals stellvertretenden Fraktionsvorsitzenden im brandenburgischen Landtag), Wiebke Muhsal (Thüringen), Daniel Roi (Sachsen-Anhalt), Thomas Rudy (Altenburg/Greiz) und Hans-Thomas Tillschneider (inzwischen Mitglied des Landtags in Sachsen-Anhalt). Björn Höcke sah die Partei bereits im März 2014 am Scheideweg:

> „Auf der einen Seite sehe ich eine Gruppe, die möglichst schnell zum etablierten Parteienspektrum aufschließen will. Sie ist bereit, die herrschenden Denk- und Sprechverbote teilweise oder ganz zu übernehmen. In dieser Gruppe entstehen auch keine Visionen, die unser Land dringend braucht. Wir brauchen aber den Mut zur Zukunft. Auf der anderen Seite sehe ich diejenigen, die einen grundsätzlichen Erneuerungsauftrag mit der AfD verbinden."[70]

Der Kompromiss der AfD liegt längst nicht mehr darin, gegen die Radikalen in der Partei eine andere Linie durchzusetzen, sondern sich an deren völkischer und deutschnationaler Überzeugung auszurichten. Schon 2014 warf Hans-Olaf Henkel, der bereits nach der Wahl Frauke Petrys zur Parteivorsitzenden aus der Partei austrat, den Initiatoren der „Erfurter Resolution" völkisches Gedankengut vor, drang aber schon damals nicht mehr durch.

Die „Patriotische Plattform" unter Hans-Thomas Tillschneider

Zu den „Erneuerern" in der AfD gehört auch Hans-Thomas Tillschneider. Er leitet derzeit die im Dezember 2014 gegründete „Patriotische Plattform", einen Zusammenschluss von Mitgliedern der AfD, der sich als Kampfverband zur Durchsetzung rechtsradikaler Positionen in der AfD verstehen lässt. In der Gründungserklärung heißt es:

70 Zit. n. Andreas Kemper: „... die neurotische Phase überwinden, in der wir uns seit 70 Jahren befinden". Zur Differenz von Konservatismus und Faschismus am Beispiel der „Historischen Mission" Björn Höckes (AfD), Jena 2016, S. 52.

> „Das deutsche Volk ist die Gesamtheit der Menschen, die unsere Kultur tragen. Wir sind gerne Deutsche und heißen jeden in unserer Mitte willkommen, der unsere Sprache spricht, der sich wie wir mit unserem Land identifiziert und sich als Deutscher versteht, ganz gleich, wo seine Eltern geboren sind. Patriotismus sollte auf kein politisches Lager beschränkt sein. Nationalliberale finden bei uns genauso Platz wie patriotische Linke und Konservative, solange sie ihre Lager- und Klientelinteressen nicht über das nationale Interesse stellen."[71]

Die Mitglieder der „Patriotischen Plattform" wollen die AfD zum parlamentarischen Arm der Pegida-Bewegung machen, die Gründung einer eigenen Pegida-Partei sehen sie kritisch. Hans-Thomas Tillschneider ist ein leidenschaftlicher Pegida-Fan: „Pegida strahlt Ruhe und Disziplin aus, Unaufgeregtheit und Vernunft. Wer hier mitläuft, muss sich nicht mit Sprechchören aufstacheln. Er hat es sich gut überlegt und weiß, was er tut." Die AfD habe die Aufgabe, so Tillschneider, diesen Protest in die Parlamente zu tragen.[72]

Der radikale Agitator Björn Höcke

Seit dem Sturz Bernd Luckes im Sommer 2015 gilt Björn Höcke, gegenwärtig Partei- und Fraktionsvorsitzender in Thüringen, als *der* Radikalisierungsmotor in Bezug auf die Umwandlung der AfD in eine rechtsradikale Partei der völkisch-rassistischen deutschnationalen „Wiedergeburt". Er kann sich dabei der Rückendeckung seiner Fraktion im Thüringer Landtag sicher sein und wird massiv von André Poggenburg aus Sachsen-Anhalt, von Alexander Gauland und seiner Fraktion im Brandenburger Landtag, den Akteuren der „Patriotischen Plattform", der „Jungen Alternative" und der mittleren Funktionärsschicht gestützt. Gleichzeitig ist er der unangefochtene Volkstribun seiner Partei und wurde auf dem Stuttgarter Parteitag am 30. April und 1. Mai 2016 stürmisch gefeiert. Bewunderung erfährt Höcke von anderen Rechtsradikalen in der Partei, weil er es während der Hochphase der Flüchtlingsdebatte im Herbst 2015 (der „Herbstoffensive 2015") über Wochen geschafft hat, regel-

71 *www.patriotische-plattform.de*, zuletzt eingesehen am 13.8.2016.

72 Vgl. Erik Peter: „Die AfD und der rechte Rand. National statt liberal", in: *www.taz.de*, 21.12.2014.

mäßig oft weit über 5 000 Demonstranten unter anderem auf dem Domplatz in Erfurt zu versammeln und sie mit einer erheblichen Resonanz für einen entschiedenen völkisch-rechtsradikalen Weg in der AfD zu begeistern. Höcke hat während dieser wiederholten Massendemagogie unüberhörbar klargemacht, dass er in der AfD eine völkische „fundamentaloppositionelle Bewegungspartei" sieht, durch die es zu einem umfassenden Staats- und Gesellschaftsumbau jenseits des Grundgesetzes kommen kann und soll.

Björn Höcke hatte wohl seine eigenen Gründe, sich auf dem Parteitag in Essen im Sommer 2015 nicht zum Anführer der neuen radikalisierten Partei wählen zu lassen, sondern im Hintergrund zu bleiben. Seit dem Putsch von Essen aber ist seine Macht und die seiner Getreuen nicht geschmolzen, sondern gestiegen. Nichts geht ohne den radikalen „Flügel". Er ist mächtiger denn je und immer dazu bereit, jene, die die Partei offiziell repräsentieren, vor sich herzutreiben.

Selbst ohne die formale Parteiführung anzustreben, hat sich Höckes radikaler „Flügel" so weit in der Partei durchgesetzt, dass ein Programmparteitag, der seine rechtsradikalen Positionen in Kompromissen abschwächen sollte, nicht zur Kurskorrektur geführt hat. Auf dem Parteitag in Stuttgart am 30. April und 1. Mai 2016 hat die AfD neben den Themen der Europa-Abwehr und der Flüchtlingsfeindlichkeit mit überwältigender Mehrheit „Der Islam gehört nicht zu Deutschland" ins Programm geschrieben. Es war Hans-Thomas Tillschneider, der in der alles entscheidenden Debatte um den Islam diesen als zentrales Feindbild deklarierte und die Delegierten zu Beifallsstürmen hinriss. Jene Teile des Parteivorstands, die sich in der Öffentlichkeit moderat gaben und wenige Stunden später versuchten, diesen Parteitagsbeschluss zu relativieren, waren nicht in der Lage, die islamfeindliche Positionsbestimmung abzuwehren. Offenbar hat sich die Mehrheit des Parteivorstands weggeduckt.

Der „Flügel" und die Machtlosigkeit der AfD-Vorsitzenden

Allein im ersten Monat nach dem Stuttgarter Parteitag haben die Aktiven des „Flügels" mehrmals die Linie der Bundessprecherin Frauke Petry und des Bundesvorstands vor allem in der Frage der Zusammenarbeit mit Pegida desavouiert. Nachdem Tillschneider auf einer Veranstaltung von Pegida in Sachsen auftrat, wies er jede Einmischung in seine Aktivitäten zurück. Als Sprecher der „Patriotischen Plattform" erklärte er am 22. Mai 2016:

„Der Bundesvorstand hat auf seiner Sitzung am vergangenen Freitag beschlossen, ‚dass AfD-Mitglieder weder als Redner noch mit Parteisymbolen bei Pegida-Veranstaltungen auftreten sollen'. Ebenso werden ‚Redeauftritte von Pegida-Vertretern und Pegida-Symbole auf AfD-Veranstaltungen' abgelehnt. Dieser Beschluss ist ein schwerer Fehler. Er spaltet das patriotische Lager, gefährdet den Zusammenhalt der AfD und schwächt den Widerstand gegen die etablierte Politik. Er setzt ohne Not alles aufs Spiel, was wir bislang erreicht haben. Ist das der Dank dafür, dass Pegida vor den Landtagswahlen am 13. März dazu aufgerufen hat, AfD zu wählen? Wir Patrioten fordern den Bundesvorstand hiermit auf, diesen Beschluss unverzüglich aufzuheben. Geschlossenheit ist wichtig, doch wir beziehen sie nicht nur auf die AfD, sondern auch auf unsere natürlichen Verbündeten. Diejenigen Mitglieder des Bundesvorstandes, die für diesen Entschluss gestimmt haben, werden sich rechtfertigen müssen. Sie haben das Ansehen der AfD schwer beschädigt. Sich bei den Islamverbänden die Klinke in die Hand geben, aber Auftritte von AfD-Politikern bei Pegida untersagen, ist das falsche Signal! Dafür sind wir nicht angetreten."[73]

Auch Björn Höcke betreibt gegen die ausdrücklichen Vorgaben seiner Parteivorsitzenden den Schulterschluss mit der Pegida-Bewegung, so während der Erfurter Kundgebung am 19. Mai 2016, als er mit dem Rassisten Siegfried Däbritz[74] von Pegida und einem rechtsextremen Rapper auftrat. Höcke gab sich als großzügiger Vermittler, um im Mai 2016 die Repräsentanten der extremen neuen Rechten Götz Kubitschek und seine Frau Ellen Kositza vom „Institut für Staatspolitik" in Schnellroda mit dem „Parteiphilosophen" Marc Jongen und dem Vizeparteivorsitzenden Alexander Gauland zum konspirativen Abendessen in Merseburg zusammenzubringen. Jongen war damit einverstanden: „Es braucht großen Eigensinn, um so viele Jahre gegen den Zeitgeist zu arbeiten. Erst jetzt dreht der Wind in seine Richtung",[75] meinte Jongen mit Hinblick auf Götz Kubitschek.

73 *www.patriotische-plattform.de*, zuletzt eingesehen am 13.8.2016.

74 Däbritz bezeichnete öffentlich, ähnlich wie Lutz Bachmann, Menschen aus dem mittleren Osten als „mohammedanische Kamelwämser" und „Schluchtenscheißer". Vgl. Matthias Meisner: „NPD und Pegida nähern sich an", in: *www.tagesspiegel.de*, 18.5.2015

75 Zit. n. „Rechte Freunde", in: *www.spiegel.de*, 28.5.2016.

Die Wahlerfolge der AfD bei den Landtagswahlen im Frühjahr 2016

Die AfD konnte bei den Landtagswahlen am 13. März 2016 in drei Bundesländern ihre bisher größten Wahlerfolge feiern. In Rheinland-Pfalz erreichte die Partei 12,6 Prozent, in Baden-Württemberg 15,1 Prozent. Den mit Abstand größten Erfolg aber feierte die AfD in Sachsen-Anhalt, wo ihr mit 24,2 Prozent fast jeder vierte Wähler seine Zustimmung gab.

Die Wahlergebnisse – das hatte schon der Wahlkampf in den drei Bundesländern deutlich gemacht – müssen vor dem Hintergrund der von Bundeskanzlerin Angela Merkel im Sommer 2015 getroffenen Entscheidung analysiert werden, die Grenzen für in Ungarn gestrandete Flüchtlinge zu öffnen und sie nach Deutschland kommen zu lassen. Die von der Bundeskanzlerin geforderte Willkommenskultur als Bekenntnis zur Verantwortung Deutschlands für das Leid jenseits europäischer Grenzen führte zur Zerstrittenheit innerhalb der Regierungspartei CDU/CSU, vor allem durch die offenen Angriffe des bayerischen Ministerpräsidenten Horst Seehofer. Er reagierte auf die Stimmung in Teilen der Bevölkerung, die die Aufnahme von Flüchtlingen nicht nur skeptisch sehen, sondern strikt ablehnen.

Die AfD nahm diese Stimmung, die sich seit 2014 auch durch die Pegida-Bewegung und ihrer Ableger zeigt, auf. Je näher der Wahltag kam, desto hemmungsloser agitierte auch sie gegen Flüchtlinge, die sie als große Gefährdung Deutschlands charakterisierte.

AfD und Pegida: „Natürliche Verbündete" (Alexander Gauland)

Schon seit Ende 2014 war mit der Äußerung des AfD-Strategen Alexander Gauland, einst Chef der hessischen Staatskanzlei unter dem CDU-Ministerpräsidenten Walter Wallmann, klar, wohin die Reise der AfD gehen sollte, als er die Pegida-Bewegung als „natürliche Verbündete" der AfD herausstellte. Es gehört zur besonderen rechtsradikalen Dynamik der Partei, dass sie sich mit einer Bewegung gemein macht, deren Führer Lutz Bachmann nachweislich rassistisch argumentiert. Gauland hat sicherlich nicht übersehen, dass Pegida es ihren Tochterorganisationen in Thüringen, Mecklenburg-Vorpommern oder Berlin überlässt, mit etablierten Neonazis zusammenzuarbeiten.

Pegida hat seit Oktober 2014 in einer Weise Ressentiments gegen Muslime und Flüchtlinge entfesselt, dass sich innerhalb von drei Monaten die Zahl der Gewalttaten gegen Flüchtlingsheime und Flüchtlinge verdoppelte. Die AfD-

Spitze hat sich davon nicht distanziert. Pegida hat den neonazistischen Schatten, der sich in die Bewegung eingemischt und eingereiht hat (z. B. als Ordner der Versammlungen in Dresden), zu gesteigerter rassistischer Gewalt veranlasst. Die AfD-Spitze sieht darin offenbar kein Problem. Ganz im Gegenteil: Im Sommer 2015 wurden nach dem AfD-Parteitag in Essen die Voraussetzungen für eine rücksichtslose Demagogie gegen Flüchtlinge geschaffen, die wenige Monate später durch die Flüchtlingswelle in Europa und der phasenweisen Öffnung der Grenzen zum bestimmenden Thema innerhalb der Partei wurde und seither wichtigster Bestandteil jeder politischen Frage ist. Von der Demagogie zeugen die radikalen Stellungnahmen der AfD-Parteispitze. So beschwor Gauland in seiner Berliner Rede vor der AfD im November 2015 wiederholt den „Untergang Roms durch den Ansturm der Barbaren" und meinte damit Deutschland und die Flüchtlinge. Die Parteivorsitzende Frauke Petry erklärte Ende Januar 2016 dem *Mannheimer Morgen*, dass im Notfall auf Flüchtlinge an der Grenze geschossen werden müsse. Die stellvertretende Bundesvorsitzende Beatrix von Storch dehnte diese Forderung in einem Facebook-Eintrag auf aus ihrer Heimat geflohene Frauen und Kinder aus. Der Parteivorstand wich angesichts der öffentlichen Reaktionen zwar formal, nicht aber in der Sache zurück. Mit solch verbalen Brandfackeln betreiben Teile der Parteispitze eine Taktik der Mobilisierung von Erregungen und Aggressionen.[76]

Sachsen Anhalt
Der Wahlerfolg der AfD und ihre besondere Radikalität

Bei den Landtagswahlen in Sachsen-Anhalt im März 2016 konnte die AfD mit 24,2 Prozent der Wählerstimmen einen beachtlichen Erfolg erzielen. Eine Wahlanalyse von Infratest Dimap zeigt,[77] dass 64 Prozent der AfD-Wähler die Partei aus Enttäuschung über andere Parteien und nicht aus innerer Über-

76 Marcus Pretzell, AfD-Landesvorsitzender in Nordrhein-Westfalen, hatte schon Monate zuvor erklärt: „Die Verteidigung der deutschen Grenze mit Waffengewalt als Ultima Ratio ist eine Selbstverständlichkeit." Der Europaabgeordnete bekam Rückendeckung von Alexander Gauland: „Unsere Grenzen müssen effizient gesichert werden. Alles andere macht keinen Sinn." Zit. n. „AfD-Vize für Schusswaffengebrauch gegen Flüchtlinge", in *www.spiegel.de*, 2.11.2015.

77 Vgl. „Landtagswahlen 2016. Sachsen-Anhalt", in: *www.wahl.tagesschau.de*, 13.3.2016.

zeugung gewählt haben. 73 Prozent sind der Ansicht, nicht am wirtschaftlichen Wachstum zu partizipieren, 47 Prozent nehmen sich als Verlierer der gesellschaftlichen Entwicklung wahr. Die AfD wurde überdurchschnittlich von Männern, von Erstwählern und von Personen in der Alterskohorte der 35- bis 50-Jährigen gewählt. Auch unter Arbeitern und Arbeitslosen konnte die AfD überdurchschnittlich gut punkten. Diese neigen ebenso wie jene Rentner und Wähler mit niedriger Bildung, die ebenfalls eine Präferenz für die AfD erkennen lassen, etwas stärker zu Ressentiments gegenüber Fremden oder einem übersteigerten Nationalismus. (Nur 18 Prozent der Rentner haben die AfD gewählt, 38 Prozent aber die CDU.)

Die AfD in Sachsen-Anhalt wurde vor allem in den südlichen Wahlkreisen des Landes zur stimmenstärksten Partei. Zu den erfolgreichsten Wahlkreisen mit über 30 Prozent Stimmenanteil gehören u. a. Wolfen, Bitterfeld, Hohenmölsen-Weißenfels, Naumburg und Zeitz (hier mit 30,6 Prozent und der Direktwahl des Spitzenkandidaten André Poggenburg), ebenso Eisleben, Sangerhausen und Staßfurt.

Gegen Flüchtlinge

Die Umfrage von Infratest Dimap zeigt weiter, dass unter AfD-Wählern 91 Prozent nichts mit Flüchtlingen zu tun haben wollen und kaum Verständnis für sie zeigen, gerade einmal 6 Prozent der AfD-Wähler empfinden Flüchtlinge als eine Bereicherung für das Leben in Deutschland. Außerdem glauben über 92 Prozent nicht, dass die Bundesregierung die Flüchtlingssituation unter Kontrolle bekommt. Ebenfalls 92 Prozent sind der Auffassung, dass für Flüchtlinge mehr getan wird als für Einheimische. 95 Prozent fürchten den zunehmenden Einfluss des Islam und ebenso viele, dass die Kriminalität in Deutschland aufgrund des Flüchtlingszuzugs ansteigen werde. Gleichzeitig vertrauen fast 100 Prozent der AfD-Wähler, dass die Repräsentanten der von ihr gewählten Partei die tatsächlichen Probleme benennen und sich um ihre Sorgen kümmern. Kurzum: Die AfD-Wähler in Sachsen-Anhalt wollen keine Flüchtlinge im Land, fürchten den Einfluss des Islam und haben Angst vor erhöhter Kriminalität. Letzteres korreliert möglicherweise mit der Ablehnung von Flüchtlingen und Ausländern.

Dass die AfD unter Wählern mit rechtsextremen Einstellungen besonders erfolgreich war, lässt sich darüber hinaus an einzelnen Wahlkreisen ablesen: Wo bei vorhergehenden Wahlen die NPD überdurchschnittlich hohe Zustimmung erhielt, wurde die AfD nun besonders stark. Zu diesen Regionen zählen Zeitz und Umgebung (dort liegt auch Tröglitz), Bitterfeld und Wolfen, aber auch bestimmte „abgehängte“ Stadtteile der größten Städte Magdeburg, Halle und Dessau, die als Schwerpunktregionen Rechtsextremer gelten. In diesen Wahlkreisen wurde bei den Landtagswahlen im März 2016 im Vergleich zur zurückliegenden Landtagswahl weniger NPD, dafür zu größeren Anteilen AfD gewählt.

Der Resonanzraum und die radikalen Agitatoren der AfD

Seit über zweieinhalb Jahrzehnten ist Sachsen-Anhalt ein Hort rechtsextremer Gewalt. In vielen Jahren gab es im Vergleich der Bundesländer hier die meisten Gewalttaten bezogen auf die Zahl der Einwohner. Bei der Bekämpfung rechtsextremer Haltungen haben die verantwortlichen Politiker zu wenig gegen die aggressiven Bewegungsformen und Szenen ausrichten können. Dies gilt auch und insbesondere für die Sicherheitsorgane. Neben den bekannten Skandalen – dem Tod eines Gefängnisinsassen in Dessau – zählt hierzu auch die mangelnde Durchsetzungskraft von Polizeieinsätzen im Augenblick unmittelbarer Gefahrenabwehr, wie sich dies besonders drastisch am Beispiel von Tröglitz und dem dortigen Brandanschlag ablesen lässt. Öffentlichkeit und engagierte Zivilgesellschaft blieben seit der politischen Wende in Ostdeutschland trotz mutiger Initiativen und zivilgesellschaftlicher Aktionsformen schwach ausgeprägt.

Die Ursachen für den Wahlerfolg der AfD liegen aber auch in den sozialen, wirtschaftlichen und politischen Verhältnissen begründet. Das Land hat bis heute große wirtschaftliche Probleme und bietet kaum zureichende Perspektiven, dies gilt für die ländlichen Regionen ebenso wie für die Städte. Das Bundesland ist strukturschwach und hat eine der höchsten Arbeitslosenquoten unter den deutschen Flächenländern (9,3 Prozent, Stand: Juni 2016). Der Niedergang der DDR-Ökonomie und die Verstärkung des Zusammenbruchs durch die Politik der Treuhand nach der Wiedervereinigung hatten in Sachsen-Anhalt nachhaltigere Auswirkungen als in anderen Bundesländern des Ostens. Die Arbeitslosigkeit war etwa im Raum des Chemiedreiecks zwischen Halle, Merseburg und Bitterfeld noch durchschlagender, aber auch in Magdeburg blieben die verlorenen Arbeitsplätze im Schwermaschinenbau ohne Kompensation. Dazu kommt, dass die Unzufriedenheit der Bürger mit allen Landesparteien stark ausgeprägt ist, die Parteibindungen gering und die Wahlbeteiligung traditionell niedrig sind. Die Distanz gegenüber Flüchtlingen und Ausländern blieb trotz oder gerade wegen einer immer noch geringen Quote von 3,8 Prozent Ausländern im Land erheblich.[78]

Der vom Zentrum für Sozialforschung Halle e.V. erhobene *Sachsen-Anhalt-Monitor 2014* verweist auf das Ausmaß einer doppelten Transformation, die bis in die Gegenwart spürbar sei:[79] Einerseits wirkt in Sachsen-Anhalt die vielfältig gemachte Erfahrung der entsicherten Arbeits- und Lebensbedingungen nach, andererseits wird diese dem Systemwechsel geschuldete Erfahrung zusätzlich durch neue Unsicherheiten überformt, die sich im Gefolge der globalen Finanz- und Wirtschaftskrise, der Bedrohung durch terroristische Gruppen eines militanten Islamismus sowie der jüngst aufflackernden öffentlichen Debatte über Armutsmigration in der subjektiven Weltsicht der Menschen aufbauen. Es ist eine Melange von real erfahrenen Unsicherheiten und der eigenen Befremdung durch zu viele als fremd Wahrgenommene.

Noch 2014 hatte der Anteil der Sachsen-Anhaltiner, die fremdenfeindlichen Aussagen zustimmten, im Vergleich zu den Vorjahren abgenommen. Trotzdem stimmten im Jahr 2014 der Aussage, dass „die Bundesrepublik durch die vielen Ausländer in einem gefährlichen Maß überfremdet sei", 15 Prozent der Befragten „voll und ganz" und weitere 12 Prozent „eher" zu. (Auch diese Zahlen finden sich im *Sachsen-Anhalt-Monitor 2014*.) Der Aussage, dass es „wertvolles" und „unwertes" Leben gebe, stimmten damals 11 Prozent „voll und ganz" und weitere 9 Prozent „eher" zu. Gleichzeitig gehen überdurchschnittlich viele Menschen in Sachsen-Anhalt davon aus, dass sie viel weniger von dem „Anteil erhalten, der ihnen zusteht" – auf einer Skala von 1 bis 5 findet diese Einschätzung eine Zustimmung von 3,3. Die Mehrheit sieht sich als Wendeverlierer (3,1). Ebenso ordnen sich überdurchschnittlich viele in ihrer politischen Orientierung eher rechts ein (2,7). Auch der Wert der Demokratieunzufriedenheit liegt relativ hoch (3,0), ebenso die Präferenz, nicht wählen zu gehen (2,8). Letztere spiegelte sich auch im Frühjahr 2016 in einer niedrigen Wahlbeteiligung wider. Bereits 2014 erhielt die AfD unter den politischen Parteien die höchste Zustimmung (3,2).

78 Vgl. Statistisches Landesamt Sachsen-Anhalt: Daten & Fakten, in: *www.statistik.sachsen-anhalt.de*, zuletzt eingesehen am 13.8.2016.

79 Vgl. Everhard Holtmann/Tobias Jaeck/Kerstin Völkl: Sachsen-Anhalt-Monitor 2014. Festigung der Demokratie, Zentrum für Sozialforschung Halle e.V. an der Martin-Luther-Universität Halle-Wittenberg. Erhebung im Auftrag der Landeszentrale für politische Bildung Sachsen-Anhalt, Halle 2014.

Der Wahlerfolg der AfD in Sachsen-Anhalt kann als Indiz dafür gelten, dass sich ein Teil der Wendegeneration abgehängt fühlt und als Verlierer sieht, und zwar sozial, politisch und kulturell. Es lässt sich konstatieren, dass vor allem die Alterskohorte der 35- bis 50-Jährigen, aber auch ein beachtlicher Teil der Jüngeren, inzwischen antidemokratisch und fremdenfeindlich eingestellt ist.

Radikalität der AfD in Sachsen-Anhalt

Die AfD-Wähler in Sachsen-Anhalt haben eine Partei gewählt, deren treibende Kräfte dem radikalen „Flügel" dieser Partei angehören. Das gilt insbesondere für den AfD-Spitzenkandidaten André Poggenburg und für Hans-Thomas Tillschneider von der „Patriotischen Plattform" der AfD und seine besonders harsch formulierte islamfeindliche Position. Mit Poggenburg und Tillschneider gehören zwei Radikale der Landtagsfraktion an, die die Speerspitze einer radikalisierten Partei bilden.

André Poggenburg, der im Juni 2014 den AfD-Landesvorsitz übernahm, rückte den Landesverband deutlich nach rechts. Damit ging eine Öffnung zu antisemitischen und rechtsextremen Positionen einher, wie eine Studie der Otto Brenner Stiftung an Aussagen einzelner AfD-Mandatsträger belegt.[80] So postete Dirk Hoffmann, seinerzeit AfD-Landesvorstandsmitglied, auf Facebook: „Gerade die Israelis werfen uns immer wieder den Holocaust vor. Was aber die Israelis in Gaza machen, ist mindestens genauso schlimm." Diese relativierende Position wurde vom Parteivorsitzenden Poggenburg geteilt, der die Aussage für „natürlich tragbar" hielt. Den Publizisten Michel Friedman beschrieb Hoffmann als „schleimiges Etwas" und als „Zumutung und Schande für Deutschland"[81]. Eine andere Entgleisung leistete sich Jobst von Harlessem, einer der Beisitzer im AfD-Landesvorstand, als er auf seiner Facebook-Seite eine Fotomontage teilte, die US-Präsident Barack Obama an einem Galgen hängend zeigt. Und es ist vor allem André Poggenburg, der den historisch vom Nationalsozialismus belegten Begriff der „Volksgemeinschaft" in öffentlichen Auftritten verteidigt oder die Stelen des Denkmals für die ermordeten Juden

80 Vgl. Alexander Hensel/Lars Geiges/Robert Pausch/Julika Förster: Die AfD vor den Landtagswahlen 2016. Arbeitspapier der Otto Brenner Stiftung 20., Gießen 2016.

81 Vgl. „Facebook-Skandal. AfD-Vorstand distanziert sich vom Landesverband Sachsen-Anhalt", in: *www.mz-web.de*, 8.10.2014.

Europas in Berlin als „Klötzer" bezeichnete, die von vielen Berlinern einfach nur als störend empfunden würden.

Das Wahlprogramm der AfD in Sachsen-Anhalt war weniger kopflos formuliert als die dumpfen Aussagen und Postings ihrer Repräsentanten. Gleichwohl zeigen sich auch darin ein moralischer Alleinvertretungsanspruch und eine ethnozentrisch-chauvinistische Grundüberzeugung insbesondere in Bezug auf Kultur, Lebensstil und Religion, so die Analyse der Otto Brenner Stiftung. Die Partei erzeugte in ihrem Programm zur Wahl ein „Wir gegen die"-Gefühl. „Die", damit sind Fremde, Ausländer, Zuwanderer und all jene gemeint, die als Abweichung von der vermeintlichen Eigenart des je eigenen Volkes gelten. Betont werden die deutsche Identität als Kern „unserer" Existenz, eigene Kulturlandschaften, die Betonung der deutschen Sprache gegenüber Anglizismen und ein autoritäres Bildungskonzept, das sich an vermeintlich „preußischen" Tugenden orientiert.

Björn Höcke: Völkisch-nationalistischer Extremismus eines autoritären Agitators

Das Kompetenzzentrum Rechtsextremismus der Friedrich-Schiller-Universität Jena legte im Januar 2016 eine Studie zu den Gefährdungspotenzialen der demokratischen Kultur in Thüringen vor. Den Autoren Matthias Quent, Franziska Schmidtke und Axel Salheiser zufolge haben im Thüringer Landesverband der AfD politische Konzepte des völkisch-nationalistischen Rechtsextremismus die Diskurshoheit übernommen.[82] Dabei gehen die Autoren nicht davon aus, dass der gesamte Landesverband als rechtsextrem bezeichnet werden muss. In den Reden Björn Höckes aber zeige sich ein völkisches, auf deutscher Abstammung beruhendes „Selbstbestimmungsrecht". Trotzig formulierte Höcke 2015 immer wieder (die folgenden Zitate sind der zitierten Studie entnommen): „Ich will unsere Selbstbestimmung aber nicht an eine fremdstämmige Migranten-Mehrheit abgeben." Durch die Migrationsbewegungen nach Deutschland sieht Höcke die Selbstbestimmung bedroht, und so fordert er auf Demonstrationen: „Wir haben als Volk das Recht, Herr im

82 Matthias Quent/Franziska Schmidtke/Axel Salheiser: Gefährdungen der demokratischen Kultur in Thüringen. Expertise zur Überarbeitung des Thüringer Landesprogramms für Demokratie, Toleranz und Weltoffenheit, Jena 2016, S. 53–57.

eigenen Haus zu bleiben." Höcke wendet sich damit gegen die grundgesetzlich verankerte Gleichberechtigung und Gleichwertigkeit der Menschen in Deutschland. Konsequenterweise lehnt er die Aufnahme von Flüchtlingen grundsätzlich ab: „Wir brauchen jetzt: die unzweideutige Ansage, dass es grundsätzlich keine dauerhafte Integration von Flüchtlingen geben kann. [...] Nein, wir können und wir wollen diese Integration nicht schaffen."

Der völkische Rassismus Höckes und die rechtsextreme Stoßrichtung der Thüringer AfD-Fraktion unterscheiden sich von kritischen Äußerungen anderer, demokratischer Politiker zur Asylpolitik, so die Autoren aus Jena. Deren zum Teil erhebliche Kritik fußt nämlich nicht auf einer „völkischen Marginalisierungsparanoia", sondern auf praktischen (materiellen, logistischen oder sicherheitspolitischen) Fragestellungen. Höcke hingegen lehnt Integration rundherum ab.

Björn Höcke hält die Zuwanderung durch sogenannte Fremde für eine existenzielle Gefährdung deutscher Identität und ethnischer Homogenität. Migranten und Zuwandernde zerstören seiner Ansicht nach Deutschlands Gesellschaft und das Volk. Die Vorstellungen Höckes richten sich daher zuallererst gegen Flüchtlinge, die seiner Auffassung nach ethnisch divergent sind, sowie gegen die gegenwärtige politische und parteipolitische Verfassung. Entsprechend umfassend ist die agitatorische Eskalationsfähigkeit, wie sie Höcke in seinen Reden zeigt: unerbittlich, ohne Einschränkung, als ein autoritärer Agitator für ein extrem rechtes Politik- und Gesellschaftskonzept. Eine solch dunkle, einen tödlich gefährlichen Feind beschwörende Sprache hat Leo Löwenthal am Beispiel des Judenhasses als Sprache des „faschistischen Agitators" kenntlich gemacht. Björn Höcke ist ein solcher Agitator, wenn wir der Rekonstruktion seiner politischen Sprache folgen, wie sie der Politikwissenschafter Andreas Kemper sehr profund aufbereitet hat.[83] Alle folgenden Zitate Höckes sind Kempers Studie entnommen.

83 Björn Höcke ist sehr auskunftsfreudig. So haben wir durch Andreas Kemper einen außerordentlich offenen Einblick in das völkisch rassistische Denken eines der mächtigsten Akteure in der AfD, dem es wesentlich gelungen ist, mit seinen Mitstreitern die moderateren Kräfte aus der Partei zu drängen oder zu marginalisieren. Vgl. Andreas Kemper: „... die neurotische Phase überwinden, in der wir uns seit 70 Jahren befinden". Zur Differenz von Konservatismus und Faschismus am Beispiel der „Historischen Mission" Björn Höckes (AfD), Jena 2016.

Trommler des Ressentiments

Am 16. September 2015 sprach Höcke auf der ersten Demonstration in Erfurt von der Gefährdung durch Krankheiten, die Flüchtlinge angeblich einschleppten: „Wie viele nicht registrierte Asylsuchende in Deutschland unterwegs sind, weiß niemand mehr. Auch nicht, mit welchen Krankheiten sie zu uns kommen." Und er warnt vor dem „schwarzen Vergewaltiger": „Immer mehr Frauen erzählen mir, dass sie Opfer von Belästigungen werden. Die Angsträume werden größer in unserem Land, gerade für blonde Frauen werden sie leider immer größer. Und das im eigenen Land." Eine Woche später erklärte Höcke in Erfurt: „Die Bevölkerung ist nicht mehr geschützt. Volksseuchen wie die Tuberkulose, Typhus, HIV sind wieder auf dem Vormarsch. In Düsseldorf hat sich der Verdacht auf eine hochgefährliche, hoch ansteckende, offene Tuberkulose bei einem Asylbewerber mittlerweile bestätigt."

Am 22. November 2015 hielt Höcke beim Herbstkongress „Ansturm auf Europa" des „Instituts für Staatspolitik" in Schnellroda die „Festrede" und erklärte:

> „Und an dieser Stelle ist es angeraten, meiner Meinung nach, mal die populationsökologische Brille aufzuziehen und den Blick noch etwas zu weiten. Der Bevölkerungsüberschuss Afrikas beträgt etwa 30 Millionen Menschen im Jahr. Solange wir bereit sind, diesen Bevölkerungsüberschuss aufzunehmen, wird sich am Reproduktionsverhalten der Afrikaner nichts ändern. [...] in Afrika herrscht die sogenannte r-Strategie vor, die auf eine möglichst hohe Wachstumsrate abzielt. Dort dominiert der sogenannte Ausbreitungstyp und in Europa verfolgt man überwiegend die K-Strategie, die die Kapazität des Lebensraums optimal ausnutzen möchte, hier lebt der Platzhaltertyp."

Andreas Kemper erinnert uns hier an die Überlegungen Höckes, die in ihrer Maßlosigkeit zugleich Kennzeichen für die Untergangs- und Unheilsprophetie des AfD-Agitators sind. Der Bevölkerungsdruck auf Europa werde enorm zunehmen, so Höcke. Nach UNHCR-Prognosen kämen „bis 2050 etwa 950 Millionen Migranten aus Afrika und aus dem nahöstlichen Raum nach Europa". Vor diesem Hintergrund werde klar: „Wir dürfen nicht länger einer politischen Kaste das Feld überlassen, die von Selbsthass zerfressen ist und die die ökologischen [rassistischen, d. V.] Grundgesetze nicht kennt", so Höcke.

„Mit der Hodengröße argumentieren"

Die Rassentheorie Höckes hat der Journalist Volker Zastrow präzise formuliert und in der *Frankfurter Allgemeinen Sonntagszeitung* am 20. Dezember 2015 veröffentlicht:

> „Woher stammen […] Höckes erstaunliche Einsichten? Es ist ja nicht so, dass dieses r- und K-Theorem weithin bekannt ist; selbst unter Fachleuten ist es nicht mehr in Gebrauch, weil es sich als empirisch unzutreffend erwiesen hat. Es stammt von dem Ökologen Robert MacArthur und dem Biologen Edward Wilson aus zwei Veröffentlichungen der Jahre 1963 und 1967 über insulare ‚Biogeografie'. Die Texte beziehen sich aber auf Tiere, nicht auf Menschen. Höcke wird sie schwerlich gelesen haben. Er selbst nannte unserer Reporterin als Quelle seiner Einsichten: die ‚Sezession'. Dort wurde im Januar 2006 ein Artikel ‚Tabubruch und Zukunftsszenario' veröffentlicht. Daraus mag Höcke Inspiration bezogen haben. Andreas Vonderach, Autor des Artikels, schreibt selbst Bücher, zuletzt eines über ‚Völkerpsychologie' (bei ‚Antaios'). In der ‚Sezession' besprach er damals das Buch ‚Rasse, Evolution und Verhalten' des kanadischen Psychologen J. Philippe Rushton, das im österreichischen Ares-Verlag in deutscher Übersetzung erschien. Darin behauptet Rushton, dass die Bevorzugung der eigenen Gruppe und die Ablehnung ‚fremder Rassen' auch eine genetische Wurzel hätten: Laut Vonderach trifft ‚diese Theorie unter Biologen inzwischen zunehmend auf Akzeptanz'. Noch ‚weitaus brisanter', so Vonderach recht wohlwollend, sei aber Rushtons ‚differentielle K-Theorie'. Rushton hatte MacArthurs und Wilsons These von Tierpopulationen auf Menschen übertragen. Er ist demnach Höckes geistige Quelle. Vonderach: ‚Nach Rushton bestehen auch zwischen den Hauptrassen des Menschen tendenzielle Unterschiede. So werden Negride verhältnismäßig früh geschlechtsreif, bekommen kleinere Babys, die sich als Kinder schneller entwickeln, sind extravertierter, sexuell aktiver, haben mehr Testosteron und größere Genitalien. Auf der anderen Seite stehen die Mongoliden (Asiaten), die weniger sexualisiert sind, kleinere Genitalien und weniger Testosteron haben, introvertierter sind und den höchsten durchschnittlichen IQ aufweisen. Die Europiden nehmen eine Mittelstellung zwischen Negriden und Mongoliden ein.'"

Höcke benutzt dieses aus dem NS-Rassismus bekannte Stereotyp, um eine grundsätzliche Neuausrichtung der Asyl- und Einwanderungspolitik Deutschlands und Europas zu fordern, da sonst der „afrikanische Ausbreitungstyp" den angeblich sich selbst verneinenden „europäischen Platzhaltertyp" überrenne. Im Sinne des biologischen Rassismus überträgt er die auch in der Biologie umstrittenen Thesen vom Ausbreitungstyp auf die Menschheit bzw. die angeblichen „Menschenrassen". Es ist dieser Rassismus, der die Grundlage für seine Preisung der Familie ist. Es müssen ethnisch deutsche Kinder sein, die Deutschland retten, nicht vermeintlich ethnisch/rassisch „Fremde". Man dürfe, so Höcke am 30. September 2015 in Erfurt, „nicht unsere Selbstbestimmung an eine Mehrheit von Migranten abgeben, die nicht mehr mitgebracht haben als ihre Herkunft aus einem gescheiterten Staat". Die paranoide Fantasie der Fremd- und Selbstzersetzung kommt zum Ausdruck, wenn er formuliert:

> „Und vergessen wir niemals, liebe Erfurter, liebe Thüringer, liebe Deutsche, vergessen wir nie: Der Syrer, der zu uns kommt, der hat noch sein Syrien, der Afghane, der zu uns kommt, der hat noch sein Afghanistan, und der Senegalese, der zu uns kommt, der hat noch sein Senegal. Wenn wir unser Deutschland verloren haben, dann haben wir keine Heimat mehr!"

Zentraler politischer Begriff aus dem Nationalsozialismus: Die organische Wirtschaft

Björn Höcke fordert eine „organische Entwicklung" Europas und Deutschlands. Ihr entspricht das Wirtschafts- und Gesellschaftskonzept einer „organischen Marktwirtschaft", für die er eintritt. In einem Interview mit der *Thüringer Allgemeinen* im Juli 2014 erklärte er: „Aber ich für meine Person sehe, dass der internationale Finanzkapitalismus, so wie er sich im Augenblick verhält, keine Zukunft hat. Ich bin für eine organische Marktwirtschaft."

Der Begriff der „organischen Marktwirtschaft" ist – Andreas Kemper hat dies nachgewiesen – ein Begriff aus der Zeit des Nationalsozialismus. So stellte Paul Englisch in seinem 1934 in Leipzig erschienenen Artikel „Freie Wirtschaft oder organische Wirtschaft?" dem „volksschädlichen Liberalismus" eine „organische Wirtschaft" gegenüber. Gemeinnutz gehe vor Eigennutz, so Englisch. In der Publikation *Reichsnährstand. Stabsamt des Reichsbauernführers* forderten die bäuerlichen Organisationen 1936 „eine wirkliche Umstellung, eine planvolle und organische Marktwirtschaft unter stärkster Berücksichtigung und Einschaltung der berufsständischen Selbstverwaltung".

Einer solch „organischen Wirtschaft“ stehe die gegenwärtige Gesellschaft und Politik in Deutschland und Europa als dekadent und degeneriert gegenüber, so Höcke. Die „Degenerationsform der Marktwirtschaft“ sei Resultat des internationalen Finanzkapitalismus. Ihr gegenüber gelte es, so Höcke bereits 2008, einen „dritten Weg“ zu betreten.

Staats- und Gesellschaftsumbau zur völkischen Nation. Die nationalrevolutionäre/faschistische Konsequenz des Rechtsradikalen Björn Höcke

> „Ich bin fest davon überzeugt, [...] dass wir als Land durch ein tiefes Tal gehen werden. [...] Wir müssen wir selbst wieder werden. [...] Wenn wir selber wir selbst werden, werden wir die neurotische Phase überwinden, in der wir seit 70 Jahren durch die Weltgeschichte dämmern.“

Höcke hält den gegenwärtigen Zustand der Gesellschaft Deutschlands für dekadent und degeneriert. Dies gilt ihm zufolge für die Marktwirtschaft und den „zinsbasierten Kapitalismus“ ebenso wie für die demokratische „Umerziehung“ oder andere „Gesellschaftsexperimente“, die zur Entwurzelung führten. Für Höcke gipfelt der politische und gesellschaftliche Liberalismus in der Selbstzerstörung Deutschlands. Die Erziehung, das Gendermainstreaming oder die Political Correctness erklärt er zu einem „dritten Totalitarismus“, der gefährlicher als der Hitlers und Stalins sei. Die Untergangsprophetie Höckes kennt nur eine Rettung, nämlich eine revolutionäre Umgestaltung Deutschlands im Sinne einer neuen völkischen Nation. Nur so könne die Nation zu sich selbst finden. Man brauche, so Höcke, eine kraftvolle Vision, die die Anlagen des Volkes wieder entfache. Nur so würde das deutsche Volk vom „Mehltau der Political Correctness“ (vom „PC-Totalitarismus“) befreit und Deutschland könne nach 70 Jahren der „Neurose“ wieder zu sich selbst finden. Das „Volksempfinden“, das auf dem gesunden Menschenverstand beruhe, werde sich durchsetzen, die Volkswirtschaft vom „zinsbasierten Globalisierungstotalitarismus“ erlöst und „national organisch“ ausgerichtet werden.

„70-jährige Neurotisierung des deutschen Volkes“ (Höcke)

Björn Höcke erklärt die deutsche Nachkriegsgeschichte, also die Abkehr vom Nationalsozialismus, die im Grundgesetz festgeschrieben ist und die sich in einer freiheitlich-demokratischen politischen Entwicklung ausbildete, als „70-jährige Neurotisierung des deutschen Volkes". Die angebliche Neurotisierung des deutschen Volkes ist ein Topos, den nicht nur Höcke propagiert, sondern der auch aus der extremen neuen Rechten bekannt ist und ebenso von den Neonationalsozialisten der NPD verwendet wird. Höcke sieht das heutige Deutschland inzwischen in einem noch schlimmeren Zustand als nach dem Ende des Zweiten Weltkriegs: „Sterbenskrank".

Höcke fordert ein Ende der „Umerziehung" und der „Gesellschaftsexperimente", vor allem aber ein Ende des „Systems der Politikwirtschaft": dazu gehört eine Reduzierung der Parteienfinanzierung, die Abschaffung der parteinahen Stiftungen und eine Verringerung der Sitze im Parlament:

> „Nachdem wir die finanziellen Futtertröge der Parteien ausgetrocknet haben, nachdem wir unser Volk wieder mit der Demokratie versöhnt haben, wir sie zu nationalen Fragen zu den Wahlurnen bitten, mittels Volksentscheiden, nachdem wir die Bestenauslese wieder sichergestellt haben, danach müssen wir wieder einen Politikertypus installieren, für den vor allem eins im Mittelpunkt steht: der Dienst für Volk und Vaterland."

Indem er das vollständige Umkrempeln der etablierten Politikstrukturen fordert, kann Höcke seine eigene Partei nicht als „normalen" Teil des deutschen Parteiensystems oder des gegenwärtigen Parlamentarismus verstehen. Daher erklärt er die AfD zur „fundamentaloppositionellen Bewegungspartei".

Autoritäre Volkspädagogik nach Höckes Vorstellungen

Dem Dienst am Volk ordnet Höcke auch die politische Pädagogik zu. Mit dem von ihm zitierten evangelischen Theologen und Pädagogen August Hermann Francke (1663–1727) versteht Höcke Erziehung als „Liebe und Vorbild und sonst nichts. [...] Volksnahe Politik fußt auf der Fähigkeit, Liebe zum vertretenen Volk zu empfinden und ihm als Vorbild dienen zu wollen." Francke ist, so weist es Kemper nach, als Pietist für Disziplinierung, Unterwerfung und Unterdrückung von Autonomiebestrebungen des Individuums eingetreten. Mit „Korrektionsanstalten", „preußischen Tugenden" und der Abwehr des „dritten Totalitarismus" folgt Höcke selber der Idee einer totalitären Erziehungsanstalt. Er nennt das „positive Unterordnungsfähigkeit" und „Liebe zum Volk", in Verbindung mit einem „preußischen Dienstethos", um so die vermeintlichen Anlagen des Volkes entfalten zu können.

Völkische Familie mit mindestens drei „ethnisch reinen" Kindern

Mit dem unklaren Begriff der Populationsökologie folgt Höcke der rassistischen Annahme, dass Völker ins Verderben stürzen, wenn sie sich zu sehr mischen und nicht ihren angeblich natürlichen lebensbejahenden genetischen Merkmalen folgen. Hat man ein solchermaßen kulturrassistisches Bild, wird klar, dass alles, was dieses zudem geschlechterpolare Konzept der Familie beschränkt oder sogar aufzulösen droht, mit aller Macht bekämpft werden muss. Es behindert nach Höckes Vorstellungen die „genetisch saubere Produktion" von „ethnisch reinen Deutschen". Deswegen führe Gendermainstreaming genauso wie der „Multikulti-Wahn" zur Selbstvernichtung Deutschlands, die schon weit vorangeschritten sei. Solche Dekadenzen müssen überwunden werden, so Höcke.

Verantwortlich für diese Selbsterosion und Selbstschwächung der deutschen Nation seien der Liberalismus und im Besonderen die Liberalisierung im Kontext der Studentenbewegung der 1960er-Jahre. Höcke geht es, so zeigt Andreas Kemper auf, um die Anlagen des Volkes, um „Entelechie" – die im Volk innewohnenden, ihm zugeeigneten Kräfte –, um die Substanz des Volkes, auch um eine neue Männlichkeit, die nachwuchsfördernd sei. Es brauche nicht nur eine „organische Volkswirtschaft", sondern eine auf die ethnischen Deutschen beschränkte, aktive Bevölkerungspolitik mit dem Leitbild der Drei-Kinder-Familie als „Keimzelle der Nation".

Historische Rolle in historischer Mission

Das Gesellschafts- und Politik-Konzept einer „organischen Nation", wie es Björn Höcke vorträgt, ist – darauf haben schon die aus der AfD ausgeschiedenen Neoliberalen um Henkel und Lucke mit ihrer Warnung vor dem völkischen Nationalismus hingewiesen – ein fundamentales Gegenkonzept zum Zustand und Selbstverständnis der rechtsstaatlich verfassten Demokratie der Bundesrepublik Deutschland und ist gegen dieses gerichtet, wie einst das Konglomerat der Gegenkonzepte der „Konservativen Revolution" gegen die Weimarer Republik gerichtet war. Aus diesen Perspektiven agitiert Höcke gegen die politische Repräsentanz aller „Altparteien", gegen Flüchtlinge und die ethnische Vielfalt insgesamt. Seiner Kritik an angeblicher Unterdrückung, Selbstzerstörung und „70-jähriger neurotischer Dekadenzgeschichte“ folgt die Idee eines als notwendig empfundenen Staatsumbaus.

Björn Höcke plädiert für eine völkisch orientierte, nationale Revolution. Seine Gestik und Rhetorik sind vielfach vom Neonationalsozialismus inspiriert. In der Tradition der völkischen Bewegung äußert er sich – unter Berufung auf die deutsche Sprache und Kultur – offen rassistisch.

In den Zukunftsszenarien Höckes ist Deutschland kaum noch zu retten. Denn nach der Demokratie komme „die Tyrannis, das hat schon Aristoteles gewusst. Das ist eine Naturgesetzlichkeit. Aber vielleicht können wir Deutschland noch retten. Die AfD ist die letzte evolutionäre Möglichkeit für dieses Land. Es ist fünf vor zwölf. Danach gnade uns Gott.“

Man kann das durchaus auch als totalitäre Drohung verstehen: Entweder mit uns, oder ihr habt unsere nationale Revolution – denn wir werden es nicht zulassen unterzugehen.

Thüringen
Der Resonanzraum für Björn Höckes Erfolg

Am 17. September 2015 fand in Erfurt die erste große Kundgebung der sogenannten „Herbstoffensive 2015“ statt, mit der die AfD unter dem Motto: „Es ist Zeit, die Karten auf den Tisch zu legen! – Asylchaos und Eurokrise stoppen!“ in ganz Deutschland mobil machte. Während dem ersten Aufruf in Erfurt etwa 1 000 Teilnehmer folgten, versammelten sich eine Woche später bereits 5 000 Menschen auf dem Willy-Brandt-Platz im Zentrum der Thüringer Landeshauptstadt, im Oktober waren es bis zu 8 000 Personen.[84] Mit Begeisterung wurden die Reden des radikalen Agitators und AfD-Rechtsauslegers Björn Höcke aufgenommen, der vor allem gegen das „Totalversagen der verantwortlichen Politiker in der Asylpolitik“ wetterte. Höcke gelang es in seinen Auftritten, mit seinen völkisch-nationalistischen Thesen den Resonanzraum fremdenfeindlicher Einstellungen nachhaltig zum Schwingen zu bringen.

84 Vgl. Alexander Sarovic: „AfD-Demo in Erfurt: 8000 Menschen protestieren gegen Flüchtlingspolitik“, in: *www.spiegel.de*, 8.10.2015.

Krisenanfällige Schönwetterdemokratie und ihre untergründige Aushöhlung

Mit dem von der Universität Jena seit dem Jahr 2000 erhobenen *Thüringen-Monitor* existiert ein Instrument, mit dessen Hilfe mobilisierbare rechte Einstellungen erfasst und Erklärungsansätze für das Ausmaß einer Bewegung von rechts aufgezeigt werden.[85] Dem *Thüringen-Monitor 2015* zufolge ist die Zustimmung der Bevölkerung zur Demokratie als Staatsform mit 80 Prozent seit Jahren stabil. Gleichzeit ist damit aber auch der Anteil jener, die prinzipiell Sympathien für andere Regierungsformen bzw. Gesellschaftsordnungen haben, mit 20 Prozent gleichbleibend. Dieser Hinweis ist von Bedeutung, da die Zufriedenheit mit der gegenwärtigen Demokratie, wie sie in der Praxis funktioniert, im Jahr 2015 nur bei 47 Prozent lag. Im Jahr zuvor lag dieser Wert noch bei 60 Prozent. Hinzu kommt ein bedenklich hohes Maß an genereller Skepsis bzw. Misstrauen gegenüber den etablierten Parteien. Der Aussage „Die Parteien wollen nur die Stimmen der Wähler, ihre Ansichten interessieren sie nicht" stimmten 2015 80 Prozent der Thüringer zu. Unter jenen, die mit der demokratischen Praxis unzufrieden sind und auch die Idee der Demokratie als beste Staatsform zurückweisen, liegt der Wert zu dieser Aussage sogar bei 90 Prozent. Die Aussage „Leute wie ich haben so oder so keinen Einfluss darauf, was die Regierung tut" wurde von knapp der Hälfte aller Befragten geteilt.

Der Soziologe Axel Salheiser, der an der Erhebung des *Thüringen-Monitor 2015* beteiligt war, hat die Daten in einem Gutachten zur Überarbeitung des Thüringer Landesprogramms für Demokratie, Toleranz und Weltoffenheit ausgewertet.[86] Darin kommt er zum Ergebnis, dass Politik in Thüringen vielfach als Dienstleistungsbetrieb verstanden wird. Die Bürger erwarten von der Politik die Erfüllung von individuellen und kollektiven Wohlstandszielen und -garantien. So ist verständlich, dass sich gut Etablierte in höherem Maße mit dem gegenwärtigen Politikbetrieb zufriedengeben. Umgekehrt wirkt sich eine wahrgenommene Benachteiligung dämpfend auf die Demokratiezufriedenheit aus, führt zu Unmut, Enttäuschung und Resignation.

85 Vgl. Heinrich Best/Steffen Hiehoff/Axel Salheiser/Katja Salomo: Thüringen im 25. Jahr der deutschen Einheit. Thüringen-Monitor 2015, Jena 2016.

86 Vgl. Axel Salheiser: Einstellungen der Thüringer Bevölkerung, in: Matthias Quent/Franziska Schmidtke/Axel Salheiser: Gefährdungen der demokratischen Kultur in Thüringen. Expertise zur Überarbeitung des Thüringer Landesprogramms für Demokratie, Toleranz und Weltoffenheit, Jena 2016, S. 4–20. Die folgenden Zitate stammen aus diesem Beitrag.

Dem Soziologen zufolge wirken „deprimierende Soziallagen wie ein relativ geringes Einkommen, Alter und Vereinzelung auf die Partizipationsneigung dämpfend, ein gehobener Bildungsstatus hingegen fördernd. In eine solche stör- und krisenanfällige Schönwetterdemokratie hat nur ein Drittel der Thüringer überwiegendes oder völliges Vertrauen."

Den Forschungen Salheisers zufolge sind bei relevanten Teilen der Bevölkerung Thüringens Distanzierung und Entfremdung von demokratischen Werten, Institutionen und Praktiken zu beobachten, die von demokratiefeindlichen und populistischen Kräften instrumentalisiert werden können. Die Demokratie ist somit nicht nur von den extremistischen Rändern der Gesellschaft gefährdet, sondern im besonderen Maße auch durch eine Aushöhlung von innen.

Schübe ethnozentrischer und fremdenfeindlicher Orientierungen im Zuge flüchtlingsfeindlicher Enttabuisierung

Für die Entfesselung flüchtlingsfeindlicher Ressentiments sind fremdenfeindliche und ethnozentrische Orientierungen fruchtbarer Nährboden. Der Effekt der breitenwirksam vorgenommenen Enttabuisierung ethnozentrischer Einstellungen trifft im Besonderen drei politische Milieus. Dabei zeigt sich, dass in Thüringen im Milieu jener, die sich als Wendeverlierer sehen (2014 waren das 9 Prozent), dem Milieu der Antidemokraten (2014: 6 Prozent) und dem konservativen Milieu (2014: 27 Prozent) solch problematische Einstellungsmuster weit verbreitet sind. Insgesamt wären das zusammen 42 Prozent der Thüringer, die in Phasen von Krisen oder weiterer Abschwächung des Vertrauens gegenüber der Regierung zu Demokratie und Weltoffenheit auf Distanz gehen und von Rechtspopulisten mobilisiert werden könnten. Zu den Einflussfaktoren auf diese Art rechtsextremer Einstellungen zählt auch die „typisch ostdeutsche Deprivation" (relative Benachteiligung), so Axel Salheiser:

> „Dies gilt, bei getrennter Betrachtung, stärker für die Wahrnehmung einer Diskriminierung der Ostdeutschen durch westdeutsche Mitbürger als für die persönliche Bewertung der Einheit. Unter Thüringern, die von einer Ostdiskriminierung überzeugt sind, liegt das Niveau rechtsextremer Einstellungen mehr als dreimal so hoch wie unter denen, die keine solche Diskriminierung wahrnehmen."

Hinzu tritt offenkundig eine Sozialisation, durch die die Distanz zu Fremden aufgrund fehlender individueller und kollektiver Erfahrungen mit ethnischer und kultureller Diversität höher oder sogar unkorrigierbar ausfällt. Die Einstellung großer Teile der Bevölkerung Thüringens gegenüber Fremden ist allgemein skeptisch bis ablehnend – ebenso aber auch gegenüber sogenannten endogenen Fremden. Dazu zählen Langzeitarbeitslose, Obdachlose, Behinderte oder Homosexuelle. Damit beständen, so Salheiser, geringere Chancen auf sensibles Reagieren gegenüber Diskriminierung.

Ausbreitung rechtsextremer Einstellungen

Nach einer massiven Abnahme fremdenfeindlicher und ethnozentrischer Einstellungen bis 2014 sind die Werte zu rechtsextremen Einstellungen in Thüringen 2015 wieder stark angestiegen. Insbesondere Ethnozentrismus und fremdenfeindliche Aussagen finden erneut eine erhöhte Zustimmung. Auch die Verharmlosung des Nationalsozialismus sowie sozialdarwinistische Einstellungen treten wieder verstärkt auf. In den Einzelvoten zur Verharmlosung des Nationalsozialismus sind es etwa fast ein Viertel, ähnlich viele äußerten sich sozialdarwinistisch. Nach dem Erfassungssystem des *Thüringen-Monitor* waren 2015 24 Prozent der Befragten rechtsextrem eingestellt (2014: noch 17 Prozent). Unter Thüringern, die 60 Jahre oder älter sind, liegt der Wert mit 29 Prozent signifikant höher.

Rechtsextrem eingestellte Personen bekunden häufiger als andere Befragte, sie hätten Sorgen, durch die gesellschaftliche Entwicklung immer mehr auf die Verliererseite des Lebens zu geraten, und beklagen, heute ändere sich alles so schnell, dass sie oft nicht wissen, „woran ich mich halten soll“: Mechanismen der sozialen Exklusion tragen also, so Axel Salheiser, nicht nur zur Erosion der Gesellschaft bei, sie enthalten auch eine demokratiegefährdende politische Sprengkraft. Dementsprechend warnt der Soziologe auf der Basis der Daten des *Thüringen-Monitors 2015* vor der Gefahr des Kippens der öffentlichen Meinung in Fragen der Zuwanderung und Integrationspolitik in Thüringen.

Reaktivierung der Neonazis und korrespondierender Organisationen

Björn Höcke ist in Thüringen nicht der Einzige, der sich rassistisch und fremdenfeindlich äußert. Im Freistaat gibt es zahlreiche rechtspopulistische, rechtsradikale und rechtsextreme Angebotsstrukturen.[87] Thüringen ist zudem durch den gewalttätigen neonazistischen „Thüringer Heimatschutz" (THS), die NSU-Terrorgruppe und die in diesem Zusammenhang eklatant zutage getretenen Schwächen des Verfassungsschutzes nachhaltig erschüttert worden. Trotz kräftiger Bemühungen der seit 2014 im Amt befindlichen rot-rot-grünen Regierung ist es bisher noch nicht gelungen, das schwere Erbe an rechtsextremen Einstellungen sowie der gefühlten sozialen und politischen Vernachlässigung in der Bevölkerung aufzulösen.

Zu den Aktiven des rechtsextremen Spektrums in Thüringen zählt weiterhin die NPD, die sich mit der Flüchtlingsdebatte seit Mitte 2015 reaktiviert hat. NPD-Organisationsleiter David Köckert hat landesweit Thügida-Demonstrationen vorbereitet und beworben, ohne dass die NPD dabei in den Vordergrund trat. Der Pegida-Ableger wird auch von anderen Rechtsextremen wie Tommy Frenck oder Patrick Schröder getragen und inspiriert ebenso lokale Netzwerke, etwa in Zeulenroda, im Eichsfeld, in Sondershausen oder in Mühlhausen, vor allem aber in Ost-Thüringen. Sie treten mit dem Spruch „Wir lieben ..." in Erscheinung: „Wir lieben Ostthüringen", „Wir lieben den Saale-Orla-Kreis", „Wir lieben Thüringen" usw.

Die Partei „Der Dritte Weg"

„Der Dritte Weg" wurde 2013 in Heidelberg gegründet, um einem Verbot des Netzwerks „Freies Netz Süd" (FNS) zuvorzukommen. Inhaltlich und organisatorisch steht sie der rechtsextremen „Europäischen Aktion" nahe. Ihre Vertreter agieren gegen Asylsuchende, verherrlichen den Nationalsozialismus, zeigen sich antisemitisch und antikapitalistisch. Einflussreich wurde „Der Dritte Weg" durch die Handreichung „Kein Asylantenheim in meiner Nachbarschaft. Wie be- bzw. verhindere ich die Errichtung eines Asylantenheims in meiner Nachbarschaft."

In Thüringen trat die Partei erstmals im Herbst 2013 öffentlich in Erscheinung, mit einem eigenen Transparent auf der Anti-Migrationsdemonstration

87 Vgl. Matthias Quent: Rechtsextremismus und weitere Herausforderungen für die demokratische Kultur in Thüringen: ein aktueller Überblick, in: Matthias Quent/Franziska Schmidtke/Axel Salheiser: Gefährdungen der demokratischen Kultur in Thüringen. Expertise zur Überarbeitung des Thüringer Landesprogramms für Demokratie, Toleranz und Weltoffenheit, Jena 2016, S. 21–63.

des NPD-Aktivisten David Köckert in Greiz. Im September 2014 fand der Bundesparteitag des „Dritten Wegs" im thüringischen Kirchheim statt. Unterstützung erfährt die Partei durch das „Freie Netz Jena", das unter anderem Flugblätter des „Dritten Wegs" in Thüringens Kommunen verteilte. Am 1. Mai 2015 organisierte die Partei eine besonders aggressive Demonstration in Saalfeld.

„Der Dritte Weg" verfügt über Stützpunkte im Thüringer Wald, in der Region Saalfeld, Rudolstadt und Bad Blankenburg. Die Partei tritt öffentlich noch extremer als die NPD auf, sowohl in neonationalsozialistischer als auch gewaltverherrlichender Sicht, so das Ergebnis der Analyse von Matthias Quent. Auch im Vogtland breiten sich ihre Akteure aus und übernehmen Strukturen der neonazistischen „Freien Netze". Vielfach beteiligt sind bei Veranstaltungen des „Dritten Wegs" nicht nur Akteure der NPD, sondern auch Mitglieder der AfD und „Identitäre".

Die Partei „Die Rechte" und andere Rechtsextreme

Auch die junge Partei „Die Rechte", 2012 als Reaktion auf das Vereinsverbot gegen den „Nationalen Widerstand Dortmund" gegründet, hat 2015 in Thüringen einen Landesverband gegründet. Auch sie hetzt gegen Flüchtlinge, verherrlicht den Nationalsozialismus und beschwört darüber hinaus eine nationale Revolution. Am 3. Oktober 2015 veranstalteten Thügida, die „Europäische Aktion" und die Partei „Die Rechte" gemeinsam eine Demonstration in Jena. Im November 2015 versuchten Aktivisten der Partei „Die Rechte" eine Flüchtlingsunterkunft in Gotha zu blockieren.

Ähnlich ausgerichtet ist das „Bündnis Zukunft Hildburghausen", das vom ehemaligen NPD-Kader Tommy Frenck initiiert wurde. Darüber hinaus beobachten wir die rechtsextreme Burschenschaft „Normannia" aus Jena, die mit rechtsextremen Gruppen in Jena und in Kahla vernetzt ist. Auf ihrem Facebook-Profil tauchen mehrfach Beiträge der AfD-Landtagsabgeordneten Wiebke Muhsal, des neurechten „Instituts für Staatspolitik" von Götz Kubitschek und der „Identitären Bewegung" auf. Anfang Mai 2016 kamen in Hildburghausen auf Initiative von Tommy Frenck 3 500 Neonazis zu einem Rechtsrock-Konzert zusammen. Damit ist das rechtsextreme „Fest der Völker", einst von Ralf Wohlleben (einem tatkräftigen Unterstützer des NSU) organisiert, weiter präsent und erfolgreich.

Am 20. April 2016 fand als Provokation gegenüber der „roten Stadt" Jena eine Demonstration von Neonazis statt. In der Initiative „Pro-Schöngleina" bei Jena ging es darum, eine Unterkunft für unbegleitete minderjährige Flüchtlinge zu verhindern.

Vielfach gehen die öffentlichen Aktivitäten von rechts auf Akteure zurück, die bereits seit mehreren Jahren in der rechtsextremen Szene Thüringens aktiv sind. Vor dem Hintergrund der Flüchtlingskrise sehen sie offenbar neue Möglichkeiten, sich zu etablieren. Deutungen und Handlungsoptionen der Rechtsextremen werden dabei häufig auch getarnt in die Öffentlichkeit getragen. Diese Mimikry-Strategie geht auf. Sie gaben sich vielfach als Asylkritiker, Patrioten, als „besorgte Bürger" oder Bürgerinitiativen aus, konnten aber bisher weder die Mobilisierungserfolge von Pegida in Dresden noch der AfD in Erfurt erreichen.

Zum Beispiel Altenburg: Verherrlichung eines Deutschen Reichs und Kritik an der angeblichen jüdischen Medienkontrolle

Das Altenburger Land wird von der Antifa-Plattform https://thueringen-rechtsaussen.wordpress.com beobachtet. Nach ihren Recherchen haben wir es in Ost-Thüringen – von Jena bis Altenburg – inzwischen mit einer Fusion von unterschiedlichen rechtsextremen Personen und Netzwerken zu tun. Dazu gehören das „Bürgerforum Altenburger Land", das sich als Plattform sogenannter „besorgter Bürger" versteht, lokale AfD-Kräfte, Organisatoren von Thügida, Neonazis und Holocaustleugner. Auch Mitglieder der extremen neuen Rechten um Götz Kubitschek und Aktive der „Ein Prozent für unser Land"-Kampagne, die ein breites Frontbündnis mit „Identitären" betreiben, gehören dazu.

Im Altenburger Land griffen Rechtsextreme im Dezember 2015 ein bewohntes Flüchtlingsheim an. Dabei wurden neun Menschen verletzt, darunter ein erst zwei Monate altes Kleinkind. Ein Täter, der dem „Bürgerforum Altenburger Land" zugerechnet werden kann, ist inzwischen rechtskräftig verurteilt worden. Das „Bürgerforum Altenburger Land" gründete außerdem den Verein „Deutscher Zivilschutz e.V.", um sich auf einen erwarteten Bürgerkrieg in Deutschland vorzubereiten. Die Altenburger Szene ist auch deswegen bekannt, weil hier der umtriebige „Hammerskin" Thomas Gerlach lange aktiv war, der zum Umfeld des NSU gehörte. Er organisierte Konzerte von Rechtsrock-Bands wie „Moshpit".

Michael Külbel, Betreiber der lokalen Internetplattform www.altenburg-online.de, hat einen Vorspann für Videoveröffentlichungen auf dem gleichnamigen Youtube-Kanal entwickelt, in dem der von links nach rechts „gewanderte" Publizist Jürgen Elsässer und der skandalträchtige Ex-Verfassungsschutzchef Helmut Roewer aus Thüringen mit Bildern eingebettet sind. Nachdem die Internetplattform zunächst viel Wert auf ein seriöses Erscheinungsbild legte, fasste man nach und nach auch die „heißeren Eisen" an. So erschien beispielsweise ein Beitrag über eine vermeintliche „jüdische Medienkontrolle". Auf der Plattform https://thueringenrechtsaussen.wordpress.com heißt es zum „Bürgerforum Altenburger Land":

> „Zu den weiteren aktiven Mitgliedern zählen der Redner Andreas Sickmüller, Designer und Postfachinhaber Lars Fleck sowie Gunther Seyfahrt. Auch mehrere knallharte Neonazis tummeln sich im ‚Altenburger Bürgerforum', darunter Rico Thieme, ein bekannter Schläger aus der Altenburger Szene. Anfang der 2000er Jahre verbüßte Thieme in der JVA Hohenleuben eine Haftstrafe von 2 Jahren und drei Monaten wegen gefährlicher Körperverletzung. Aus der Haftanstalt schickte Thieme 2002 Briefe an Jan Werner, der zuvor Sektionsleiter von Blood & Honour Sachsen war und sich an der Produktion des letzten Landser-Albums beteiligte. Gegen Werner wurde damals nicht nur wegen Mitgliedschaft in einer kriminellen Vereinigung ermittelt, er stand auch im Verdacht, Waffen für die flüchtigen Uwe Mundlos, Uwe Böhnhardt und Beate Zschäpe besorgt zu haben und ist heute im Visier der NSU-Ermittlungen. Thieme, dessen Facebook-Interessen auch der NS-Band ‚Moshpit', ‚OPOS Records' und der neonazistischen Partei ‚Der III. Weg' gelten, war beteiligt bei einer der ersten Aktionen des Bürgerforums. Am 11. November 2015 wurde ein Offener Brief des Forums an den Altenburger Oberbürgermeister übergeben. Die Unterzeichner sind identisch mit mehreren führenden Mitgliedern des Forums, auf ABG-Info.de werden unter dem Brief aufgeführt: ‚Gunther Seyfahrt, Jürgen Lange, Rico Thieme, Matthias Gosewig, Frank Schütze, Holger Merz, Andreas Sickmüller, einschließlich der über das Internetmagazin ‚Altenburg-Online.de' beteiligten Unterzeichnenden'. Zu den Unterstützern des Bürgerforums gehören auch mehrere AfD-Funktionäre und Unterstützer, darunter der AfD-Landtagsabgeordnete Thomas Rudy, der an der Elsässer-Veranstaltung im ‚Kosma' teilnahm. Rudy beglückwünschte die Veranstalter danach auf Facebook ‚Die Redner waren allesamt Extraklasse und dies zum Eintrittspreis von 0 Euro zu verwirklichen ist ein tolles Husarenstück

der Bürgerforum-Organisatoren. Großen Dank dafür, besser kann man es nicht machen!‘. Er hofft, dass damit reichlich Spendengelder eingenommen wurden. Weitere mediale Unterstützung erhält das Altenburger Bürgerforum auch vom AfD-nahen Geraer Info- & Unterhaltungsportal ‚Fettgusche.net‘, das von Silvio Schurig betrieben wird. Schurig ist parallel Administrator einer Facebook-Gruppe ‚Bürgerforum Ostthüringen‘, in der sich die Organisatoren vom ‚Bürgerforum Altenburger Land‘ mit Neonazis und AfD-Funktionären austauschen. Zuletzt waren dort vom Altenburger Bürgerforum Michael Külbel und Frank Schütze aktiv sowie die Neonazis Christian Bärthel und Robert Köcher von Thügida, Ute Waltz und Thomas Rudy von der AfD in Ostthüringen, Jörg Krautheim und Sarah Schumann vom Ableger ‚Wir lieben Gera‘ und der langjährige Jenaer Neonazi und NSU-Helfer André Kapke, welcher inzwischen der Gruppe ‚Kein Heim Schöngleina‘ im Saale-Holzland-Kreis zuzurechnen ist. Waltz, die mit Rudy gemeinsam auch im August 2015 das AfD-Sommerfest in Schmölln ausrichtete, ist neben Schurig zweite Administratorin dieser Facebook-Gruppe. An der sechsten Demonstration des Forums am 21. Februar 2016 nahm auch Krautheim wieder mit Fahne teil."

Der Stuttgarter AfD-Parteitag: Fundamentale Ablehnung des Islam

Die Rechtsradikalen der AfD aus den Landesverbänden in Sachsen-Anhalt und Thüringen haben sich auf dem Parteitag in Stuttgart am 30. April und 1. Mai 2016 durchgesetzt und die Partei insgesamt radikalisiert. Dies zeigt sich an den Debatten rund um das Grundsatzprogramm, das auf diesem Parteitag verabschiedet wurde. Darin wollte die Partei – wie es der Bundessprecher Jörg Meuthen vor mehr als 2 000 Teilnehmern des Parteitags formulierte – einen Fahrplan „für ein anderes Deutschland" entwerfen.

Zu den traditionellen Gründungsthemen Bankenkrise, Euro und Europa kam auf dem Stuttgarter Parteitag eine klare, gegen Flüchtlinge und den Islam gerichtete, fremdenfeindliche, deutschnational-völkische Ausrichtung, welche die frühere seither überschattet. Es war spannend zu sehen, dass dabei die Diskussionen um die Bankenkrise aufgrund der wirtschaftswissenschaftlichen Kompetenz einzelner Delegierter beeindruckend differenziert waren – offenbar ein Erbe aus der Gründungsphase der Partei. Ganz anders in der Frage der Zuwanderung: Differenzierte Beiträge und Perspektiven stießen auf heftige Ablehnung. Die zentrale Entscheidung des Parteitags betraf aber die Haltung und den Umgang mit dem Islam.

Der Islam als Feind

„Der Islam gehört nicht zu Deutschland." Am späten Vormittag des 1. Mai 2016 hat der Parteitag mit dieser Formulierung seine Islamfeindlichkeit ins Programm geschrieben. Die Partei fordert ein Verbot von Minaretten, Muezzinrufen und der Vollverschleierung von Frauen. Auch das Schächten von Tieren, wie es die jüdische oder muslimische Tradition vorsieht, will die AfD komplett verbieten. Islamischen Organisationen soll der Status als Körperschaft verweigert werden.

Zur Begründung erklärte der Vertreter des radikalen Flügels, Hans-Thomas Tillschneider: „Eine Aufklärung des Islam ist weder realistisch noch wünschenswert." In der AfD sei man, so Tillschneider, gegen die Islamisierung des Abendlandes und wolle keine Verwestlichung des Islam. Mehr noch: Eine Aufklärung des Islam sei lächerlich, erst recht in Zeiten der Globalisierung, der Masseneinwanderung und der weltweiten Radikalisierung des Islam. Der Islam sei per se politisch, deswegen braucht es keine Differenzierung zwischen Islam und politischem Islam oder Islamismus.

Diesem ohne jede Differenzierung vorgetragenen Plädoyer des Islamhasses folgten etwa 80 Prozent der Delegierten. Als ein Delegierter aus Lüneburg abzuwägen versuchte und meinte, man solle Muslime nicht konsequent ablehnen, sondern den Dialog mit muslimischen Gemeinden suchen, gab es Buhrufe. Als ein weiterer Delegierter statt vom Islam konkreter vom politischen Islam und vom Islamismus sprach und die Ringparabel aus Lessings *Nathan der Weise* zitierte, um den Toleranzgedanken in die Diskussion zu bringen, gab es ebenfalls breite Ablehnung. Niemand aus dem Parteivorstand warf sich gegen die Feinderklärung Tillschneiders in die Bresche, weder Alexander Gauland noch Jörg Meuthen oder Frauke Petry. Lediglich Marc Jongen sah in der Formulierung einen großen Fehler, doch in der Abstimmungshektik unter der Leitung des ehemaligen Sprechers der Deutschen Burschenschaft Christoph Basedow und angesichts der riesigen Mehrheit des Parteitags ging diese Bemerkung unter.

Seit dem 1. Mai 2016 ist klar, dass die große Mehrheit der Partei – unter Billigung des Vorstands und auf Betreiben des radikalen „Flügels" – auf eine aggressive, fremden- und islamfeindliche Dynamik setzt. Die Wochenzeitung *Die Zeit* hat recht, wenn sie die Einstellungen, die auf dem Parteitag festgeschrieben wurden, so zusammenfasst:

> „Für die AfD enden die Freiheiten der Individuen dort, wo sie mit dem Willen einer angeblichen deutschen Volksmehrheit und ihrer Volkskultur kollidieren. Die Partei vertritt ein Politikverständnis, in dem die Mehrheit immer Recht hat und Minderheiten sich unterzuordnen haben. Im Weltbild der AfD ist nicht vorgesehen, dass das (ethnisch-deutsche) Wir und das fremde muslimische Ihr sich irgendwie vermischen, ohne dass es gefährlich wird. Wer einmal deutsch ist, wird es immer bleiben. Wer jetzt noch Muslim ist, wird immer Gegner sein."[88]

Nach dem Parteitag: Gaulands Kirchen-Jahrhunderte

Nach dem Parteitag wurden die Beschlüsse zur Islam-Feindlichkeit noch betont, als die stellvertretende Parteivorsitzende Beatrix von Storch gegenüber der *Frankfurter Allgemeinen Sonntagszeitung* erklärte: „Der Islam ist an sich eine politische Ideologie, die mit dem Grundgesetz nicht vereinbar ist." Sie sagte dies, obwohl die Parteitagsbeschlüsse bereits heftige Reaktionen in der Öffentlichkeit ausgelöst hatten. Dass die in Deutschland lebenden 5,6 Millionen Muslime (das sind rund sieben Prozent der Gesamtbevölkerung) nach dem Parteitagsbeschluss der AfD zukünftig nicht mehr zu Deutschland gehören sollen, ist von den Parteifunktionären offenbar gewünscht. Die Kritik des Zentralrats der Juden in Deutschland, die noch am Abend des Parteitags im *Tagesspiegel* veröffentlicht wurde, ließ sie hingegen kalt:

> „Der Zentralrat der Juden in Deutschland warf der AfD noch am Sonntag vor, mit ihrem Grundsatzprogramm den Boden des Grundgesetzes zu verlassen. ‚Die programmatischen Beschlüsse der AfD vom Wochenende haben die religionsfeindliche Haltung dieser Partei glasklar deutlich gemacht', erklärte der Präsident des Zentralrates, Josef Schuster. Vor allem die gegen den Islam gerichteten Aussagen zeigten die Intoleranz und Respektlosigkeit der Partei vor religiösen Minderheiten in Deutschland. Dies drücke sich auch in der Ablehnung des Schächtens aus. ‚Die

88 Lenz Jacobsen: „Was deutsch ist, soll es ewig bleiben", in: *www.zeit.de*, 1.5.2016.

> Beschlüsse der AfD stellen daher auch einen Angriff auf das Judentum in Deutschland dar, den wir nicht hinnehmen dürfen', unterstrich Schuster. ,Die Ausführungen im Parteiprogramm sind der durchsichtige Versuch, unsere Gesellschaft zu spalten und das friedliche Miteinander zu hintertreiben.'"[89]

Alexander Gauland, stellvertretender Bundessprecher der AfD, bemühte sich erfolglos um Verständnis. Gauland rechtfertigte im *Deutschlandfunk* die strategische Ausrichtung gegen den Islam und forderte erneut Verbote von Minaretten und Muezzinrufen. Beides sei Ausdruck des Herrschaftswillens des Islam, so Gauland. Er verteidigte auch die Absicht des Europa-Abgeordneten Marcus Pretzell, nach seinem Rauswurf aus der Fraktion der europäischen Konservativen und Reformer im EU-Parlament in die Fraktion der rechtspopulistischen bis rechtsextremen ENF (Europa der Nationen und der Freiheit) zu wechseln.

Anders als im Parteitagsbeschluss verabredet, wiederholte Gauland immer wieder, dass die Beschlüsse zum Islam sich nicht gegen einzelne Muslime in Deutschland richteten, sondern gegen den politischen Islam und die Vorschriften der Scharia. Er verdrehte damit die tatsächlichen Entscheidungen des Parteitags und versuchte sich herauszureden. Gauland wehrte sich gegen die Vorwürfe von Muslimen und Juden zudem mit einer äußerst kuriosen Bemerkung: „Es muss doch möglich sein, eine Religion so auszuüben, wie wir das seit Jahrhunderten von Kirchen gewohnt sind."[90] Offenbar hatte der historisch durchaus bewanderte AfD-Mann verdrängt, dass zur Politik der Kirchen die „heilige" Inquisition und ein wütender Antisemitismus gehörten. Ihm fällt offenkundig nicht auf, dass es ausgesprochen verheerend wäre, wenn – im Übrigen ohne die grundgesetzlich erst seit relativ kurzer Zeit verbriefte Religionsfreiheit – die Kirchen ihre Religion wieder so ausüben würden wie in den Jahrhunderten davor.

89 „Zentralrat der Juden und Volker Beck verurteilen Islam-Beschluss", in: *www.tagesspiegel.de*, 1.5.2016.

90 Zit. n. „Die AfD verlässt den Boden des Grundgesetzes", in: *www.zeit.de*, 2.5.2016.

Weitere Beschlüsse auf dem Parteitag in Stuttgart

Die wichtigsten Punkte des AfD-Grundsatzprogramms, die sich nach zum Teil chaotischen Debatten und Abstimmungsprozessen während des Parteitags ergaben, hat *Die Welt* am 2. Mai 2016 zusammengefasst. In der Flüchtlingsfrage plädierte die AfD dafür, den Zuzug von Flüchtlingen radikal zu stoppen. Über Asylanträge soll in den „Herkunftsregionen" entschieden werden, die Hilfesuchenden sollen gar nicht erst nach Deutschland kommen. Die Ausweisung straffälliger Ausländer soll erleichtert werden.[91]

Die AfD fordert, dass die EU einen großen Teil ihrer bisherigen Kompetenzen an die Nationalstaaten zurückgibt. Sollte sich eine diesbezügliche Veränderung nicht verwirklichen lassen, strebt die AfD „einen Austritt Deutschlands beziehungsweise eine demokratische Auflösung der Europäischen Union und die Neugründung einer Europäischen Wirtschaftsgemeinschaft" an. Außerdem fordert die AfD, „das Experiment Euro geordnet zu beenden". Beschlossen wurde, dass deutsche Banken nicht zur Haftung für ausländische Banken verpflichtet werden sollen, sondern stattdessen ihren Haftungsverbund auf die nationale Ebene begrenzen. Einen Beitritt der Türkei zur EU lehnt die AfD kategorisch ab. In der Außen- und Sicherheitspolitik fordert die AfD den Abzug aller Atomwaffen und aller ausländischen Truppen aus Deutschland. Dagegen soll die allgemeine Wehrpflicht wieder eingeführt werden. Ein Austritt aus der Nato wurde diskutiert, letztendlich aber nicht beschlossen. Die AfD will den Atomausstieg zurücknehmen und die AKW-Laufzeiten verlängern. Den Effekt des CO2-Ausstoßes auf das Klima hält sie für Propaganda. Rundfunkgebühren für öffentlich-rechtliche Sender werden abgelehnt.

Im Bereich der inneren Sicherheit soll der Staat aber seine Macht ausbauen: So fordert die AfD „einen flächendeckenden deutschen Grenzschutz unter dem Dach der Bundespolizei". An den Grenzen sollen wieder betriebsbereite Übergangsstellen geschaffen werden, „die je nach Gefährdungslage jederzeit in Betrieb genommen werden können". Nach österreichischem Vorbild sollen Wehrpflichtige für die Sicherung der Grenzen herangezogen werden können. Begründet wurde dies mit der „hohen Zahl von Einbruchs- und Diebstahlsfällen in Grenzbereichen" sowie mit der Verhinderung von Waffen- und

91 Vgl. Matthias Kamann: „Das sind die wichtigsten Punkte im AfD-Grundsatzprogramm", in: *www.welt.de*, 2.5.2016.

Drogenschmuggel. Gegen körperliche Angriffe auf Polizisten soll ein eigener Straftatbestand geschaffen werden. Eine Wahlrechtsreform soll die zeitliche Zugehörigkeit von Listenkandidaten zu den Parlamenten, nicht jedoch von direkt Gewählten beschränken. Der Bundespräsident soll zukünftig direkt vom Volk gewählt werden. Anzustreben seien außerdem Volksentscheide nach Schweizer Vorbild.

Soziale Härten für Geringverdiener und Arbeitslose

Das Programm der AfD ist im Kern neoliberal, es ist nicht sozial orientiert. Noch zu Jahresbeginn 2016 lehnte die Parteichefin Frauke Petry den Mindestlohn rigoros ab. Dazu die Ökonomin Katharina Nocun in einer Studie zur Sozial- und Steuerpolitik der AfD:

> „,Wir sind gegen einen gesetzlich festgelegten allgemeinen Mindestlohn', sagte [Petry] der *Thüringischen Landeszeitung*. In einer Pressemitteilung zum Mindestlohn lästerte sie über die ,neosozialistischen Ideologen der SPD' und ihre ,Sozialromantik'. Der gesetzliche Mindestlohn ist aus Sicht von Petry vor allem eines – ein ,Jobkiller-Gesetz'. Mut zur Wahrheit heißt auch: Die AfD war noch nie die Partei des kleinen Mannes."[92]

Wenige Wochen später plädierte die AfD in ihrem Programmentwurf für den Mindestlohn. Er solle beibehalten werden, um schwache Arbeitnehmer gegenüber starken Arbeitgebern zu schützen. Es war eine der vielen Kehrtwenden in der Parteiprogrammatik. Gleichzeitig aber findet sich kein Hinweis auf eine Höhe des Mindestlohns. Stattdessen plädieren breite Teile der Partei für eine Privatisierung des Arbeitslosengeldes, auf dem Programmparteitag blieb diese Frage aber offen. Die AfD-Abgeordnete Lydia Funke aus Sachsen-Anhalt schlug gar vor, die Höhe des Arbeitslosengelds II zu senken, um „die Leute wieder zu fordern, dass sie in Arbeit gehen".

Das Steuerrecht will die AfD nach den Vorschlägen von Paul Kirchhof umbauen, der 2005 im Wahlkampf zur Bundestagswahl seinen unternehmerfreundlichen Reformentwurf als parteiloser Experte im CDU/CSU-Kompe-

92 Katharina Nocun: Wie sozial ist die AfD wirklich? Eine Expertise zu Positionen in der AfD bei der Sozial- und Steuerpolitik. Heinrich-Böll-Stiftung Sachsen im Juni 2016, in: *www.weiterdenken.de*, zuletzt eingesehen am 13.8.2016.

tenzteam vorstellte und 2011 veröffentlichte.[93] Katharina Nocun bezeichnet die Absichten als „neoliberale Politik in blauer Verpackung". Die sozial Schwächeren spielen entgegen der Rhetorik keine Rolle. So soll eine Steuer- und Abgabenbremse in das Grundgesetz aufgenommen werden, um die „staatliche Macht über den Bürger" zu begrenzen – mit der Wirkung, noch weniger Spielräume für Investitionen in Bildung und öffentliche Aufgaben zu haben. Die von der Partei verabredete komplette Abschaffung der Erbschaftssteuer ist im Ergebnis ein Wahlgeschenk für Vermögende.

Die Ausrichtung auf eine „ethnisch reine" Geburten- und Familienpolitik

In der Familienpolitik vertritt die AfD in ihrem Grundsatzprogramm ein traditionelles Familienbild. „Mehr Kinder statt Masseneinwanderungen" heißt ihre Forderung. Die Partei versteht die Familie aus Vater, Mutter und Kindern „als Keimzelle der Gesellschaft". Während des Parteitags ging ein Alternativ-Entwurf aus Niederbayern noch weiter. „Der Begriff ‚Eltern' ist eindeutig und dauerhaft mit Mutter, Vater definiert und steht damit nicht zur Disposition." Alleinerziehung – im Sprachgebrauch der AfD als „Einelternfamilien" bezeichnet – lehnt die AfD ab. Die Beschlüsse kritisieren Gleichstellungspolitik und Geschlechterquoten und einen angeblich „falsch verstandenen Feminismus". Die AfD will stattdessen das „Zusammenleben von Vater, Mutter und Kindern durch finanzielle Hilfen und Beratung in Krisensituationen stärken". Mehrkinderfamilien sollen speziell gefördert werden. Abtreibungen werden abgelehnt. Die Schwangerenkonfliktberatung müsse den Schutz des ungeborenen Lebens zum Ziel haben. Die Förderung von Familien soll letztlich dazu führen, dass durch eine höhere Geburtenrate der „deutschstämmigen Frau" keine „Zuzüge" nach Deutschland nötig sind.

Die AfD ist eine rechtsradikale und deutschnationale Partei

Am ersten Tag des Stuttgarter Parteitags erklärte der Europa-Abgeordnete der AfD, Marcus Pretzell, unter großem Beifall der Delegierten, dass er sich im Europaparlament der Fraktion „Europa der Nationen und der Freiheit" (ENF) anschließen wolle. Dies ist der Zusammenschluss der Rechtspopulis-

93 Vgl. Paul Kirchhof: Bundessteuergesetzbuch. Ein Reformentwurf zur Erneuerung des Steuerrechts, Heidelberg 2011.

ten, Rechtsradikalen und Rechtsextremisten, darunter der französische Front National, die rassistische Lega Nord aus Italien und die österreichische FPÖ. Am selben Tag erklärte die Parteivorsitzende Frauke Petry, dass das Wort deutschnational zur AfD passe. (Dass die Deutschnationalen in der Weimarer Republik eine rechtsradikale völkisch-nationalistische Partei waren, die sich in ihren späten Jahren in der Harzburger Front mit den Nationalsozialisten verband und der NSDAP 1933 an die Macht verhalf, wird Petry wissen.) Dies sind die deutlichsten Hinweise darauf, dass sich die Partei selbst als rechtsradikal und deutschnational sieht.

Das Bundesschiedsgericht ist in der Hand des radikalen „Flügels"

Seit dem Parteitag in Essen im Sommer 2015 ist darüber hinaus das mächtige Bundesschiedsgericht der Partei unter der Leitung des baden-württembergischen Anwalts Eberhard Brett in der Hand der Radikalen. Es hat verhindert, dass das Ausschlussverfahren gegen Björn Höcke, welches Bernd Lucke noch durchsetzen wollte, überhaupt aufgenommen wurde. Das Bundesschiedsgericht hat auch den Ausschluss des Landesverbands Saarland blockiert, der Kontakte zu Rechtsextremen pflegt. Auch auf dem Stuttgarter Parteitag konnte dieser Ausschluss nicht durchgesetzt werden, da das Bundesschiedsgericht nach wie vor seine Hand über den saarländischen Parteiverband hält.

Saarland
Rechtsextreme in der AfD

Der Konflikt um den AfD-Landesverband im Saarland ist besonders brisant. Der vorläufig entmachtete Vorsitzende des Landesverbands Josef Dörr und sein Stellvertreter Lutz Hecker hielten nachweislich seit spätestens Sommer 2015 Verbindungen zu Rechtsradikalen und Rechtsextremen. Zu den Gruppen gehörte u. a. die „Freie Bürger Union" (FBU) Saarland, die ihrerseits fester Bestandteil der Organisation „Saarländer gegen Salafisten" (SageSa) ist. Der Journalist Wigbert Löer berichtete im *stern* über die Entwicklungen:[94]

94 Zu den folgenden Ausführungen vgl. Wigbert Löer: „Landesvorstand Saar. stern-Recherche belegt Nähe von Landeschef der AfD zu Neonazis", in: *www.stern.de*, 9.3.2016; Wigbert Löer/Christian Schweppe: „AfD und Neonazis. Spitze der Saar-AfD lässt

„Die Saar-AfD versuchte zuerst, Mitglieder bei der *Freien Bürger Union* (FBU) zu gewinnen. Die Partei ist eine rechte Gruppierung, sie gilt, so steht es in einem internen Papier der AfD-Zentrale, als ‚flächendeckend durch die NPD gesteuert'. Der AfD-Landesvorsitzende Josef Dörr trat vergangenen Juli persönlich bei einer FBU-Versammlung auf. In den folgenden Wochen trafen nach *stern*-Informationen immer wieder FBU-Leute mit AfD-Landesvorstandsmitgliedern zusammen. Diskutiert wurden Doppelmitgliedschaften. Die FBU-Mitglieder sollten einen reduzierten Mitgliedsbeitrag von 30 Euro im Jahr zahlen. Die Plätze auf der Liste für die Landtagswahl wollten die beiden Parteien aufteilen."

Neben den Kontakten zur FBU kooperierte die Spitze des Landesverbands im Vorfeld einer für November 2015 geplanten AfD-Demonstration auch mit der Rechtsextremistin Ulrike Reinhardt aus Kaiserslautern, die die sogenannten „Pfälzer Spaziergänge" organisiert. Diese „Spaziergänge" werden ebenso wie die „SageSa"-Organisation, die inzwischen auch vom Landesverfassungsschutz beobachtet wird, von der NPD gesteuert. Ulrike Reinhardt hat bei der Planung der öffentlichen Demonstrationen mit Sascha Wagner – dem ehemaligen Landesgeschäftsführer der NPD in Rheinland-Pfalz, einst Hooligan und Organisator von Neonazi-Konzerten, zusammengearbeitet. Sowohl Dörr als auch Hecker standen mit Reinhardt in Kontakt, Dörr und Reinhardt haben sich persönlich in Kaiserslautern getroffen. „Ich bin sehr an einer Zusammenarbeit mit Ihnen interessiert", schrieb Dörr im Oktober 2015 an Ulrike Reinhardt, so der *stern*. An der Demonstration am 4. November 2015, die als Höhepunkt der sogenannten „Herbstoffensive" der AfD im Saarland geplant war, nahmen auch der NPD-Landesvorsitzende und frühere NPD-Vize-Bundeschef Peter Marx, Sascha Wagner und weitere Rechtsradikale teil.

Nachdem der AfD-Bundesvorstand im Oktober 2015 von den Kontakten des Landesverbands Saar ins rechte Milieu erfuhr, mahnte dieser Dörr und Hecker ab. Nach einem Gespräch im Februar 2016 nahm er die Abmahnungen zunächst wieder zurück, offenbar konnten sich die beiden herausreden.

nach stern-Enthüllung Ämter ruhen", in: *www.stern.de*, 10.3.2016; sowie Wigbert Löer: „Neonazi-Kontakte. Operation Parteiausschluss – Saar-AfD startet neu", in: *www.stern.de*, 29.3.2016.

Als das Ausmaß der Zusammenarbeit im März aber nicht mehr zu leugnen war, ließen Dörr und Hecker Anfang März 2016 auf Druck des Bundesvorstands ihre Ämter ruhen. Ende März beschloss der Bundesvorstand nach einer internen Untersuchung durch Dirk Driesang, Mitglied im AfD-Bundesvorstand, ein Parteiausschlussverfahren gegen die Ex-Landeschefs im Saarland zu erwirken. Zuvor hatte er bereits den kompletten Landesverband Saar aufgelöst, weil dieser kritiklos hinter den Vorsitzenden Dörr und Hecker stünde. Gegen diese Beschlüsse der Partei zog der Landesverband vor das Bundesschiedsgericht, wo sie noch immer anhängig sind. Vor dem Bundesparteitag in Stuttgart beantragte der Bundesvorstand außerdem eine einstweilige Verfügung gegen Dörr und Hecker beim Bundesschiedsgericht mit dem Ziel, ihre Parteirechte auszusetzen, damit sie auf dem Bundesparteitag nicht sprechen können. Dieser Antrag wurde vom Bundesschiedsgericht nach einer Beschwerde von Dörr und Hecker zurückgewiesen.

Der Stuttgarter Parteitag bringt keine Klärung

Die Auflösung des saarländischen Landesverbands aufgrund der Kontakte zwischen der AfD-Spitze im Saarland und Rechtsextremen konnte auf dem Stuttgarter Parteitag nicht geklärt werden und ist auch im Sommer 2016 noch nicht sicher. Lutz Hecker verteidigte sich in Stuttgart mit dem Hinweis, dass die Kontakte abgebrochen worden seien, nachdem man erkannt habe, mit wem man es zu tun habe. Er erklärte öffentlich, mit rechtsextremen Organisationen oder Personen und insbesondere der NPD zukünftig nicht mehr zusammenzuarbeiten. Mit der öffentlich ausgetragenen Debatte war die Zusammenarbeit zwischen der Saar-AfD, Rechtsextremen und Neonazis dennoch offenkundig. Auf dieser Grundlage wurde über den Antrag der Auflösung des Landesverbands abgestimmt und mit 995 gegen 806 Stimmen dafür gestimmt – umgesetzt aber wurde die Auflösung nicht. Obwohl mehr als die Hälfte der Delegierten das Thema vom Tisch haben wollte, kam es aufgrund von Tumulten im Saal zu keinem endgültigen Beschluss.

Das Ausschlussverfahren gegen den saarländischen Landesverband offenbart den Machtkampf zwischen Teilen des Bundesvorstands und dem radikalen „Flügel", der längst eine solche Kooperation mit Rechtsextremen nicht ausschließen will. Der gesamte Vorgang ist ein klares Beispiel für die schwindende Fähigkeit des Parteivorstands, den radikalen „Flügel" zu stutzen. Es spricht wenig dafür, dass dies in absehbarer Zeit gelingen wird.

Der „Parteiphilosoph" Marc Jongen

Marc Jongen, langjähriger Assistent des Philosophen Peter Sloterdijk an der Staatlichen Hochschule für Gestaltung Karlsruhe, ist stellvertretender Sprecher der AfD in Baden-Württemberg und Mitglied der Bundesprogrammkommission. Derzeit arbeitet er eigenen Angaben zufolge an einer philosophischen Grundlegung der Partei, das er als „Manifest" bezeichnet. Die FAZ-Journalisten Justus Bender und Reinhard Bingener haben mit Jongen, den sie in ihrem Artikel als „Parteiphilosophen" kennzeichnen, über seine Arbeit gesprochen:

> „Jongen hat nichts gegen die Rauheit der AfD-Anhänger gerade im Osten Deutschlands, im Gegenteil. Er würde sich wünschen, dass es insgesamt rauer, aufgepeitschter zuginge. Denn die Bundesrepublik, da ist Jongen sicher, leidet an einer ‚thymotischen Unterversorgung', einer Armut an Zorn und Wut. Thymos ist ein altgriechisches Wort, das in seiner Bedeutung zwischen Mut, Zorn und Empörung schwankt. Der Begriff spielt in Jongens Ausführungen über die Philosophie der AfD eine zentrale Rolle. [...] In Europa, wo vor allem die Vernunft in Politik und Philosophie Ansehen genießt, sei der Thymos zu Unrecht in Verruf geraten, meint Jongen. Weil es Deutschland an Zorn und Wut fehle, mangele es unserer Kultur auch an Wehrhaftigkeit gegenüber anderen Kulturen und Ideologien, etwa dem Islamismus, der eine ‚hochgepushte thymotische Bewegung' sei. Die AfD unterscheide sich durch ihren positiven Bezug zum Thymos von allen anderen politischen Parteien. Einzig die AfD lege ‚Wert darauf, die Thymos-Spannung in unserer Gesellschaft wieder zu heben', sagt Jongen."[95]

Während es in der griechischen Tradition darum ging, die Wut vor allem durch Vernunft in der Philosophie zu balancieren und erst recht durch Politik im Sinne des Ganzen zu moderieren, setzt Jongen auf die Mobilisierung von Zorn, Wut und Aggression gegen die, die nicht dazugehören. Eine solche Mobilisierung fand beispielsweise im Oktober 2015 in Magdeburg statt, als sich 2 000 Anhänger unter der Führung des AfD-Landeschefs André Poggenburg und Björn Höcke zu einer „Demo gegen Politikversagen" versammelten

95 Justus Bender/Reinhard Bingener: „Marc Jongen. Der Parteiphilosoph der AfD", in: *www.faz.de*, 15.1.2016.

und durch die Stadt marschierten. Die FAZ-Journalisten fassen die Demonstration und die Einschätzungen Jongens zusammen:

> „2 000 Bürger, von denen etliche in schwarzen Bomberjacken erschienen waren, setzten dort in politische Praxis um, was Jongen im philosophischen Seminar vordenkt. Der Thymos des deutschen Volkes war dort zu hören. Zunächst recht milde mit ‚Merkel muss weg, Merkel muss weg!'-Sprechchören. Dann aus voller Kehle mit der Parole: ‚Lügenpresse, Lügenpresse!' Auf einem Plakat hieß es: ‚Die Asylanten werden verwöhnt. Das Volk wird verpönt.' Die Erregungskurve des angeblich kleingehaltenen deutschen Volkes, insofern es sich in Magdeburg versammelt hatte, zeigt steil nach oben. ‚Wie krank im Geschlecht und im Geiste, wie unnatürlich ist diese rot-grüne Gefolgschaft', rief Sachsen-Anhalts AfD-Spitzenkandidat André Poggenburg. Die Menge rief: ‚Wer Deutschland nicht liebt, soll Deutschland verlassen!' Mit diesem letzten Sprechchor, da will Jongen nicht widersprechen, haben die AfD-Anhänger ein wenig übertrieben. Allerdings hält er einen gewissen Überschwang für normal. ‚Stolz und Wut sind in der AfD wichtige Emotionen', sagt er. Auf Demonstrationen wie in Magdeburg würden sich diese ‚Energien in etwas unreiner Form' äußern."

Marc Jongen verteidigte im Interview auch die Positionen von Björn Höcke, der den Demonstranten zurief:

> „Ich stehe hier und atme Geschichte. […] Ich will, dass Magdeburg und Deutschland nicht nur eine tausendjährige Vergangenheit haben. […] Ich will, dass sie auch eine tausendjährige Zukunft haben! Und ich weiß: Ihr wollt es auch!"[96]

Jongen kommentiert: „Es ist die Romantisierung, hinter der man den Übermut vermutet, denn diese Sprache erinnert an übermütige Zeiten." Aber man gehe eher an Missmut und Kleinmut in Deutschland und generell in Europa zu Grunde, so der „Parteiphilosoph", daher verlören Höckes Aussagen, in eine andere, „modernere Sprache übersetzt, sehr rasch ihren Gruselfaktor". Im Interview mit der FAZ widersprach Jongen auch nicht Höckes Ansichten

96 Zit. n. ebd.

über das Fortpflanzungsverhalten von Afrikanern, sondern legte noch nach: Die Deutschen, die sich vielen Einwanderern gegenüber sehen, könnten sich eine Thymosschwäche nicht leisten, „weil es uns wehrlos macht gegenüber robusteren Naturellen, den Einwanderern zum Beispiel". Die AfD müsse daher auf eine „Psychopolitik" setzen, mit dem Ziel, den deutschen „Thymos wieder hoch zu regulieren", so Jongen.

Baden-Württemberg
Antisemitismus in der Landtagsfraktion der AfD und der Kampf um die Macht in der Parteispitze

Der Radikalantisemit Wolfgang Gedeon

Wolfgang Gedeon, einer der Radikalen in der AfD-Fraktion des Stuttgarter Landtags veröffentlichte 2012 in seinem Buch *Der grüne Kommunismus und die Diktatur der Minderheiten – eine Kritik des westlichen Zeitgeists*[97] einen umfassenden Antisemitismus, den er auch auf den Islam ausweitete und mit einer ausgeprägten Islamfeindschaft verband. Gedeon ist geradezu besessen von seiner Abwehr gegen das Jüdische, das Judentum. Schärfer haben auch die Nationalsozialisten die angebliche jüdische Gefahr nicht dämonisieren können.

Gedeon bestreitet, dass „Juden systematisch Opfer des Holocaust" waren und weist ihnen sogar eine Mitschuld zu. Er gewinnt der Lügenschrift der „Protokolle der Weisen von Zion" Glaubwürdigkeit ab und hält sie darüber hinaus für eine Schrift von Zionisten. Mehr noch: Er erklärt in der Tradition des christlichen Radikal-Antijudaismus die Juden in der langjährigen Geschichte und in der Gegenwart für „gefährliche Feinde". „Wie der Islam der äußere Feind, so waren die talmudischen Ghetto-Juden der innere Feind des christlichen Abendlandes." Der innere Feind (der Jude) würde heute, so seine These, den Westen dominieren, während der äußere Feind (der Islam) via Masseneinwanderung zur inneren Zersetzung des Landes beitrage. Dementsprechend spricht er in seinem Buch vom „Ethnosuizid", vom „modernen Hexenterror", von „Fremdenkult" oder von „Zionismus durch die Hintertür".

97 Wolfgang Gedeon: Der grüne Kommunismus und die Diktatur der Minderheiten – eine Kritik des westlichen Zeitgeists, Frankfurt a. M. 2012.

Es verwundert nicht, dass er auch die Frage aufwirft, ob die strafrechtliche Verfolgung von Holocaustleugnern wie Horst Mahler legitim sei.

Gedeon, der auch bekennt, er habe die Schriften von Stalin „intellektuell brillant" gefunden, leugnet die „Alleinschuld" des nationalsozialistischen Deutschlands beim Angriff auf die Sowjetunion und glaubt, dass Hitler und die Wehrmacht einen Präventivschlag ausgeführt hätten.

Als „Quintessenz der grünkommunistischen Ideologie" kritisiert Gedeon in seinem Buch die Auflösung der Familie sowie die Auflösung von Staaten und Nationen zu Gunsten zentralistischer, supranationaler Konstrukte. Er befürchtet „die Abschaffung von Rassen durch Förderung einer universalen Rassenvermischung mit dem Ziel einer Welteinheitsmischlingsrasse".

Die Journalisten Justus Bender und Rüdiger Soldt zitierten die Thesen Gedeons in der *Frankfurter Allgemeinen Zeitung* vom 4. Juni 2016:

> „‚Als sich im 20. Jahrhundert das politische Machtzentrum von Europa in die USA verlagerte, wurde der Judaismus in seiner säkular-zionistischen Form sogar zu einem entscheidenden Wirk- und Machtfaktor westlicher Politik. [...] Der vormals innere geistige Feind des Abendlandes stellt jetzt im Westen einen dominierenden Machtfaktor dar, und der vormals äußere Feind des Abendlandes, der Islam, hat via Massenzuwanderung die trennenden Grenzen überrannt, ist weit in die westlichen Gesellschaften eingedrungen und gestaltet diese in vielfacher Weise um.' [...] ‚Weltbedeutung hat das Judentum heute nicht direkt durch seine Religion, sondern im Wesentlichen indirekt, nämlich durch Judaisierung der christlichen Religion und Zionisierung der westlichen Politik.' [...] ‚Dass ein Volk auf dem größten Platz seiner Hauptstadt ein riesiges Denkmal zur Erinnerung an gewisse Schandtaten seiner Geschichte errichtet, ist dagegen selten, wenn nicht einzigartig. Das Schlimmste daran ist: Die meisten Deutschen finden das inzwischen ganz ‚normal'.' Gedeon beklagt in diesem Zusammenhang, dass der Holocaust ‚ideologisiert und theologisiert' werde. ‚Es geht also nicht mehr um allgemeine Judaeomanie als Reaktion auf den Antisemitismus der nationalsozialistischen Zeit, sondern um die Etablierung einer neuen Staatsreligion.' Neonazis wie Horst Mahler und den Holocaust-Leugner Ernst Zündel bezeichnet Gedeon in seinem Buch als ‚Dissidenten'."[98]

98 Justus Bender/Rüdiger Soldt: „Im Eiferer-Modus gegen Juden", in: *www.faz.net*, 4.6.2016.

Die Thesen Gedeons sind nichts anderes als eine paranoide Verstellung der Welt, eine gleich doppelte historische und gegenwärtige Beschwörung einer äußeren und inneren Zersetzung des Eigenen durch die fremde Gefahr, der man nicht mehr entrinnen kann.

Nach Bekanntwerden der Thesen von Wolfgang Gedeon forderten die Landtagsfraktionen von Grünen, SPD, CDU und FDP seinen Rücktritt. Der Präsident des Zentralrats der Juden in Deutschland, Josef Schuster, kritisierte Gedeons Antisemitismus ebenso wie die Präsidentin der Israelitischen Kultusgemeinde München und Oberbayern Charlotte Knobloch: „Die antisemitischen Abgründe des Wolfgang Gedeon belegen, dass die AfD infolge ihrer Radikalisierung ein Hort für Geschichtsrevisionisten und völkisch-nationalistisch gesinnte Rechtsextreme ist. Es ist erschreckend, welche Typen und Thesen mit dieser Partei ein Forum erhalten, Aufmerksamkeit bekommen – und Zuspruch."

Die Selbstaufgabe Jörg Meuthens im Chaos der Parteiführung

Obwohl viele in der AfD, darunter auch der „gemäßigte" Bundessprecher bzw. Parteivorsitzende Jörg Meuthen, schon lange von Gedeons Weltverschwörungstheorien wussten, wehrte sich öffentlich nie jemand gegen dessen mehrfach bekundete Haltung in Partei und Öffentlichkeit. Dazu Justus Bender und Rüdiger Soldt in der *Frankfurter Allgemeinen Zeitung*:

> „Der frühere baden-württembergische AfD-Landesvorsitzende und heutige Alfa-Politiker Bernd Kölmel erinnert sich, dass die Vorwürfe gegen Gedeon auch in Kirchheim thematisiert wurden – etwa von dem heutigen stellvertretenden Landesvorsitzenden Marc Jongen, der sich auf Anfrage dazu nicht äußern will. [Jörg] Meuthen war damals Mitglied des Landesvorstandes. Dennoch sagte er nun der ‚Bild'-Zeitung: ‚Ich habe von den Vorwürfen gegen Herrn Gedeon gerade erst erfahren.' Auf Facebook schrieb Kölmel dazu: ‚Meuthen verschweigt, dass ihm dieser Sachverhalt seit zwei Jahren bekannt ist!' Sicher ist, dass Meuthen schon im November 2013 von kruden Thesen Gedeons wusste. Damals schrieb Meuthen eine E-Mail an Gedeon, die dieser Zeitung vorliegt und in der es um ein Diskussionspapier von Gedeon ging. Seine Ablehnung des Papiers begründete Meuthen mit der ‚Antizipation der erwartbaren medialen Ausschlachtung', sollte dieses ‚in die Hände von Journalisten

> gelangen'. ‚Dessen ungeachtet habe ich, dies ist keine Floskel, großen Respekt und auch Wertschätzung für Ihre Arbeit an dem Diskussionspapier', schrieb Meuthen an Gedeon."[99]

Aus der AfD-Landtagsfraktion waren zunächst keine kritischen Stimmen zu hören. Ganz im Gegenteil: Der AfD-Abgeordnete Heinrich Fiechtner verteidigte Gedeons Thesen, wie die FAZ-Journalisten weiter berichten:

> „Es gebe eine ‚abstruse Überhöhung des Holocaust-Gedenkens', Gedeons Aussagen seien nicht antisemitisch, er rufe ja nicht zur Verfolgung von Juden oder zur Bekämpfung des Staates Israel auf, sagte Fiechtner dieser Zeitung. Gedeons Aussagen seien durch die Meinungsfreiheit gedeckt. Zur Kritik der Israelitischen Religionsgemeinschaft sagte Fiechtner: ‚Frau Traub sollte sich besser um die lebenden Juden kümmern, stattdessen hat sie sich noch für den Bau einer Moschee in Stuttgart-Feuerbach ausgesprochen.'"[100]

Der Antisemitismusstreit in der baden-württembergischen AfD

Jörg Meuthen erklärte nach langem Zögern und erst als Reaktion auf die massive öffentliche Kritik, dass er den Ausschluss Gedeons aus der Landtagsfraktion wegen dessen unmissverständlichem Antisemitismus wolle. Gleichzeitig hat er diesen Ausschluss mit seiner eigenen Zukunft in der Partei verbunden. Marc Jongen begründete den Vorwurf gegen Gedeon in der *Jungen Freiheit* ausführlich, stellte sich aber gleichzeitig hinter Gedeon. Die Landtagsfraktion in Baden-Württemberg war sich über Wochen uneinig, eine ganze Reihe AfD-Mitglieder unterstützte Gedeon zum Teil öffentlich und auch massiv. Andere, wie der niedersächsische AfD-Landesvorsitzende Armin-Paul Hampel, verurteilten Öffentlichkeit und Medien und die Art und Weise, wie sie auf den Fall aufmerksam gemacht haben. In dieser Lage stellte sich die Parteivorsitzende Frauke Petry gegen Jörg Meuthen und unterstütze im Sinn der Kritiker den Vorschlag, Gutachten heranzuziehen.

99 Ebd.
100 Ebd.

Die Auseinandersetzung geriet immer mehr zur Schlammschlacht auf Kosten einer klaren Stellungnahme in Sachen Antisemitismus.

Am 5. Juli 2016 kam es aufgrund des Patts innerhalb der Landtagsfraktion der AfD zu einem Showdown. Da sich Jörg Meuthen mit seiner Forderung, Gedeon auszuschließen, nicht durchsetzen konnte, verließ er mit zwölf (von 23) Abgeordneten die Fraktion und gründete eine eigene Fraktion „AfD Baden-Württemberg". Frauke Petry drängte daraufhin Gedeon im Krisengespräch zum nächsten Kompromiss, nämlich selbst aus der Fraktion (aber nicht aus der Partei) auszutreten. Was dieser schließlich auch tat.

Die Vorgänge in Baden-Württemberg machen klar, dass es in der Auseinandersetzung nicht um die Haltung zum Antisemitismus von Wolfgang Gedeon geht. Gedeons Antisemitismus hätte konsequent und überzeugend bereits vor zwei Jahren zurückgewiesen werden müssen. Es geht vielmehr um eine parteiinterne Machtfrage zwischen Frauke Petry und ihrem Lebensgefährten, dem EU-Abgeordneten der AfD Marcus Pretzell, auf der einen Seite und Jörg Meuthen, Björn Höcke, Alexander Gauland und weitere Vertreter des radikalen „Flügels" auf der anderen Seite.

Mehr und mehr zeigt sich, dass es sich um keinen Machtkampf zwischen „Gemäßigten" und „Radikalen" handelt – Radikale und Moderate finden wir auf beiden Seiten. Es ist ein Kampf um die Sicherung von Macht und Einfluss in der Partei, der auf dem Rücken der Antisemitismusdebatte öffentlich und chaotisch ausgetragen wird. Beide Seiten wollen sich ihre Positionen an der Spitze der Partei sichern und haben dazu den Antisemitismus instrumentalisiert. Der Machtkampf schwelt weiter, die Partei ist angeschlagen – auch in der Sicht ihrer potenziellen Wähler. Was diese nach allen Umfragen am wenigsten wollen, ist, dass die AfD, die politisch eine Alternative sein will, sich an der Spitze zersetzt.

Der Antisemitismus-Streit vor dem Hintergrund christlichen Fundamentalismus und rechtsradikaler Netzwerke

Rechte Parteien konnten in Baden-Württemberg schon in der Vergangenheit große Erfolge feiern. Die NPD und die Republikaner holten hier in der Vergangenheit Rekordergebnisse. Die Erfolge gingen immer auch mit einer Proteststimmung einher, wie beispielsweise 1992, als die Republikaner in den Stuttgarter Landtag einzogen. Frank Brettschneider, Kommunikationswissenschaftler an der Universität Hohenheim, erinnert daran:

„Das ist schon vergleichbar. Und das sind ähnliche Wählerinnen und Wähler wie in den 1990er-Jahren. Sie kommen aus ähnlichen Regionen und sie sind thematisch ähnlich getrieben: nämlich Misstrauen in die etablierten Parteien verknüpft mit dem Asylthema, heute das Flüchtlingsthema."[101]

Offenbar gelang es der AfD im Wahlkampf, tiefer sitzende Ängste in der Bevölkerung zu schüren, die latent vorhanden sind und immer wieder reaktiviert werden können. Wir finden hier mehr als anderswo Traditionen von christlichem Fundamentalismus, Rassismus, Rechtspopulismus und Rechtsradikalismus, die tief verwurzelt sind. Hier gibt es ein breites Milieu rechter bzw. deutschnationaler (teils rechtsintellektueller) Zirkel wie das lange sehr aktive „Studienzentrum Weikersheim" oder – in den Hochschulorten – rechte Burschenschaften und ihre Netzwerke.

Es gehört zu den Eigentümlichkeiten dieser tradierten Milieus, dass sie ihrerseits informelle Netze und Kontaktstrukturen entwickelten und sich zum Teil mit rechtspopulistischen oder rechtsradikalen Parteien austauschen und verbinden. Waren dies früher die Republikaner, sind es heute Teile der AfD. Ein bekannter Repräsentant dieses Milieus ist der öffentlich laut und wirksam auftretende evangelikale Fundamentalist Heinrich Fiechtner, der politisch in Stuttgart und Göppingen aktiv und inzwischen Landtagsabgeordneter der AfD ist.

Ganz allgemein gedeihen solche Milieus besonders, wenn mit ihnen ein Alltagsbewusstsein der Mehrheitsbevölkerung korrespondiert, das gegenüber Neuerungen und Neuem abweisend ist. Dies geschieht oft auf der Basis sozialer, politischer oder kultureller Enttäuschungen, welche von den Bürgern als nicht mehr veränderbar interpretiert werden. Sie stellen gewissermaßen ein resignatives, apathisches Alltagsbewusstsein her. Aus einem solchen Alltagsbewusstsein können fremdenfeindliche Orientierungen entstehen, die in den letzten beiden Jahren massiv gegen Flüchtlinge gerichtet worden sind.[102]

Solche fremden- und flüchtlingsfeindlichen Orientierungen sind in Baden-Württemberg durch öffentliche Agitation zunächst gegen liberale Bildungspläne und seit 2014/15 gegen die Flüchtlingspolitik, die Flüchtlinge selbst und

101 Frank Brettschneider, zit. n. Barbara Roth: „AfD-Wahlkampf in Baden-Württemberg. Der Ritt auf der Flüchtlingswelle", in: *www.deutschlandfunk.de*, 9.3.2016

102 Vgl. Andreas Zick/Anna Klein: Fragile Mitte – Feindselige Zustände. Herausgegeben von Ralf Melzer für die Friedrich-Ebert-Stiftung, Bonn 2014.

ihre Unterkünfte in bisher nicht gekanntem Ausmaß mobilisiert und aggressiv in Schwingungen versetzt worden. Die im Jahr 2014 von christlichen Gruppen veranstalteten großen evangelikal-fundamentalistischen Demonstrationen richteten sich zunächst gegen die Verankerung sexueller Vielfalt im Bildungsangebot der Schulen, ehe sie in der zweiten Hälfte 2015 und im Frühjahr 2016 als „Demo für alle" in Stuttgart unter anderem gegen eine Öffnung der Ehe für gleichgeschlechtliche Paare vorgingen. Im Jahr 2015 gab es Aktionen und Proteste gegen Flüchtlinge und ihre Unterbringung, unter anderem durch Pegida-Ableger in Karlsruhe und Villingen im Schwarzwald oder in kleinen Orten wie Öhringen und Bad Saulgau – und nicht zuletzt durch die sich seit Mitte 2015 radikalisierende AfD und ihre „Herbstoffensive 2015".

Die AfD, ihre Abgeordneten und Funktionsträger repräsentieren in Baden-Württemberg eine Mischszene aus sich moderat gebenden Personen um Jörg Meuthen und Marc Jongen, aus Aufstiegsopportunisten und Trittbrettfahrern, aus enttäuschten oder nicht anerkannten ehemaligen Mitgliedern und Vertretern demokratischer Parteien wie der CDU, aus deutschnationalen bzw. national-konservativen und fundamentalistischen Milieus, aus Vertretern des radikalen „Flügels" der Partei, Akteuren der „Patriotischen Plattform" und schließlich aus klassischen Rechtsextremen und Holocaustleugnern.[103] Ein beträchtlicher Teil der Funktionäre der AfD in Baden-Württemberg hat die „Erfurter Resolution" des radikalen „Flügels" um Björn Höcke unterschrieben und damit den Kursschwenk der AfD ins Radikale unterstützt.

Zu den rechtslastigen und vielfach rechtsradikalen Funktionären und Aktiven im Landesverband gehören beispielsweise: Eberhard Brett in Stuttgart, Vorstandsmitglied der „Patriotischen Plattform" Baden-Württemberg und Leiter der Schiedskommission der Partei, Markus Widenmeyer in Böblingen, der aus den Reihen der Kleinstpartei „Arbeit Umwelt und Familie – Christen für Deutschland" (AUF) kommt. Dazu zählt Heinrich Fiechtner aus Göppingen, der sich selbst als pietistisch geprägten Christen beschreibt und der in der „heiligen Inquisition ein Muster an klarem Denken und Beweisführung" sieht. Er verglich den Koran mit Hitlers *Mein Kampf*, bezeichnete den Stuttgarter Oberbürgermeister Fritz Kuhn von den Grünen als einen „miesen faschistoid populistischen Scharfmacher". Roland Mackert aus Bietigheim-Bissingen stellte in einem Leserbrief aus dem Jahr 2014 die Kriegsschuld Deutschlands

103 Vgl. „AfD-Abgeordneten-Watch BaWü", in: *www.keinealternative.blogsport.de*, zuletzt eingesehen am 13.8.2016

im Zweiten Weltkrieg infrage und bezeichnete – ähnlich wie Alexander Gauland – die Aufnahme von Flüchtlingen als „Bevölkerungsimporte", die, wie im alten Rom, heute den Untergang Deutschlands einleiten würden. Christina Baum aus dem Main-Tauber-Kreis, die Björn Höcke nahesteht, stieß ins gleiche Horn, als sie den Grünen vorwarf, sie würden das Asyl- und Einwanderungsrecht dazu missbrauchen, einen „schleichenden Genozid" der deutschen Bevölkerung zu verursachen. Im Herbst 2015 rief sie den Teilnehmern der Erfurter Demonstration zu, dass sie in ihnen die „Avantgarde des deutschen Widerstands" sehe. Gemeinsam protestiere man gegen eine Politik, die Deutschland in ein „multikulturelles Krisengebiet" verwandeln wolle.

Markus Frohnmaier aus Villingen-Schwenningen, zuvor in der CDU und gegenwärtig Sprecher der Parteivorsitzenden Frauke Petry, erklärte im Oktober 2015 in Erfurt: „Ich sage diesen linken Gesinnungsterroristen, diesem Parteienfilz ganz klar: wenn wir kommen, dann wird aufgeräumt, dann wird ausgemistet, dann wird wieder Politik für das Volk, und nur für das Volk gemacht. Denn wir sind das Volk, liebe Freunde." Die sexuellen Übergriffe in der Silvesternacht 2015/16 in Köln kommentierte er mit Blick auf die Vizepräsidentin des Deutschen Bundestags: „Meiner Meinung nach haben Leute wie Claudia Roth hier mittelbar mitvergewaltigt."[104]

Sommer 2016: Eine zerstrittene Partei

In einem Gespräch mit den Journalisten Markus Wehner und Eckart Lohse von der *Frankfurter Allgemeinen Sonntagszeitung* kam Alexander Gauland am 29. Mai 2016 auf den Fußball-Nationalspieler Jérôme Boateng zu sprechen. Später wurde Gauland von den Journalisten mit folgenden Worten zitiert: „Die Leute finden ihn als Fußballspieler gut, aber wollen Boateng nicht als Nachbarn haben."[105]

Auch wenn Gauland das Zitat in den darauffolgenden Stunden zu differenzieren versuchte, verstärkte er bei unterschiedlichen Auftritten seine fremdenfeindliche und rassistische Haltung. Auf einer Kundgebung am 2. Juni 2016

104 Zit. n. „Nach Vergewaltigungs-Aussage: Claudia Roth geht juristisch gegen AfD-Mann vor", in: www.focus.de, 6.2.2016

105 Markus Wehner/Eckart Lohse: „‚Nicht als Nachbarn.' Gauland beleidigt Boateng", in: *www.faz.net*, 29.5.2016.

im brandenburgischen Elsterwerda trat er gemeinsam mit Björn Höcke und dem stellvertretenden Vorsitzenden der Brandenburger AfD, Andreas Kalbitz, auf. Mehrfach sprach Gauland von der Gefahr der Überfremdung und des deutschen Untergangs. Dabei griff er auch eine Parole folgenden Inhalts auf: „Heute sind wir tolerant und morgen fremd im eigenen Land."[106] Als Anne Will ihn in ihrer Sendung drei Tage später darauf ansprach, bestritt er zunächst diese Äußerung, musste sie aber infolge eines Einspielers eingestehen. Gauland wurde darüber informiert, dass dieser Satz von einer CD einer rechtsextremen Band mit dem Titel „Hitler lebt" stammt.

Schon einen Tag zuvor hatte Alexander Gauland seine Tiraden gegenüber den gegenwärtigen Nationalspielern des DFB ausgeweitet. Die *Mitteldeutsche Zeitung* berichtete am 4. Juni 2016:

> „Nach dem dunkelhäutigen Boateng, neben dem viele Deutsche laut Gauland nicht wohnen wollten, knöpft sich der 75-jährige Brandenburger nun den nächsten Nationalspieler mit Migrationshintergrund vor: ‚Sehr gewöhnungsbedürftig' sei die Reise von Mesut Özil Ende Mai nach Mekka gewesen. Bei Fußballspielern akzeptiere er das zwar. Und obwohl kein Fall bekannt ist, der Grund für eine solche Skepsis böte, schürt Gauland neue Sorgen: Denn bei ‚Beamten, Lehrern, Politikern und Entscheidungsträgern' würde er sehr wohl die Frage stellen: ‚Ist jemand, der nach Mekka geht, in einer deutschen Demokratie richtig aufgehoben? Liegt die Loyalität beim deutschen Grundgesetz, oder liegt sie bei einem Islam, der ein politischer Islam ist?'"[107]

Die Aussagen Gaulands wurden von den Parteivorsitzenden Frauke Petry und Jörg Meuthen unterschiedlich aufgenommen und zeigen die Spannungen innerhalb der Parteispitze. Die öffentliche Entschuldigung Petrys bei Jérôme Boateng kritisierte Gauland als „illoyal". Für den zweiten Parteivorsitzenden Meuthen, der sich in der Diskussion vor Gauland stellte, fand Gauland entsprechend lobende Worte – er nehme sein Parteiamt sehr gut wahr.[108]

106 Zit. n. „Gauland heißt NPD-Slogan gut", in: *www.zeit.de*, 5.6.2016

107 Günter Kowa/Niels Altenmüller: „Warum sich die äußerste Rechte der Partei am Kyffhäuser trifft", in: *www.mz-web.de*, 3.6.2016.

108 Ebd.

Schwur am Kyffhäuser und die Lust am Untergang

Als sich der radikale „Flügel" der AfD im Juni 2016 erneut am symbolträchtigen Kyffhäuserdenkmal traf, begrüßten die Organisatoren auch Jörg Meuthen. Der Kopf des eigentlich liberalen Parteiflügels war als Redner vorgesehen, als 450 Besucher bei dem Treffen „ein Beispiel von unbeschwerter Vaterlandsliebe und echtem Gemeinschaftssinn" feiern wollten. (Frauke Petry war zum diesjährigen Treffens nicht eingeladen).

Das Kyffhäuser-Denkmal gilt seit Ende des 19. Jahrhunderts als Ort des aggressiven Nationalismus. Der Sage nach schläft der Friedenskaiser Friedrich I., genannt Barbarossa, mitsamt seinen Getreuen, in einer Höhle des Kyffhäuserberges. Wenn der Bart des Kaisers dreimal um einen Steintisch herum gewachsen sein wird, so die Sage, beginne das Ende der Welt. Dann wird Barbarossa erwachen, um das Reich zu retten und zu neuer Herrlichkeit zu führen. Er schlägt die letzte Schlacht zwischen gut und böse, in der Hoffnung auf den Sieg des Guten. Aber selbst wenn das Böse gewinnt, gibt es eine Erlösung: Dann wird es zwar Feuer regnen, aber die Reiter der Hölle werden dem Boden entsteigen und die Seelen aller einsammeln.

Dieser Kyffhäuser-Mythos erscheint dem radikalen „Flügel" der AfD besonders attraktiv. Es ist Björn Höcke, der die Einladungen zum Kyffhäuserdenkmal ausspricht und dem der Mythos besonders ans Herz gewachsen ist. In seinen Reden spricht auch er vom tiefen Tal, durch das Deutschland gehen müsse, ehe es wieder stark werde und die „große Erhebung" als Lohn eingefahren werden kann. Übrigens: Auch die Nationalsozialisten waren von der Sage beeindruckt. Sie nannten den Überfall der Wehrmacht auf die Sowjetunion nicht von ungefähr „Unternehmen Barbarossa".

IV. Die extreme neue Rechte

Auf AfD-Kundgebungen und -Veranstaltungen trifft man immer wieder verschiedene Akteure und Gruppen der extremen neuen Rechten. Dazu zählen Vertreter des „Instituts für Staatspolitik“ und Aktivisten der „Identitären Bewegung“. Sie treten in den ostdeutschen Bundesländern insgesamt stärker auf und dort besonders in Thüringen und Sachsen-Anhalt.

Das „Institut für Staatspolitik“ in Schnellroda

Das im Mai 2000 gegründete und vom Publizisten und Politaktivisten Götz Kubitschek geleitete „Institut für Staatspolitik“ (IfS) in Schnellroda (Thüringen) gilt als Zentrum der extremen neuen Rechten in Deutschland und Kubitschek selbst als ihr maßgeblicher Akteur. Er ist Geschäftsführer des Verlags Antaios und verantwortlicher Redakteur der Zeitschrift *Sezession*. Der Verlag Antaios veröffentlicht eine ganze Bibliothek von Vertretern der sogenannten Konservativen Revolution, Faschisten und Antisemiten, von Armin Mohler bis Ernst Nolte. Die Publikationen erreichen neben Rechtsextremen auch Akteure am rechten Rand der AfD.

Götz Kubitschek: In der Tradition von „Konservativer Revolution“ und Faschismus

Götz Kubitschek gilt als Schüler des Schweizer Publizisten Armin Mohler (1920–2003).[109] Im Verlag Antaios würdigt er seinen Vordenker mit einer ganzen Reihe von Büchern. Mohler, der sich in einem Interview mit dem Historiker Elliott Neaman selbst als „Faschist“ bezeichnete,[110] prägte 1950 in seiner Dissertation den Terminus der „Konservativen Revolution“ für antidemokratische, antiliberale und teils pro-nationalsozialistische Rechte in der Weimarer Republik. Er selbst war zwischen 1949 und 1953 Privatsekretär des Schriftstel-

109 Vgl. Volker Weiß: „Armin Mohler: Er forderte die Revolution von rechts“, in *www.zeit.de*, 21.7.2016.

110 Vgl. Elliot Neaman: A Dubious Past. Ernst Jünger and the Politics of Literature after Nazism, Berkeley 1999.

lers Ernst Jünger. Wenige Jahre zuvor desertierte er von der Schweizer Armee, um sich für einige Monate der SS anzuschließen.

Armin Mohler war bis zu seinem Tod ein begnadeter Netzwerker der extremen Rechten – und vom italienischen Faschismus fasziniert. Benito Mussolini hatte im Faschismus Gewalt, Charisma und Mythen in einer Bewegung amalgamiert, die sich 1922 mit dem Marsch auf Rom erfolgreich an die Spitze des Staates putschen konnte. Mussolini wurde dadurch das entscheidende Vorbild vieler „Konservativer Revolutionäre", auch in Deutschland, so für Arthur Moeller van den Bruck, der bereits 1919 mit seinem Buch *Das Recht der jungen Völker* gegen den Versailler Vertrag polemisierte, Oswald Spengler, der 1922 den *Untergang des Abendlandes* prognostizierte oder Carl Schmitt mit seiner *Politischen Theologie* (1922) und seiner Sehnsucht nach der Suprematie des autoritären Staates, dem Maßnahmenstaat gegen die liberale Rechtstradition. Dazu zählen des Weiteren Ernst Jünger oder der Philosoph Martin Heidegger.

Fasziniert von der neofaschistischen Inszenierung

Götz Kubitschek trat 2015 mehrfach bei den Pegida- und Legida-Demonstrationen in Dresden und Leipzig als Hauptredner auf. Gemeinsam mit seiner Frau Ellen Kositza besuchte er im Frühjahr 2015 eine Großdemonstration der italienischen Lega Nord in Rom. Ellen Kositza zeigte sich in einem Artikel in der *Sezession* von der bombastischen neofaschistischen Inszenierung begeistert. Unter dem Titel „Manifestazione in Rom, Pegida in Dresden" schrieb sie:

> „Rom: […] Lärm, zehntausend (!) Fahnen der verschiedenen italienischen Regionen […]. Und eine Inszenierung rund um das Bühnengeschehen, die ‚spettaculare' war: Pathetische Bombast-Musik, dann der wuchtige Einzug der Casa-Pound-Hundertschaften von der höhergelegenen Viale Gabriele d'Annunzio auf den bereits dicht gefüllten Platz. […] Frenetischer Jubel der 60 000–65 0000 Anhänger stets bei den Worten: ‚Basta Immigrazione! BASTA! BASTA, BASTA!' Die junge blonde Vorsitzende der Fratelli d'Italia, Georgia Meloni, redete sich so in Rage, daß ihr immer wieder die Stimme kippte – die Menge raste. […]
> Dresden, gestern Abend: zwölf Grad und 50 000 Demonstranten weniger, dafür aber schon zum 17. Mal. Wie immer gelöste, ruhige Stimmung.

Anders als in Rom eine beeindruckende Vielfalt von kreativen Plakaten und Schrifttafeln."[111]

Götz Kubitschek und Jürgen Elsässer

Götz Kubitschek ist eng mit dem radikal rechts gewendeten Publizisten Jürgen Elsässer befreundet, dem Herausgeber des neurechten *Compact-Magazins*. Bei der Wahlparty der AfD in Sachsen-Anhalt hatte das *Compact-Magazin* als einziges Medium ein eigenes „Wahlstudio", wo Elsässer, Kubitschek und Martin Sellner von der „Identitären Bewegung" mit der versammelten AfD-Prominenz zusammentrafen. Nach den euphorischen Siegesfeiern der AfD in Magdeburg fragte Elsässer den AfD-Landesvorsitzenden André Poggenburg, ob man mit dem „Regimewechsel" denn bis zur nächsten Bundestagswahl warten müsse – worauf er eine flapsig bejahende Antwort bekam.

Die Bewegung „Ein Prozent für unser Land"

Götz Kubitschek initiierte mehrere politische Kampagnen, darunter die Bewegung „Ein Prozent für unser Land". Die Aktion versteht sich als Aufruf für eine neue Bürgerbewegung, die sich gegen die „Flüchtlingsinvasion" bzw. „Asylkatastrophe" stellt. Ihre Vision:

> „Tausende Mitglieder unterstützen unsere juristischen, medialen und politischen Aktionen, verbreiten die Informationen, die in den Medien nicht zu finden sind und wehren sich in ihren Gemeinden gegen die Auflösung unseres Staates. Kurzum: Wir brauchen die Unterstützung von einem Prozent der Deutschen, nicht mehr. Ein Prozent reicht aus!"[112]

Götz Kubitschek im Austausch mit der AfD

Götz Kubitschek pflegt einen engen Austausch mit dominierenden Vertretern der AfD. Die Zusammenarbeit ist bekannt geworden, als Björn Höcke im Juni 2016 den AfD-Vize Alexander Gauland und den „Parteiphilosophen"

111 Ellen Kositza: „Manifestazione in Rom, Pegida in Dresden", in: *www.sezession.de*, 3.3.2015.
112 *https://ein Prozent.de*, zuletzt eingesehen am 13.8.2016.

Marc Jongen mit Kubitschek und seiner Frau Ellen Kositza zum konspirativen Abendessen zusammenbrachte. Die Journalisten Justus Bender und Reinhard Bingener hatten bereits Wochen zuvor im Gespräch mit dem Ehepaar den Eindruck gewonnen, dass das „Institut für Staatspolitik" in der AfD die Fäden aufgenommen habe. Dabei ist Kubitschek an einer dauerhaften Zusammenarbeit mit der AfD nur partiell interessiert: Bezugnehmend auf Jörg Meuthen erklärte er, dass beide hinsichtlich des Gesellschaftsmodells sicherlich „unterschiedliche Entwürfe" verfolgen, „aber die Wegstrecke ist jetzt im Moment eine gemeinsame".[113]

Die „Identitären"

Innerhalb der extremen neuen Rechten sind die „Identitären" gegenwärtig besonders aktiv. Die Ersten, die in Europa unter dem Namen „Die Identitären" als „Génération identitaire" auftraten, gingen Anfang des Jahrtausends aus einer verbotenen neonazistischen Jugendorganisation in Frankreich hervor. Sie gaben vor, sich dauerhaft vom gewalttätigen Neonazismus zu distanzieren und von der historischen Last des Nationalsozialismus zu befreien.[114] Gleichzeitig versuchten sie aber weiterhin, eine völkisch nationale Bewegung zu etablieren. Ihr früher Protagonist Alain de Benoist war vom marxistischen Philosophen Antonio Gramsci und seiner Idee einer kulturellen Hegemonie inspiriert. Den Begriff der „Rasse" ersetzten die „Identitären" durch den Begriff „Kultur" und sprachen von einem (kulturellen) Ethnopluralismus, also einer Ideologie eines friedlichen Nebeneinanders jeweils homogener Kulturen, die sich gegenseitig respektieren, aber untereinander nicht vermischen dürfen – also von einer Art Apartheid.

Schnell entstanden Ableger in vielen europäischen Ländern. Dabei lassen sich bei den „Identitären" in Österreich klare Verbindungen zum aktionsorientierten Rechtsextremismus feststellen. Die Situation in Deutschland ist weniger eindeutig. Seit 2012 gab es es hier zunächst vor allem Facebookgruppen,

113 Justus Bender/Reinhard Bingener: „Die rechten Fäden in der Hand", in: *www.faz.net*, 16.4.2016.

114 Vgl. Metapolitika: „Identitäre Bewegung – kuschelrechts?", in: *www.diskuswerfer.wordpress.com*, zuletzt eingesehen am 13.8.2016.

die kaum Wirkung außerhalb des Internets entfalten konnten. Von Anfang an wurden diese Gruppen jedoch von Götz Kubitschek und Felix Melzer publizistisch, logistisch und ideell unterstützt.

Die „Identitäre Bewegung“ (IB) in Deutschland

Die „Identitäre Bewegung“ ist in Deutschland seit etwa 2012 aktiv, seit 2014 als eingetragener Verein.[115] Bundesweit hat die Gruppe im Sommer 2016 schätzungsweise etwa 400 Mitglieder. Sie verstehen sich als elitär, wollen nicht als Neonazis gelten und sind doch völkische Rechtsextreme. Sie betreiben eine kulturrassistische Kampagne, in der sie die Pseudotheorie der Rasse durch die Pseudotheorie der Identität ersetzen. In oft provokativen Aktionen sprechen sie Jugendliche an, vor allem im Internet, mit Videos von Flashmobs und Spontandemos in Innenstädten und greifen dabei bewusst auf Aktionsformen urbaner Jugendkultur zurück, um neue Mitstreiter für ihren Widerstand gegen die freiheitlich-demokratische Grundordnung zu gewinnen. Sie sind Zuspitzer in den Aktionen der flüchtlingsfeindlichen Bewegungen. Der Verfassungsschutz Sachsen-Anhalt beschreibt ihre Ziele in einer schriftlichen Anfrage von *mdr info*:

> „Ihr Ziel ist es, die europäische Jugend im Kampf für die nach ihrer Meinung bedrohte Freiheit und kulturelle Identität zu vereinen. An erster Stelle steht hierbei der Erhalt der so genannten ‚ethnokulturellen Identität‘, die durch eine angebliche Massenzuwanderung und eine angebliche Islamisierung bedroht sei. ‚Ethnokulturelle Identität‘ bezeichnet hierbei einen völkischen Nationalismus im europäischen Kontext auf Basis einer islamfeindlichen Grundhaltung.“[116]

Götz Kubitschek gilt als eine der Schlüsselfiguren der „Identitären Bewegung“ in Deutschland. Gemeinsam mit dem Publizisten Felix Menzel, Chefredakteur der *Blauen Narzisse*, organisierte er die „Konservativ-Subversive Aktion“,

115 Vgl. Ann-Kathrin Hipp/Katharina Weygold: „‚Identitäre Bewegung‘: Die rechten Likes-Fänger“, in: *www.spiegel.de*, 13.8.2016.

116 Johanna Hemkentokrax: „Wer und was steckt hinter der ‚Identitären Bewegung?‘“, in: *www.mdrinfo.de*, 23.11.2015.

aus der heraus Handlungsempfehlungen für die Entwicklung der „Identitären" in Deutschland gegeben wurden.

„Der große Austausch"

Die „Identitären" agitieren unter dem Slogan „Der große Austausch" gegen den angeblich geplanten großen Bevölkerungsaustausch in Deutschland und Europa durch Migranten und Flüchtlinge, den Islam und Muslime im eigenen Land. Ihr gegenwärtiges Hauptziel ist es, den vermeintlichen Untergang Europas durch Überfremdung und Islamisierung Europas zu stoppen. Sie fürchten die Vernichtung der Nationen sowie der nationalen und kulturellen Identitäten der Europäer und veröffentlichten eine Art Kriegserklärung gegen den Multikulturalismus. Für ihren Kampf benutzen sie gelegentlich den Begriff der „Reconquista" aus der Geschichte des Mittelalters, als die Katholiken die Mauren und die Juden von der iberischen Halbinsel vertrieben hatten. Sie verbinden dies mit dem Gestus des neuen Rebellischen, was einschließt, dass sie sich mit paramilitärischen Bürgerwehren radikalisieren. Die „identitäre" Gruppe „KontraKultur Halle" (Sachsen-Anhalt) schreibt auf Facebook:

> „Die symbolische Aktion ist ein Protest gegen den Austausch des deutschen Volkes gegen illegale Einwanderer und die Abschaffung unserer Rechtsstaatlichkeit. [...] Die Deutschen sollen als Souverän ausgetauscht werden, das politische Establishment importiert sich ein neues Wahlvolk. Der Souverän in Deutschland aber ist laut Grundgesetz das deutsche Volk. [...] Wenn die politische Klasse versagt und diese Ordnung beseitigen will (!), besteht das Recht, die moralische Pflicht zum Widerstand."[117]

Die Attraktivität der „Identitären Bewegung" für Neonazis

Am 10. August 2012 tanzten die „Nationalen Sozialisten Rostock" nach dem Vorbild der französischen „Identitären" mit Masken verkleidet und zu „Hardbass" (einem Musikstil) einige Minuten durch Rostock – es war dies wohl die erste derartige Aktion in Deutschland. Seit die „Nationalen Sozialisten Ros-

117 Zit. n. Volkmar Wölk: Kreuzritter für das Abendland. Oder: Lutz Bachmann als Katechon der Apokalypse?, in: Fritz Burschel (Hg.): Durchmarsch von rechts, Berlin 2016, S. 59.

tock“ am 1. April 2011 ihre Auflösung bekannt gegeben hatten, die sie unter anderem mit Verfolgungsdruck durch die staatlichen Behörden begründeten, suchten sie neue politische Ausdrucksformen und Inhalte, die sie offensichtlich in jenen der französischen „Identitären“ fanden. Im Oktober 2012 wurde die erste Facebook-Gruppe der „Identitären Bewegung“ in Deutschland eingerichtet. Ähnliche Aktionen wie in Rostock fanden im selben Jahr auch in Frankfurt am Main und Dortmund statt.

Inzwischen haben unterschiedliche Neonazi-Gruppen in den „Identitären“ ihre neue politische Heimat gefunden. Das gilt neben den „Nationalen Sozialisten Rostock“ ebenso für Neonazis in Thüringen, wie beispielsweise Kevin Schulhauser aus Greiz, lange Zeit aktiv in der NPD und nun bei der AfD, oder den Neonazi Tony Gerber und sein Umfeld in Zwickau.

Martin Sellner: „Urdeutsches Fieber“ und Kampf

Zu den Aktivsten der „Identitären Bewegung“ in Deutschland zählt der Österreicher Martin Sellner. Nach Informationen des Dokumentationsarchivs des österreichischen Widerstandes (DÖW) ist Sellner hervorragend im neonazistischen Spektrum Österreichs vernetzt.[118] Gemeinsam mit „Identitären“ nahm Sellner am Gedenken an die nationalsozialistische Fliegerikone Walter Nowotny auf dem Wiener Zentralfriedhof teil. Mit dabei war auch Gottfried Küssel, das österreichische Aushängeschild der Neonazis, ehemals Mitglied der „NSDAP/AO“ und Verbündeter der „Gesinnungsgemeinschaft der neuen Front“ (GdnF) um Michael Kühnen und Christian Worch.

Der Wiener Martin Sellner gehörte zum Umfeld des Neonazi-Forums „www.alpen-donau.info“, dessen Stilllegung 2011 das österreichische Innenministerium erwirkte. Der Blog hatte enge Kontakte ins rechtsextreme Milieu, zu Burschenschaften und zu rechten Teilen der FPÖ. Nach dem Verbot fand Martin Sellner mit seinen Getreuen in den „Identitären“ seine neue politische Heimat. Sie vermeiden eine Bezugnahme auf eindeutig neonationalsozialistische Ideologiefragmente und plädieren für eine völkisch-nationale Revolution. Dabei ist Sellner die österreichische Bühne zu klein geworden. Inzwischen ist er einer der Aktiven in Sachsen-Anhalt und Thüringen und steht in engem Kontakt mit Götz Kubitschek, Björn Höcke und André Poggenburg.

118 Vgl. „Identitäre Bewegung Österreich (IBÖ)“, in: *www.doew.at*, zuletzt eingesehen am 13.8.2016.

Ideologisch-intellektueller Hintergrund der extremen neuen Rechten

Ernst Jüngers Kriegsfaszination: Zerstörung mit „Blut und Samen"

Das Kennzeichen der extremen neuen Rechten – darauf hat Micha Brumlik jüngst eindrücklich hingewiesen[119] – ist ein besonderer intellektueller Zug, den sie häufig von Antidemokraten der Weimarer Republik, insbesondere von Vertretern der „Konservativen Revolution" ableiten. Dabei ist Ernst Jünger von zentraler Bedeutung, der in *In Stahlgewittern* (1920), *Der Kampf als inneres Erlebnis* (1922), *Das Wäldchen* (1925), *Feuer und Blut* (1925) und *Die totale Mobilmachung* (1931) seine Deutung des Gewalterlebnisses Krieg mitteilte. In den *Stahlgewittern* beschreibt Jünger den Ersten Weltkrieg als Feuerprobe, in der sich der Einzelne im Kampf mithilfe traditionell-ritterlicher Tugenden zu bewähren hat, wobei die erlittenen Blessuren als Ausweis und Auszeichnung besonderer Tapferkeit gelten. Todesnähe ist der Trigger für ein „gesteigertes Leben am Abgrund". In *Der Kampf als inneres Erlebnis* verherrlicht Jünger die elementare Gewalt des Krieges. Der Krieg erfülle eine katalytische Funktion:

> „der Krieg, aller Dinge Vater, ist auch der unsere; er hat uns gehämmert, gemeißelt und gehärtet, zu dem, was wir sind. Und immer, solange des Lebens schwingendes Rad noch in uns kreist, wird dieser Krieg die Achse sein, um die es schwirrt. Er hat uns erzogen zu Kampf, und Kämpfer werden wir bleiben, solange wir sind. [...]
> Das ist der neue Mensch, der Sturmpionier, die Auslese Mitteleuropas. Eine ganz neue Rasse, klug, stark und des Willens voll."[120]

Der Frontsoldat Jünger stilisiert in diesen Jahren den Krieg als Naturgesetz, als Triebentladung, keines inhaltlich bestimmten Zieles bedürfend. Die tödlichen und für jeden Menschen traumatischen Erfahrungen des Krieges hat er als die Form erlebt, in der Gefühle und Triebe sich äußern „dürfen": als

119 Vgl. Micha Brumlik: Das alte Denken der neuen Rechten. Mit Heidegger und Evola gegen die offene Gesellschaft, in: *Blätter für deutsche und internationale Politik*, 3/2016, S. 81–92.

120 Ernst Jünger: Der Kampf als inneres Erlebnis, in: Ders: Sämtliche Werke, Bd. 7, Stuttgart 1980, S. 11 f. und 72 f.

Exzess, als Lust zur Gewalt, als Lust zum Hass – auch als Form sadistisch legierter, destruktiver „Erotik“. In seiner Selbstanzeige schreibt Ernst Jünger am 21. September 1929:

> „Der wahre Wille zum Kampf jedoch, der wirkliche Hass hat Lust an allem, was den Gegner zerstören kann. Zerstörung ist das Mittel, das den Nationalismus dem augenblicklichen Zustande gegenüber allein angemessen erscheint. [...] Dem Elementaren [...], das uns im Höllenrachen des Krieges seit langen Zeiten zum ersten mal wieder sichtbar wurde, treiben wir zu. [...] Wir sind keine Bürger, wir sind Söhne von Kriegen und Bürgerkriegen, und erst wenn dies alles, dieses Schauspiel der im Leeren kreisenden Kreise, hinweggefegt ist, wird sich das entfalten können, was noch an Natur, an Elementarem, an echter Wildheit, an Ursprache, an Fähigkeit zu wirklicher Zeugung mit Blut und Samen in uns steckt. Dann erst wird die Möglichkeit neuer Formen gegeben sein.“[121]

Martin Sellner: urdeutsches Fieber

In ähnlicher Tonart argumentiert Martin Sellner. In *Gelassen in den Widerstand* plädiert er gemeinsam mit seinem Gesprächspartner Walter Spatz für eine „geistige (und politische) Verschärfung“:

> „Wir wollen die Herzen in Brand setzen, etwas in Bewegung bringen, die entscheidenden Fragen erneut, tiefer und mit politischen Folgen stellen. Die geistige Unruhe, der schlafende Furor teutonicus, das ewig unzivilisierbare, urdeutsche Fieber, das uns aus germanischen Urwäldern wie aus gotischen Kathedralen entgegenstrahlt, versammelt sich in uns. Unsere Gegner wissen das, und sie haben Angst. Sie wissen von der Möglichkeit der spontanen Eruption und Regeneration. Und sie wissen, dass wir nicht mehr in ihre Fallen laufen, dass wir ihren Schablonen und Gängelbändern entwachsen sind. Ich glaube, wir leben in einer Zeit der Entscheidung. Ich glaube, dass unsere Arbeit als Kreis, im Denken und Hören auf das Sein,

121 Ernst Jünger: Politische Publizistik 1919–1933, Stuttgart 2001, S. 506 f.

> organisch in den politischen Kampf einer Massenbewegung, in die politische Arbeit einer Partei eingebunden ist."[122]

In dieser Äußerung wird eine emphatische Beschwörung des aktiv heroischen Kampfsubjekts sichtbar, wie man es nicht nur bei Jünger, sondern auch bei Martin Heidegger findet. Dabei geht es Heidegger auch darum, eine objektivierende Betrachtung der Geschichte zurückzuweisen und klarzumachen, dass die je richtig ergriffene Vergangenheit dem „Dasein" vorausgeht, das heißt das Schicksal jeder Generation bestimmt – sofern dieses Schicksal kämpferisch ergriffen wird, so Micha Brumlik. In Heideggers *Sein und Zeit* liest es sich so:

> „Wenn aber das schicksalhafte Dasein als In-der-Welt-sein wesenhaft im Mitsein mit anderen existiert, ist sein Geschehen ein Mitgeschehen und bestimmt als *Geschick*. Damit bezeichnen wir das Geschehen der Gemeinschaft, des Volkes. Das Geschick setzt sich nicht aus einzelnen Schicksalen zusammen, sowenig als das Miteinandersein als ein Zusammenkommen mehrerer Subjekte begriffen werden kann. Im Miteinandersein in derselben Welt und in der Entschlossenheit für bestimmte Möglichkeiten sind die Schicksale im vorhinein schon geleitet. In der Mitteilung und im Kampf wird die Macht des Geschickes erst frei. Das schicksalhafte Geschick des Daseins in und mit seiner ‚Generation' macht das volle, eigentliche Geschehen des Daseins aus."[123]

Martin Sellners Kampf für ein neues völkisches Europa gründet heute im „teutonischen Furor" und kommt in den Aktivitäten der „Identitären" – rechtsintellektuell geschönt und drapiert – zum Ausdruck. Mit Heidegger stellt er sich gegen die „angloamerikanisch dominierte Lebensart", gegen Globalisierung, „Kulturindustrie" und „Mediokratie". Walter Spatz kritisiert diese Entwicklungen, weil sie dazu führten, „die Vielfalt der Völker zu negieren und ihre Selbstbehauptung und Selbstbesinnung zu verhindern". Auf dieser Grundlage fordern sie als „Identitäre" neben einer ethnischen Schließung

122 Martin Sellner/Walter Spatz: Gelassen in den Widerstand. Ein Gespräch über Heidegger, Steigra 2015, S. 90.

123 Martin Heidegger: Sein und Zeit, Tübingen 1967, S. 384 f.

des Nationalstaats die Verhinderung von Immigration, den Ausschluss des Islam und den Kampf gegen eine liberale und daher multikulturelle Gesellschaft – wozu in erster Linie eine Ablehnung des Grundgedankens der Menschenrechte gehört. Dazu Walter Spatz:

> „Der Sammelbegriff ‚Mensch' ist in seiner identitären Bedeutsamkeit nur für die jeweiligen Völker angebracht. Einen weltweiten An- und Zuspruch gibt es nicht. Dieser ist letztlich Ausdruck der Machenschaft einer abstrahierten Idealität, die uns vom Eigenen trennt."[124]

Ernstfall-Ideologie der Identitären: Gewalt und Bürgerkrieg

In seinem Beitrag „Kreuzritter für das Abendland"[125] hat der Publizist Volkmar Wölk das ideologische Profil und die Aktivitäten der „Identitären" nachgezeichnet. Demnach zählt zu den Stichwortgebern der „Identitären" der französische neurechte Publizist Guillaume Faye. Faye interpretiert die derzeitigen politischen Verhältnisse in Europa als eine „Konvergenz der Katastrophen": Die Kolonisierung Europas durch den „globalen Staatsstreich" des Islam und des „neuen amerikanischen Imperialismus" seien Resultat eines (westlichen) Liberalismus, eines „Genozids" durch die Herrschenden an den Völkern Europas – zerstörerischer als die beiden Weltkriege und der Kommunismus zusammen. Die tödlichen Schläge des Islam und des Imperialismus träfen ein dekadentes Europa, in dem die Kirche, der christliche Glaube und traditionelle Familienstrukturen ohnehin geschwächt seien. Gegen dieses Chaos müssten, so Faye, die Kräfte der Ordnung gebündelt werden. Man müsse in die Fußstapfen Karl Martells treten, um – wie dieser im Jahre 732 – die aus dem Süden anstürmenden Horden der Barbaren abzuwehren und das „Abendland zu retten".

Ebenso anschlussfähig für die „Identitären" ist Éric Werners Vorstellung vom Vorbürgerkrieg bzw. vom Bürgerkrieg, in dem er sich wähnt. Der Genfer Hochschullehrer für politische Philosophie veröffentlichte 1998 das Buch

124 Martin Sellner/Walter Spatz: Gelassen in den Widerstand. Ein Gespräch über Heidegger, Steigra 2015, S. 33.

125 Volkmar Wölk: Kreuzritter für das Abendland. Oder: Lutz Bachmann als Katechon der Apokalypse?, in: Fritz Burschel (Hg.): Durchmarsch von rechts, Berlin 2016, S. 55–67. Vgl. auch Hajo Funke: Paranoia und Politik. Rechtsextremismus in der Berliner Republik, Berlin 2002, S. 248–268.

L'Avant-guerre civile, (*Der Vorbürgerkrieg*). Das Buch erschien im Schweizer Verlag Xenia des Exilserben Slobodan Despot, der als wichtiges Verlagshaus der französischsprachigen Neuen Rechten gilt. Im Vorwort zur zweiten Auflage 2015 radikalisierte der Autor seine Ansichten und unterstellte der europäischen Politik, vom Bürgerkrieg zu profitieren, den sie führe. Volkmar Wölk zitiert:

> „Das Nachdenken über den Vorbürgerkrieg ist untrennbar verbunden mit der Bewusstwerdung über den aktiven Anteil der Herrschenden, in dem Maße, in dem sie sich nicht damit begnügen, den internationalen Bürgerkrieg zu erleiden, sondern sich seiner bedienen, um besser ihre Interessen durchzusetzen."[126]

Diese Äußerung toppt der Verleger Slobodan Despot in seinem Nachwort, wenn er schreibt:

> „Wenn wir 2015 immer noch über eine Vorkriegszeit sprechen, dann nur aus der Weigerung heraus, die Zeichen der Zeit richtig zu interpretieren. Das Bündnis der Machthabenden im Westen mit dem islamischen Terrorismus als direkter Verbündeter bei ihren internationalen Operationen und als Verbündeter im Sinne der Kehrseite der Medaille zur Einschüchterung der eigenen Bevölkerung ist nichts anderes – für jene, die bereit sind, die Augen zu öffnen – als eine Kriegserklärung."[127]

Aus solchen Vorstellungen leiten die „Identitären" die Notwendigkeit des ultimativen Widerstands ab, und zwar als Bürgerkrieg zur Rückeroberung der Souveränität. Nichts anderes ist gemeint, wenn die Radikalen in den rechten Bewegungen vom „Widerstand" sprechen und damit ihre symbolischen Aktionen begründen.

Folgt man all den Vorstellungen dieser Untergangspropheten, ist es nicht verwunderlich, dass die „Identitären" zur Überzeugung gelangen, es brauche den Katechon, den Aufhalter, und diejenigen, die Widerstand im Sinne der Ideen der antidemokratischen, nationalrevolutionären „Konservativen Revo-

126 Zit. n. ebd., S. 57.
127 Ebd.

lution“ leisten, um den „Untergang des Abendlandes“ („die Katastrophe“) erfolgreich abzuwehren. Denn sonst drohe – ganz im Sinne solch apokalyptischen Denkens – die absolute Zerstörung, das Armageddon – und der Antichrist wird die Herrschaft auf Erden antreten.

Die AfD und die extreme neue Rechte

Die Aktionen der „Identitären“ finden nicht nur bei vielen Neonazis, sondern auch bei der AfD Anklang. Die kleinen Gruppen der „Identitären“ drücken offenbar die Ideen einiger in der AfD in der gebotenen Radikalität aus, die diese selbst nur andeuten. Dabei lässt die Zerstrittenheit der AfD-Spitze breiten Raum für weitere Radikalisierungen. Forciert wird diese Entwicklung vor allem durch den einflussreichen völkisch-rechtsradikalen Flügel in der AfD. Immer klarer zeichnet sich ab, dass das von Björn Höcke, André Poggenburg oder Hans-Thomas Tillschneider so geschätzte Netzwerk der „Identitären“ um Martin Sellner, die Kampagne „Ein Prozent für unser Land“ um Götz Kubitschek oder die publizistische Arbeit von Jürgen Elsässer der ideologische und in Aktionen präsente Stoßtrupp für die Radikalisierung der AfD sein sollen.

Die AfD und das bunte Treiben rechter Kämpfer in Sachsen-Anhalt

Eine Zusammenarbeit zwischen der extremen neuen Rechten und der AfD ist für Sachsen-Anhalt inzwischen belegt: Bei der Landtagswahl war Martin Sellner maßgeblich für die von „Ein Prozent für unser Land“ in Zusammenarbeit mit der AfD organisierte „Wahlbeobachtung“ verantwortlich. Er hielt sich zu dieser Zeit auf dem Rittergut von Götz Kubitschek in Schnellroda auf. Die Landtagsabgeordneten aus Sachsen-Anhalt Hans-Thomas Tillschneider und Jan Wenzel Schmidt vom rechten „Flügel“ der AfD beteiligten sich in der Vergangenheit an Kundgebungen der „Identitären“, so beispielsweise in Halle an der Saale an Veranstaltungen der von Rechtsextremen dominierten Gruppe „KontraKultur Halle“.[128] Seit den Erfolgen der AfD in Magdeburg sehen sich die „Identitären“ hier als eine Art „Guerilla-Marketing“. Tillschneider und

128 Vgl. Halle gegen Rechts: „AfD-Landtagsabgeordnete Tillschneider und Schmidt unterstützen rechtsextreme ‚Identitäre Bewegung'“, in: *www.halle-gegen-rechts.de*, 16.4.2016.

Dubravko Mandic von der „Patriotischen Plattform" vertreten die Forderung nach einer „engeren Zusammenarbeit zwischen Identitärer Bewegung und AfD".[129] Der baden-württembergische AfD-Landtagsabgeordnete Stefan Räpple aus Offenburg sieht die „Identitären" schon als Jugendorganisation der AfD.[130])

Nach der Landtagswahl stellte der sachsen-anhaltinische AfD-Landtagsabgeordnete Jan Wenzel Schmidt den früheren Bundestagskandidaten der NPD Stefan Träger als Mitarbeiter in seinem Wahlkreisbüro an.[131] Träger war Sprecher der Hochschulgruppe der „Jungen Nationaldemokraten" an der Universität Magdeburg und ist in der „Identitären Bewegung" aktiv. Diese Zusammenarbeit ist ebenso ein deutlicher Beleg für die Nähe von AfD-Abgeordneten und Rechtsextremen. Weitere Aktivitäten von Jan Wenzel Schmidt und Kontakte anderer AfD-Mitglieder zu Rechtsextremen hat „AfD watch" auf www.linksunten.indymedia.org am 23. April 2016 veröffentlicht.[132] Danach finden sich weitere Belege für den Aufschwung von „Identitären", zuvor vielfach bei Neonazis aktiv, in und am Rand der AfD:

> „Michele Kurth, der bei der Kundgebung als Ordner auftrat, ist ein engagierter Neonazi-Aktivist, früher in der JN, heute bei der „Identitären Bewegung Harz". Im Oktober 2012 war er Teilnehmer am JN-‚Bundeskongress' in Kirchheim, später fiel er durch Verteilen der sogenannten ‚Schulhof-CD' auf und ist regelmäßiger Teilnehmer der Neonaziaufmärsche im Januar in Magdeburg. Unter seinen Facebook-Freunden finden sich die AfD-Abgeordneten Jan Wenzel Schmidt, Hans-Thomas Tillschneider, Mario Lehmann und Sarah Sauermann, aber auch die erste Garde von Sachsen-Anhalts NPD sowie der Neonazi Silvio Weiser aus Thale, bei dem die Polizei in den Jahren 2006 und 2012 jeweils größere Mengen TNT-Sprengstoff sicherstellte."

129 *www.patriotische-plattform.de*, zuletzt eingesehen am 13.8.2016.

130 Vgl. „Rechtsextremisten in der AfD-Jugend. Unterwandert von den Rechten", in: *www.taz.de*, zuletzt eingesehen am 13.8.2016.

131 Vgl. „AfD-Abgeordneter stellt NPD-Mann als Mitarbeiter ein", in: *www.tagesspiegel.de*, 22.4.2016.

132 Vgl. AfD watch: „Das Nazi-Netzwerk der AfD Sachsen-Anhalt – Ein Überblick", in: *www.linksunten.indymedia.org*, 23.4.2016.

Die AfD und die „Identitären" in Berlin

Von den zirka 20 aktiven „Identitären" in Berlin sind einige in der AfD-Jugendorganisation „Junge Alternative" (JA) aktiv. Prominentes Beispiel ist Jannik Brämer, der als führender Aktivist der Berliner „Identitären" gilt. Gleichzeitig ist er Schatzmeister des Berliner Landesvorstands der „Jungen Alternative" und Kandidat der AfD zur Bezirksordnetenversammlung in Charlottenburg-Wilmersdorf. Brämer war bis zum 30. Mai 2015 als Domaininhaber der Internetseite der „Identitären Bewegung Deutschland" registriert. Nach Recherchen der Mobilen Beratung gegen Rechtsextremismus Berlin war Brämer am 17. Juni 2016 am Aufmarsch der „Identitären" als Ordner beteiligt. Der stellvertretende Landesvorsitzende der AfD Joel Bußmann und der Beisitzer The-Hao Ha befanden sich unter den Teilnehmenden. Im selben Aufzug liefen auch Personen mit einer politischen Vergangenheit in der NPD-Jugendorganisation „Junge Nationaldemokraten" und militanten Neonazi-Gruppierungen mit.

Die personellen und inhaltlichen Überschneidungen von „Identitären" und der „Jungen Alternative" stellen für die AfD offenbar kein Problem dar. Bislang haben sich Mitglieder des AfD-Landesvorstands nicht zu den Verbindungen ihrer Jugendorganisation in die rechtsextreme Szene geäußert. Bei der Wahl zum Berliner Abgeordnetenhaus am 18. September 2016 spielt der Listenkandidat der AfD und Aktivist bei den „Identitären" Jörg Sobolewski eine besondere Rolle. Bei einem prognostizierten Wahlerfolg der AfD von 15 Prozent kann er damit rechnen, als erster Vertreter der „Identitären" ins Berliner Abgeordnetenhaus einzuziehen.

V. Grenzen der Arbeit gegen rechts

Brandenburg
Gewalteskalation trotz zivilgesellschaftlicher Initiativen

In Brandenburg spielten sich in den frühen 1990er-Jahren gefährliche, neonazistisch inspirierte Gewaltszenen ab, die im Vergleich der ostdeutschen Bundesländer zeitweise zu den höchsten Gewalt- und Todeszahlen geführt haben. Schon in den späten 1980er-Jahren konnten sich sogenannte Faschos in verschiedenen Regionen der Bezirke Potsam und Frankfurt (Oder), darunter in Königs Wusterhausen, Potsdam, Frankfurt (Oder) und im Altkreis Oranienburg etablieren. Sie wurden nach der politischen Wende durch neonazistische Gewaltkader aus dem Westen unterstützt und konnten sich so sehr schnell ausdehnen.[133] Die brandenburgische Landesregierung verharmloste diese Gefahren für die Demokratie weitgehend – bis auf den damaligen Justizminister Hans Otto Bräutigam, der bereits 1993 auf die Gefahr aufmerksam machte. Erst 1997 fiel nach langem Zögern und auch aus Imagegründen die Entscheidung zur Verabschiedung des Handlungskonzepts „Tolerantes Brandenburg", mit dem die Landesregierung gegen Gewalt, Rechtsextremismus und Fremdenfeindlichkeit vorzugehen versuchte.

Trotz der Initiative blieben die Angriffszahlen von rechts bis Mitte des letzten Jahrzehnts sehr hoch und erreichten 2007 sogar einen neuen Spitzenwert. Unter den Angriffen gab es im letzten Jahrzehnt weiterhin Hetzjagden gegen Zugezogene, so in Frankfurt (Oder) oder in Oranienburg.[134] Erst nach neonazistischen Provokationen auf dem Soldatenfriedhof Halbe entschloss sich der damals zuständige Innenminister Jörg Schönbohm 2005, härter gegen die rechte Gewalt vorzugehen, worauf die Zahl der Gewalt- und Straftaten Ende

133 Vgl. Markus Kemper/Harald Klier/Hajo Funke: „Ich will mich nicht daran gewöhnen." Fremdenfeindlichkeit in Oranienburg, Berlin 1998; Hajo Funke: Paranoia und Politik. Rechtsextremismus in der Berliner Republik, Berlin 2002.

134 Vgl. Ralph Gabriel/Ingo Grastorf/Tanja Lakeit/Lisa Wandt/David Weyand: Futur Exakt. Jugendkultur in Oranienburg zwischen rechtsextremer Gewalt und demokratischem Engagement, Berlin 2004.

des letzten Jahrzehnts tatsächlich zurückging. Seit 2011 aber ist die Öffentlichkeit, wie es die Zahlen der Opferperspektive e.V. in Brandenburg belegen, wieder mit einem Anwachsen rechter Gewalt und einer explodierenden Gewaltwelle im Jahr 2015 konfrontiert.

Die AfD im Brandenburger Landtag

Der in unterschiedlichen Forschungen für Brandenburg konstatierte Resonanzboden an fremdenfeindlichen und rechtsextremen Einstellungen ist offenkundig seit Mitte 2014 in dramatischer Weise ins Schwingen gebracht worden. Maßgebliche Rolle spielte dabei die vielerorts wahrgenommene Entfesselung von Ressentiments gegenüber Flüchtlingen durch die Pegida-Bewegung und die AfD, die sich in Brandenburg als Partei der Pegida-Bewegung darstellt. Die AfD sieht ihre zentrale Aufgabe darin, latent vorhandenes Misstrauen und Abwehr gegen Flüchtlinge weiter zu befördern und damit die Hemmschwellen für die Mobilisierung von Ressentiments weiter zu senken.

Dafür stehen insbesondere der Fraktionsvorsitzende im Brandenburger Landtag Alexander Gauland und sein von ihm durchgesetzter rechtsextremer „Kronprinz“ Andreas Kalbitz. Die AfD wird somit in Brandenburg von einer Fraktionsspitze geprägt, die sich eindeutig rechtsradikal äußert. Gauland machte nachdrücklich gegen Flüchtlinge mobil und wiederholt gebetsmühlenartig, dass er keine Flüchtlinge im Land haben wolle. Er warnte mehrfach vor dem angeblichen Untergang Deutschlands, als er vom Untergang Roms durch den Ansturm der Barbaren sprach. 2015 lehnte er die Betreuung arabischer Flüchtlinge ab, später wollte er überhaupt keine Flüchtlinge mehr in Deutschland aufnehmen. Damit widerspricht er den Grundwerten der Verfassung, der Achtung der Menschenwürde und den damit verbundenen Menschenrechten.

Die AfD hatte bereits bei den Landtagswahlen 2014 mit 13,2 Prozent der Stimmen einen großen Erfolg erreicht und fand im Frühjahr 2016 einer Umfrage des Brandenburg-Barometers zufolge eine Zustimmung von bis zu 19 Prozent.[135] Sie wäre damit nach der SPD zweitstärkste Kraft im Lande. Nach dieser Umfrage wollen von den AfD-Anhängern 52 Prozent einen totalen

135 Vgl. Torsten Gellner: „Wahlumfrage: Gauland-AfD überholt die Linken“, in: *www.maz-online.de*, 19.3.2016.

Stopp der Aufnahme von Flüchtlingen, 38 Prozent die Schließung der Grenzen und Einführung von Obergrenzen und nur 7 Prozent eine europäische Lösung.

Eine breite parteiorganisatorische Verankerung der AfD in Brandenburg ist indes bisher nicht erkennbar, und es wird abzuwarten sein, wie sich das ändert oder weiterentwickelt. Auch die Arbeit der AfD-Fraktion wird von den Brandenburgern eher kritisch wahrgenommen. So glauben nur 9 Prozent, dass die AfD tatsächlich etwas zur Lösung der Probleme im Land beitragen kann, während die große Mehrheit (70 Prozent) die Ansicht vertritt, dass sich die AfD im Wesentlichen darauf beschränkt, Parolen zu verbreiten, durch die an den Verhältnissen in Deutschland nichts geändert wird. Nur vier Prozent sind nach mehr als anderthalbjähriger Arbeit der AfD im Brandenburger Landtag der Auffassung, dass sie politisch etwas zum Besseren bewirkt habe, und selbst bei den AfD-Anhängern sind es nur 14 Prozent. Knapp zwei Drittel der Befragten verorten die AfD am äußersten rechten Rand des Parteienspektrums – eine normale demokratische Partei ist sie nach dieser Umfrage aber trotzdem für jeden vierten Brandenburger.

Organisation von flüchtlingsfeindlichen Aktionen

Viele flüchtlingsfeindliche Kundgebungen und sogenannte „Abendspaziergänge“, die seit Anfang 2015 stattfanden, wurden in Brandenburg von Rechtsradikalen oder Rechtsextremen organisiert. Oft gaben sie sich als besorgte Bürger oder Bürgerinitiativen aus und täuschten so bewusst Öffentlichkeit und Teilnehmende. Bei einzelnen Kundgebungen traten sie auch ohne Tarnung auf, wie beispielsweise am 7. Juni 2015 in Neuruppin, als Brandenburger Neonazis den „Tag der deutschen Zukunft“ veranstalteten. Insgesamt organisierte die NPD als weiterhin wichtigster Akteur im neonazistischen Spektrum Brandenburgs nach Angaben des Aktionsbündnisses Brandenburg 63 Aktionen.[136]

Die Versuche, sich einen bürgerlichen Anstrich zu geben und zugleich gegen Flüchtlinge und ihre Unterstützer zu hetzen, zeigen sich exemplarisch in den sogenannten Abendspaziergängen in Oranienburg. Durch Beobach-

136 Vgl. Frank Metzger/Kilian Behrens: „Die Bedrohung wächst. Rassistische Mobilisierungen in Berlin und Brandenburg“, in: *Monitor. Rundbrief des apabiz*, 73, 4/2016.

tungen des Mobilen Beratungsteams und des örtlichen Forums gegen Rassismus und rechte Gewalt ist inzwischen klar, dass diese Spaziergänge vielfach nicht Ausdruck unabhängiger Initiativen sind, die den besorgten Bürgern Raum zur Kritik geben wollen, sondern planvolle Eskalationsversuche von Vertretern der NPD, die damit systematisch die Öffentlichkeit täuschen wollen – wie während des von uns beobachteten Abendspaziergangs am 16. März 2016. Die zirka 180 Spaziergänger folgten einer geplanten Inszenierung vor allem der „Jungen Nationaldemokraten" (JN). Als sich „Identitäre" aus Berlin mit einer Flagge unter die Demonstranten mischten, wurden sie von den Organisatoren der Kundgebung aufgefordert, die Flagge einzurollen – offensichtlich ist es ihnen weiterhin wichtig, den Schein eines bürgerlich neutralen Spaziergangs zu wahren. Während Teilnehmer, deren politische Zuordnung nicht offensichtlich wurde, mitteilten, dass sie durch die Flüchtlingspolitik der Regierung den Sozialstaat in Gefahr sehen, argumentierte der Vertreter der „Identitären" völkisch: Als Folge der Flüchtlingspolitik Angela Merkels werde es zum „großen Austausch" der Bevölkerung kommen, ganz Deutschland sei somit bedroht.

Die langjährige Gegenwehr in Brandenburg

Nach 13-jährigem Bestehen des Handlungskonzepts „Tolerantes Brandenburg" legte der Politikwissenschaftler Hans-Gerd Jaschke im Jahr 2011 eine Evaluation vor, worin er in zum Teil drastischer Weise auf die Grenzen des gegen rechts gerichteten Programms aufmerksam machte. In seiner Untersuchung stellte er eine tiefgreifende Unzufriedenheit der Brandenburger Bevölkerung mit der Demokratie fest, die von vielen Faktoren abhängig sei: von geringem politischem Interesse, niedrigem sozioökonomischem Status, der Selbsteinschätzung als Verlierer der Wiedervereinigung oder einer eher positiven Einschätzung der DDR-Vergangenheit. Viele Bürger sehen sich noch immer mit dem Umstand konfrontiert, dass die Westdeutschen nach der Wiedervereinigung Schlüsselpositionen besetzt haben und so bis heute das Geschehen im Land dominieren. Sie selbst fühlen sich als Bürger zweiter Klasse.

Hans-Gerd Jaschke bestätigte 2011 mit seinen Ergebnissen den in den Jahren zuvor erhobenen Befund von Sozial- und Politikwissenschaftlern, wonach die Unzufriedenheit mit der Demokratie in Brandenburg besonders stark ausgeprägt sei (Oskar Niedermayer ermittelte 2002 dazu einen hohen Wert von 26 Prozent). Auch der breite Bodensatz an ausländerfeindlichen und rechtsextremen Einstellungen hatte sich durch das letzte Jahrzehnt hindurch gehalten und betraf 2008 in Brandenburg etwa ein Drittel der Bevölkerung. Einen Vergleich zwischen Berlin und Brandenburg haben Oskar Niedermayer und Richard Stöss 2008 erhoben, dessen Ergebnisse hier in Erinnerung gerufen werden sollen:

> „Der Aussage ‚Wenn Arbeitsplätze knapp werden, sollte man die Ausländer wieder zurück in ihre Heimat schicken' (Dimension Ausländerfeindlichkeit), stimmen 30 Prozent der Brandenburger und nur 16 Prozent der Berliner zu. Die höchste Zustimmung erhält die Dimension Chauvinismus. 33 Prozent der Brandenburger und 24 Prozent der Berliner halten die Aussage ‚Andere Völker mögen Wichtiges vollbracht haben, an deutsche Leistungen reicht das aber nicht heran' für richtig. Die Dimension des Sozialdarwinismus wurde mit der Aussage ‚Es gibt wertvolles und unwertes Leben' abgefragt. Hier stimmten 25 Prozent der Brandenburger und 19 Prozent der Berliner zu. Die geringste Zustimmung erfährt die Dimension des Antisemitismus. Hier sind immerhin 14 Prozent der Brandenburger und 10 Prozent der Berliner der Meinung, dass ‚der Einfluss der Juden auch heute noch zu groß sei'. Gefragt wurde auch nach der Verharmlosung des Nationalsozialismus (‚Der Nationalsozialismus hatte auch seine guten Seiten') und nach dem Befürworten der Diktatur (‚Wir sollten einen Führer haben, der Deutschland zum Wohle aller mit starker Hand regiert'). Dem ersteren stimmten 18 Prozent der Brandenburger und 15 Prozent der Berliner zu, dem zweiten 17 Prozent der Brandenburger und 12 Prozent der Berliner. Im Vergleich zur gesamten Bundesrepublik (10 Prozent) ist Rechtsextremismus in Brandenburg mit 11 Prozent ähnlich hoch verbreitet. Allerdings sind die berlin-fernen Regionen (12 Prozent) stärker betroffen als der sogenannte Speckgürtel (9 Prozent). Über das geringste Rechtsextremismus-Potenzial verfügt Berlin-West mit 6 Prozent, Berlin-Ost erreicht 8 Prozent. Das Rechtsextremismuspotenzial zwischen weiblichen und männlichen Bürgern unterscheidet sich nicht. Lediglich der Bildungsabschluss hat maßgeblich Einfluss auf das Rechtsextremismus-Potential: Je höher das Bildungsniveau, desto geringer ist das Potential, sich rechtsextremistischem Gedankengut anzuschließen. Auch das Alter erweist sich als interessanter Einflussfaktor. Am stärksten betroffen sind die 14- bis 17-Jährigen (11 Prozent) und die ab 75-Jährigen (21 Prozent). Die Zustimmung der Befragten zu den vorgestellten Aussagen ergibt in der

> sogenannten Rechtsextremismus-Skala einen Wertebereich von 6 bis 24 Punkten. Je höher die Zustimmung, desto höher die Punktzahl. Befragte, die einen Wert von 15 und mehr erreichen, gelten als Rechtsextremisten."[137]

Die anlässlich der Verteilung von etwa 30 000 Flüchtlingen in Brandenburg entstandene und von Rechtsextremen genutzte Bewegung gegen Flüchtlinge verweist ebenso wie die auch für ostdeutsche Verhältnisse hohe Gewaltzahl auf die Grenzen der Arbeit gegen rechts. Trotz der im Vergleich zu anderen ostdeutschen Ländern erheblichen Auseinandersetzung mit dem Rechtsextremismus in der Bevölkerung, etwa mit dem Handlungskonzept „Tolerantes Brandenburg", den Mobilen Beratungsteams (MBTs), aber auch in lokalen Initiativen wie dem Forum gegen Rassismus und rechte Gewalt in Oranienburg werden ganz offenkundig potenziell gewaltbereite Szenen nicht oder nicht mehr erreicht und schon gar nicht zureichend eingedämmt.

137 Oskar Niedermayer/Richard Stöss: „Rechtsextreme Einstellungen in Berlin und Brandenburg", in: *www.boell-brandenburg.de*, zuletzt eingesehen am 13.8.2016.

VI. Fazit

Die Gefährdung des sozialen Friedens und der Demokratie durch Pegida und die AfD

Der Erfolg der Alternative für Deutschland bei Landtagswahlen und Wahlumfragen gründet in den Alltagssorgen und Zukunftsängsten von Bürgern und der weit verbreiteten Politik- und Parteienverdrossenheit, die sich immer mehr in Verärgerung und Wut aufstaut. Dabei verknüpfen weite Teile der AfD-Spitzen diese Ängste, Sorgen und Wut mit Aggressionen, die dadurch dringlich und handlungsleitend werden. Sie projizieren sie schließlich mit vorgeblich einfachen Lösungen auf die angeblichen Verursacher der Probleme: auf Zuwanderer oder Muslime, die politischen Eliten oder das Projekt Europa als Ganzes. Flüchtlings- und Islamfeindlichkeit wurden so zum Kern der AfD-Programmatik.

Dass ein Siebtel der deutschen Bevölkerung – um 20 Prozent im Osten und um 10 Prozent im Westen – die rechtsradikal orientierte AfD wählen würde, macht deutlich, dass ein nicht unerheblicher Teil der Wählerschaft den demokratischen Parteien entglitten ist. Zu lange und zu sehr sind die Ursachen einer verbreiteten Kritik an der Politik nicht angemessen verstanden und angegangen worden. Dies gilt sicherlich für diffuse Ängste vor Einwanderern, vor Verlust der nationalen Identität oder der Europaskepsis. Es gilt aber auch für Fragen der sozialen Gerechtigkeit, vermuteten Abstiegsängsten der Mittelschicht, den als demütigend empfundenen Bedingungen von Hartz IV oder der Angst vor (Alters-)Armut.

Die Moderaten und die Radikalen

Der überraschende Erfolg der AfD speist sich vor allem aus ihrer rechtspopulistischen Taktik. Das Phänomen besteht darin, dass sich die Spitze der Partei in der Öffentlichkeit moderat zu geben versucht, in der Ausrichtung aber radikal entwickelt. Sie verhält sich wie ein Chamäleon: einerseits besorgt, andererseits immer bereit, Ressentiments zu bedienen und zu entfesseln.

Die Mischung von moderat und radikal spiegelt sich im Parteiprogramm der AfD wider. Es liest sich in vielen Teilen wie das Programm einer national-konservativen Partei. Sie spricht sich in der Außenpolitik für eine Militarisierung aus, hat aber die Forderung vieler nach einem Austritt aus der NATO abgewehrt. Sie besteht in der Frage der Familienpolitik auf einer ethno-deutschen Geburtenpolitik, hat mit knapper Mehrheit eine rigide Haltung zur Ablehnung der Abtreibung aber vermieden. Vor dem Hintergrund von moderat und radikal wird verständlich, dass es in der AfD die einen und die anderen gibt, in den Landesverbänden ebenso wie in den Landtagsfraktionen.

Der Rechtsruck der AfD zeigte sich 2016 auf dem Stuttgarter Parteitag, auf dem sich die Partei als islamfeindlich erklärte und ankündigte, sich für die Einschränkung der Religionsfreiheit für in Deutschland lebende Muslime einzuschränken – ein eindeutiger Verstoß gegen das Grundgesetz. Wer sich einzelne Reden vom Stuttgarter Parteitag aufmerksam anhört, kann nicht umhin, von einem neonazistisch inspirierten völkischen Nationalismus zu sprechen. Es wäre eine Fehleinschätzung, die Programmbeschlüsse dahingehend zu interpretieren, die AfD sei eine normale Partei rechts der CDU. Dies wäre nur möglich, wenn es den rechtsradikalen „Flügel" und dessen fundamental oppositionelle und vielfach völkische Ausrichtung nicht gäbe.

Radikalisierung der AfD

In der AfD dominiert derzeit eine Gruppe von Radikalen, die sich innerhalb der Partei im sogenannten „Flügel" zusammengeschlossen haben. Ihre Vorherrschaft ist evident. Vertreter des „Flügels" haben wesentlich den Sturz von Bernd Lucke betrieben und die Partei gespalten. Sie geben den Ton an und setzen weitere Schritte der Radikalisierung. Sie betreiben eine systematische Kooperation mit der Pegida-Bewegung, unterstützen Demonstrationen gegen Flüchtlinge und gegen die Politik, die eine Willkommenskultur für Flüchtlinge initiieren will. Der „Flügel" dominiert in Brandenburg, Sachsen-Anhalt und Thüringen die Landtagsfraktionen der Partei und baut seine Stellung in Interaktion mit den „Identitären" und den extremen neuen Rechten aus. Sie sind es, die sich in die rechtsradikale Parteienfamilie Europas einordnen und die Zusammenarbeit mit dem Front National in Frankreich, den Schwedendemokraten, der Lega Nord oder mit der Freiheitlichen

Partei in Österreich suchen. Jeder kann derzeit sehen, dass der radikale „Flügel“ in der AfD das Sperr-Rad gegen jede etwaige substanzielle De-Radikalisierung bleiben wird.

In der Nachfolge von Jörg Haider?

Der Aufstieg der FPÖ in Österreich durch Jörg Haider ist für viele in der AfD ein faszinierendes Vorbild, denn Haider hat die klassische rechtspopulistische Taktik perfektioniert. Er umarmte in Österreich den einen Repräsentanten der jüdischen Gemeinde, um gleichzeitig die Mehrheit der Juden oder Israel massiv und auch antisemitisch zu kritisieren. Er warb für eine moderne Industriepolitik und lobte gleichzeitig die nationalsozialistische Beschäftigungspolitik, um den in Österreich damals präsenten neonazistischen Traditionsbeständen Tribut zu zollen.

Der Sturz Bernd Luckes auf dem Essener Parteitag im Sommer 2015 hat jedoch keinen charismatischen Anführer hervorgebracht. Mit Frauke Petry und Jörg Meuthen wurden in der AfD zwei Personen an die Spitze gesetzt, die die alte wie die neue AfD repräsentieren sollten. Das war in Österreich anders, als Jörg Haider sich 1986 in der durch die Wahl Kurt Waldheims zum Bundespräsidenten aufgeheizten Stimmung mit Hilfe des deutschnationalen Flügels an die Spitze der FPÖ geputscht hatte. Er konnte die Energien der Partei bündeln und sich selbst als „Charismatiker“ der Partei etablieren. In der AfD wurde die Macht in der Partei dagegen im Sommer 2015 auf mindestens vier Personen verteilt, neben den beiden Bundessprechern Petry und Meuthen sind dies Alexander Gauland und Björn Höcke, letzterer ohne formale Positionierung im Bundesvorstand. Keiner vor ihnen besitzt die kreative Inszenierungsfähigkeit eines Jörg Haider.

Die Partei ist spätestens seit dem Frühsommer 2016 gespalten und zerstritten. Dies zeigt sich am Umgang mit der Pegida-Bewegung oder dem Antisemitismusstreit um Wolfgang Gedeon in Baden-Württemberg. Während die Parteivorsitzende Frauke Petry gegen eine Zusammenarbeit mit Pegida ist, verbinden sich in Sachsen-Anhalt und Thüringen hochrangige AfD-Repräsentanten weiterhin mit Pegida und ihren lokalen Ablegern oder Aktiven der extremen neuen Rechten. Für eine Bewegungspartei ist dies ein erheblicher taktischer Nachteil. Die Machtkämpfe zwischen Petry auf der einen Seite und den Radikalen um Höcke und Gauland auf der anderen Seite sind noch nicht entschieden. So produzieren sie (derzeit) das Gegenteil des

Gewünschten und stellen keine wirkliche Alternative dar, die sie vorgeblich sein wollen.

Weiteres Schüren von Vorurteilen und Gewalt gegen Muslime und Migranten

Die Ausrichtung großer Teile der Partei auf ihre rabiate Flüchtlingsfeindlichkeit und die Feindschaft gegenüber dem Islam bedroht den Zusammenhalt des freiheitlichen Gemeinwesens. Die AfD kann das Potenzial an Gewalt, das sie freisetzt, nicht verkennen. Wenn man in einer solchen Situation mit einer Feinderklärung die Ressentiments gegen die betreffenden Gruppen in Schwingungen versetzt, ist die Gefahr groß, dass sich die breiter gewordenen Ränder der Bevölkerung, die sich von einer solchen Radikalisierung angesprochen fühlen, anschicken, nun jene, die als „Fremdkörper" bezeichnet werden und offenbar nicht hierher gehören sollen, verbal oder sogar tätlich angreifen. Eine Eskalation der Spannungen gefährdet bei über fünf Millionen Muslimen in Deutschland ein angstarmes freiheitliches Gemeinwesen.

Gewaltgefährliche Mobilisierung des völkisch-nationalen Bewegungsmilieus

Anders als in Österreich beobachten wir in Deutschland einen gefährlichen Sonderweg der Gewalt. Die seit Oktober 2014 entfesselte Rhetorik bei den Pegida-Demonstrationen, bei denen massive Ressentiments gegen Muslime und Flüchtlinge geschürt wurden, führte innerhalb von drei Monaten zu einer Verdoppelung der Gewalt gegen Flüchtlinge und deren Unterkünfte. Schon jetzt hat diese Rhetorik eine seit den 1990er-Jahren nicht mehr erlebte Gewaltwelle ausgelöst, die trotz Rückgangs der Flüchtlingszahlen nicht abebbt.

Diese Mobilisierung von Ressentiments vollzieht auch die AfD. Es ist denkbar, dass sie bei ungünstigen politischen, wirtschaftlichen und sozialen Rahmenbedingungen auch jene Milieus für ihre fremden- und islamfeindliche Politik mobilisieren kann, die man bisher als konservativ eingestellt sah. Dies könnte zu einer Ausdehnung von Vorurteilen, Ressentiments und Gewalt führen, an die potenzielle Rechtsterroristen andocken können.

In Bundesländern wie Sachsen, Sachsen-Anhalt, Thüringen oder Mecklenburg-Vorpommern hat sich die völkisch-rechtsradikale Bewegung inzwischen etabliert. Das gehört aus zwei Gründen zum Spezifischen in Teilen Ostdeutschlands, weniger in Westdeutschland. Erstens ist es den Rechtspopulisten und Rechtsradikalen in den letzten ein bis zwei Jahren gelungen, an den tief verwurzelten sozialen und politischen Frustrationen nicht nur der Wendegeneration, sondern auch nachfolgender Generationen anzusetzen. Hier gelingt es offensichtlich besonders gut, vorhandene Frustrationen und Ressentiments in autoritäre Aggressionen zu verwandeln und gegen den als gefährlich präsentierten Sündenbock zu richten. Damit erreicht die rechtsradikale Bewegung gegenwärtig die Zustimmung von bis zu einem Viertel der Bevölkerung. Hier sehen wir das Potenzial einer Massenbewegung des Ressentiments und des Rassismus.

Zweitens existieren im Osten Deutschlands neonazistische Kadernetze, die in den letzten beiden Jahren in der Lage waren, die an die Öffentlichkeit getretenen Protestbewegungen zu unterwandern und zu radikalisieren. Im unmittelbaren Umfeld von Pegida können wir etablierte braune Gewaltstrukturen erkennen, ohne die diese Zunahme der Gewaltstraftaten nicht zu erklären wäre. Im Schatten dieser Formationen klopft der braune Schatten auch in Form von rechtsextremen Parteien an: die NPD, „Der Dritte Weg“ oder die Partei „Die Rechte“. Wir haben Ansätze eines Rechtsterrors, wie sie in Freital sichtbar geworden sind. Es ist nur ein Zufall, dass es bisher – soweit wir wissen – nicht zu Toten gekommen ist.

AfD, Pegida und Gewaltbereite im „Schulterschluss“, auch mit der NPD

Wo immer Rechtspopulisten und Rechtsradikale auftreten, werden sie von den gewaltbereiten rechten Mischszenen und Neonazis instrumentalisiert, unterlaufen oder gekapert. Im radikalen „Flügel“ der AfD und in der „Jungen Alternative“ sind Rechtsextreme aktiv. Sie kooperieren mit den rechtsintellektuellen „Identitären“ oder der rechtsradikalen Bewegung „Ein Prozent für unser Land“. Im Schatten von Pegida und ihren Tochterorganisationen konnten sich Neonazis reaktivieren bzw. neu bilden. Die Mobilisierung von Ressentiments durch Rechtspopulisten hat so gleichzeitig die neonazistischen Gewaltkerne mit entfesselt.

Nirgends ist das Verhältnis von Ideologie und Gewalt so eng verbunden wie in den neonazistischen Parteikreisen, ihrem Kameradschafts- und Hooligan-Umfeld. Dies gilt im Besonderen für die NPD, die nicht nur Asylflüchtlinge, sondern insgesamt 10 bis 15 Millionen Menschen aus Deutschland abschieben will, die sie für nicht „ethnisch rein“ hält. Sie will die Gewalt – und die Zahl der Opfer steigt. Nach wie vor existieren bundesweit ein wirksames Geflecht und weitreichende Überlappungen der organisierenden Kader in der NPD, der organisierten Musikszene (z. B. jene von „Blood & Honour"), der „Freien Netze" und der „Autonomen Nationalisten". Die Mehrheit des Bundesvorstands der NPD ist auf das Engste mit den „Freien Kameradschaften" und der aggressiven Rechtsrock-Szene verbunden oder repräsentiert diese.

Nach dem NSU: Rechtsterror heute

Angesichts der gegenwärtigen Mobilisierung von gewaltbereiten Neonazis im Schatten der rechtspopulistischen und rechtsradikalen Protestbewegungen ist die fehlende Aufklärung der NSU-Mordserie besonders problematisch. Denn das terroraffine Netzwerk existiert weiter. In ihm gibt es Formationen, die auch gegen Flüchtlinge mobil machen.

Ulli Jentsch, Hilde Sanft und Eike Sanders haben in ihrem Beitrag im apabiz schon im Oktober 2014 gefordert, dass nach drei Jahren der Aufklärungsmisere zum NSU-Komplex die Blickrichtung erneut auf das Problem selbst erfolgen muss.[138] Denn die terroraffinen Netzwerke der Neonazis sind langfristiger, vielfältiger, gefestigter und international vernetzter, als es uns die Behörden weismachen wollen. Es gab und gibt eine im Untergrund agierende gewalttätige Naziszene – einen realen „Neonationalsozialistischen Untergrund" –, die weiter existiert. Statt der Verengung auf das Trio Uwe Böhnhardt, Uwe Mundlos und Beate Zschäpe sollten sich die Öffentlichkeit und die Ermittlungsbehörden der Tatsache stellen, dass der heutige neonationalsozialistische Untergrund über eine gewaltideologische Ausrichtung verfügt, die sein Umfeld zu rassistischen Terrortaten befähigt. Die terroraffinen Gewalttäter sind weiter unter uns.

138 Vgl. Hilde Sanft/Eike Sanders/Uli Jentsch: „Reihenweise Einzeltäter. Die Behörden verhindern die Aufklärung des NSU-Netzwerks", in: *Monitor. Rundbrief des apabiz*, 66, 10/2014.

VII. Konsequenzen

Besonnenheit in Zeiten der Terrorgefahr

In Ansbach und München haben Teile der Bevölkerung auf besondere Weise gezeigt, wie man nach einem Amoklauf oder Terrorakt handeln kann. Es war beeindruckend, wie die Münchener am Tag des Anschlags zahllosen Fremden in ihren Wohnungen Schutz boten, sodass die Angst draußen blieb. Und es war beeindruckend, als Münchener Blumen für die getötete 14-jährige Amela niederlegten, die nur mit ihrer besten Freundin ein Eis essen wollte, bevor sie erschossen wurde. Ebenso berührte es zu sehen, wie die Ansbacher unmittelbar nach der Tat gemeinsam mit Muslimen zusammen standen und damit ein Zeichen gegen Generalisierungen setzten.

Es gab auch die anderen: Als in Ansbach am Montag nach der Terrortat noch Blumen niedergelegt und Gebete gesprochen wurden, drangen Rufe zu den Trauernden: „Ausländer raus." Die Rufenden hielten Plakate hoch: „Asylflüchtlinge stoppen".[139]

Unsere Aufmerksamkeit ist gefragt

Terrortaten oder Amokläufe können nicht immer verhindert werden. Für den US-amerikanischen Terrorexperten Peter Langman steht fest, dass bei Amoktaten wie in München vieles zusammen kommt:

> „Oft spielen Depressionen, Videospiele und Mobbing eine Rolle. Aber sie sind nur Puzzle-Teile einer Erklärung. Manchmal kommt Neid dazu. Nehmen wir jemanden, der schüchtern ist, ängstlich, unsicher. Jemand, der nicht viele Freunde hat, der sieht ja, wie die anderen auftreten. Die anderen Jugendlichen kommen ihm glücklich vor, sie haben Freunde. Sie leben das

139 Vgl. Maik Baumgärtner/Anna Clauß/Martin Knobbe/Ann-Katrin Müller/Ralf Neukirch/Sven Röbel/Jörg Schindler/Wolf Wiedemann-Schmidt: „Angst vor der Angst", in: *Der Spiegel*, 31/2016, S. 16 u. 19.

> Leben, das er selbst sich so sehnlichst wünscht. In diesem Fall tötet der Angreifer jene Jugendlichen, die er am meisten beneidet."[140]

Worum es gehen muss, ist eine höhere soziale Aufmerksamkeit, damit sich die gewalttätig abspulende Kettenreaktion – von der fehlenden Ansprache, der wachsenden Isolierung, dem Mobbing, der aufgegriffenen Radikalisierung bis hin zur Mordtat – erst gar nicht entwickeln kann. Wir brauchen eine Gesellschaft, die nicht länger nur die Stärken der Starken stärkt und dabei die der weniger Starken und Schwachen übersieht. Wir brauchen in einer Gesellschaft, die unter wachsendem Konkurrenzstress steht, eine höhere soziale Sensibilität und Empathie sowie ein soziales Unterstützungssystem für die Schwächeren.

Angemessener Umgang mit Traumatisierten

Was wir in den letzten Jahren aus dem Irak und aus Syrien hören, ist bedrückend. Menschen kommen nach Europa, weil sie Angst um ihr Leben haben. Sie fliehen vor Fassbomben und Terror. Viele kamen zugleich aus bitterer Armut und einem stark traditionell geprägten Land mit ebenso traditionellen Normen sowie Gruppen- und Clan-Strukturen. Sie gingen im großen Treck der Herbstmonate 2015 mit und stießen hier auf Strukturen, die sie weder sprachlich noch inhaltlich verstehen. Sie suchen verzweifelt Halt und entgleisen, wenn sie ihn nicht finden.

Die in der Flüchtlingshilfe Aktiven erfahren davon täglich. Jeder weiß, dass die Flüchtlinge in großer Zahl traumatisiert sind und sich im Hinblick auf ihr weiteres Leben in absoluter Verunsicherung wiederfinden: ob sie zusammenbleiben oder getrennt werden, zurück müssen, umverteilt werden, medizinische oder psychologische Hilfe bekommen oder nicht. Es handelt sich in vielen Fällen um eine kumulative Traumatisierung ohne zureichende Perspektive.

Weder Gesellschaft noch Zuständige sind auch nur annähernd darauf eingerichtet. Der faire Umgang mit mehrfach Traumatisierten ist schwierig, trotz aller professionellen Bemühungen. Es braucht daher bessere psychologische Betreuung für Traumatisierte, für Soldaten wie für Flüchtlinge aus Kriegs- und Terrorgebieten.

140 Jana Gioia Baurmann/Bastian Berbner/Kerstin Bund/Lisa Caspari/Cathrin Gilbert/ Otto Lapp/Caterina Lobenstein/Yassin Musharbash: „Gewalt: Warum es nicht aufhört", in: *www.zeit.de*, 4.8.2016.

Wie notwendig das ist, zeigen die Erfahrungen des Behandlungszentrums für Folteropfer in Berlin. Die Ärztin und Psychotherapeutin Mechthild Wenk-Ansohn schätzte im Gespräch mit dem *Spiegel*, dass mindestens ein Viertel der nach Deutschland geflohenen Menschen psychologische Betreuung benötigt.[141] In Berlin wären das mindestens 15 000 Personen. Das Behandlungszentrum kann dabei weniger als ein Prozent systematisch betreuen. Das Berliner Behandlungszentrum ist ein Seismograph dafür, wie politische Entscheidungen sich auf das Gemüt der Flüchtlinge auswirken:

> „Als die Regierung beschloss, den Familiennachzug einzuschränken oder die Maghrebstaaten zu sicheren Herkunftsländern erklären zu wollen, merkte sie dies sofort an ihren Patienten: ‚Jede politische Entscheidung, jeder Brief einer Behörde kann eine Person, die sich in einem labilen Zustand befindet, in eine Krise stürzen, die sich dann sehr häufig in Selbstmordabsichten auswirkt', so Wenk-Ansohn. Das gilt insbesondere für jugendliche Flüchtlinge, die ohne Eltern, ohne Kontakte und oft auch ohne Perspektive in Deutschland gestrandet sind. Die Krankenhäuser im Umfeld von Asylbewerberunterkünften sind immer wieder mit Teenagern konfrontiert, die versucht haben, sich umzubringen. Die meisten Kliniken sind personell darauf nicht eingestellt."[142]

Im Saarland versucht man indes, minderjährigen Flüchtlingen eine psychologische Begleitung zukommen zu lassen, ohne dass sie es merken müssen:

> „Sie wird einfach in den Alltag integriert und findet hauptsächlich in Gruppen statt. Mit großem Erfolg: Während vor anderthalb Jahren fast jede Nacht ein unbegleiteter Flüchtling einen Suizid versuchte, sind es mittlerweile nur noch zwei pro Monat, sagt Eva Möhler, die Chefärztin der Kinder und Jugendpsychiatrie der SHG Kliniken Sonnenberg in Saarbrücken. […] Die Flüchtlinge kämen nicht als aggressive, verschlossene Gewalttäter in Deutschland an, sondern hoffnungsvoll. Das dürfe man nicht zerstören."[143]

141 Vgl. Maik Baumgärtner u. a.: „Angst vor der Angst", in: *Der Spiegel*, 31/2016, S. 18.
142 Ebd., S. 18.
143 Ebd.

Begegnungen mit Flüchtlingen

In persönlichen Begegnungen und Gesprächen erfahren die Helfer alltäglich von den Traumatisierungen und sind gleichzeitig mit den Schwierigkeiten der Betreuung konfrontiert. Die oftmals traumatischen Erfahrungen der Flüchtlinge können ohne menschenwürdigen Umgang, zugewandte Kommunikation und verlässliche Routine nicht aufgefangen werden. Diese sind nicht immer einfach herzustellen. Hier einige kurze Ausschnitte aus Begegnungen mit Flüchtlingen und ihren Helfern am Rande des in Berlin zuständigen Landesamts für Gesundheit und Soziales (LAGeSo):

> Ein Vater und seine zwei kleinen Kindern aus einem Vorort von Damaskus haben in Berlin Verwandte, sollen aber zurück nach Hessen. Der Junge hat eine schwere Operation hinter sich, der Vater erlitt einen Steckschuss. Wen kann man um eine Umverteilung bitten, wer kümmert sich um einen Härtefallantrag? Wo sind die Unterlagen der Operation des Kindes? Die Schwester des Vaters zeigt Papiere, in denen ihr Bruder mit den registrierten Kindern vorkommt. Lässt sich eine Umverteilung durchsetzen? Stundenlanges Warten, lange Diskussionen. Schließlich taucht eine Frau auf, die weiß, wie man mithilfe der Caritas Behandlungsbedarf für das kranke Kind nachweisen kann. Die Kinder, vielleicht fünf und sechs Jahre alt, spielen unterdessen mit dem, was ihnen in die Hände fällt: ein kleines Absperrsignal. Ein Stück Schokolade wird heiß umkämpft.
>
> Ein Afghane kam aus Karaj bei Teheran und wollte zu Verwandten nach Schweden. In Dänemark wurde er abgefangen und 40 Tage ins Gefängnis gesperrt. Einmal die Woche durfte er mit seiner Familie reden. Die 40 Tage haben ihm zugesetzt: mit Magengeschwür und Bluthochdruck. Nun, in Berlin, ist er am Ende seiner Kräfte und will nur noch zurück nach Afghanistan. Doch es gelingt ihm nicht, die Mühlen der Bürokratie mahlen langsam. Erzählt er von seinem Schicksal, bricht er in Tränen aus.
>
> Ein weiterer Afghane kommt dazu, auch er will zurück, die nächste Möglichkeit aber bietet sich erst in drei Wochen. Er will sich beeilen, denn er weiß, dass sich die Situation in Afghanistan und im Iran weiter zuspitzt und er nach seiner Rückkehr bestraft werden kann.
> Eine Frau fragt dazwischen, ob es eine Frauenhausunterstützung gibt, da sie geschlagen wird. Die Berater telefonieren, nach einer halben Stunde

noch ohne Erfolg. Sie sind freundlich und verlieren trotz der herrschenden Schwierigkeiten und des Durcheinanders nicht ihre Nerven. Dennoch bleiben viele Fragen offen, weil unklar bleibt, wer zuständig ist – nicht zuletzt Fragen finanzieller Art: Wer übernimmt bei der Rückkehr die Flugkosten?

An einem späteren Tag andere Erfahrungen. Die Abteilungen und Zuständigkeiten sind geändert, das Personal ist verheizt, das neue nicht eingearbeitet. Die Beratungen stocken, es mangelt an Freundlichkeit und fehlt an Lotsen. Für die Flüchtlinge hat sich ein Tor geöffnet – um sich gleich darauf wieder zu schließen. Sie reagieren apathisch, verwirrt, resigniert, melancholisch, aufgeregt.

Der 18-jährige M. ist mit seinem jüngeren Bruder aus Afghanistan im großen Treck der Herbstmonate 2015 geflohen, an der bayerischen Grenze verlor er seinen Bruder aus den Augen. In Berlin wusste er nicht mehr weiter, wollte zurück, ohne Erfolg. Er reagierte labil und verfing sich in Wahnvorstellungen, hielt mitten auf der Autobahn Autos an, wurde festgesetzt, kam in psychiatrische Behandlung, wurde zurückgeschickt und wartete tagelang am LAGeSo auf Hilfe. Unterdessen – ohne Papiere und ohne Geld – kam er erst in ein Wohnheim, später aufgrund seiner Probleme in ein anderes Heim. Er will immer noch zurück nach Afghanistan, braucht dazu aber eine Einwilligung, die er angesichts fehlender Papiere und eines zuständigen Betreuers (bzw. Vormunds) nicht bekommen hat. Verloren in Transfers und gescheitert an bürokratischen Regeln, kann er weder vor noch zurück. Die institutionelle Falle schnappt einmal mehr zu: Hierher gekommen, um Schutz zu finden, wurde er allein gelassen.

Diejenigen, die mit Flüchtlingen arbeiten und diese gezielt unterstützen, brauchen mehr und bessere Unterstützung. Es braucht weniger bürokratische Hürden und eine zügige Verteilung der Flüchtlinge in den Ländern.

Präventiv durch Zivilgesellschaft und eine effektivere Polizei

Integration ist kein einfacher Prozess, erst recht nicht mit jenen oft Erschütterten, Desorientierten und Traumatisierten, die aus einem Land kommen, in dem an die 40 Jahre ausländische Interventionen und Bürgerkriege dominieren wie in Afghanistan oder aus Ländern, die terroristischen Bürgerkriegen ausgesetzt sind – wie der Irak oder Syrien.

Die Bundesrepublik hat erhebliche Erfolge bei einer menschenwürdigen Integration – eine ungeheure humane Leistung – und kann sich trotz der medial vergrößerten Hetze von AfD und Teilen der CSU eines großen Rückhalts aus der Bevölkerung sicher sein. 94 Prozent der Deutschen sprachen sich im Februar 2016 dafür aus, dass Bürgerkriegs- oder Kriegsflüchtlingen geholfen wird, 73 Prozent wollen ihre Hilfe auch politisch und religiös Verfolgten zu Teil werden lassen.[144] Der rechtsradikale Teil der Bevölkerung – wie er sich in der Unterstützung der AfD zeigt – bleibt im Gegensatz dazu ein (ausgeweiteter) Rand, den man jedoch nicht verharmlosen darf.

Wir brauchen die Aufmerksamkeit der Bürger und die präventive Sensibilisierung für Gefahren in unserem Umfeld, etwa durch destabilisierte Personen, ohne selbst in Panik zu verfallen oder sogar in Hexen- und Hetzjagden. Die alltägliche Zuwendung und Vorsorge darf nicht zugunsten eines Kurses des Misstrauens aufgegeben werden. Die Chance besteht darin, dass wir uns gegenseitig – wie die Stadtgesellschaft von Ansbach – den Zusammenhalt zwischen den verschiedenen Ethnien, Religionen und politischen Orientierungen nicht zerstören lassen.

Alle Flüchtlinge unter Generalverdacht zu stellen, sie seien potenzielle Attentäter, ist genauso absurd, wie alle Wähler der AfD unter Generalverdacht zu stellen, sie träten für Gewalt ein. Generalverdacht führt zur Generalmobilisierung, zu Eskalationen in Vorbürgerkriege und Bürgerkriege. Das ist die Absicht der Vertreter der extremen neuen Rechten, darunter vor allem die der „Identitären".

Sicher ist eine ausgebildete und kompetente Polizei eine richtige Antwort. Nicht nur die Ausrüstung der Polizei und die Erfassung muss verbessert werden. Es braucht eine Polizei, die versucht, besonnen und gut ausgestattet eine Ausdehnung der Gefahrensituation zu vermeiden, wie dies in München durch die Auslösung der höchsten Alarmstufe geschehen ist. Wir brauchen eine zeitnahe Ermittlung bei Gewalt und eine Ahndung von Verbrechen. Der rassistischen Gewaltwelle ist zu oft durch Verharmlosung und ineffiziente Ermittlungen begegnet worden.

144 Vgl. ARD-DeutschlandTrend: „AfD würde drittstärkste Kraft", in: *www.tagesschau.de*, 3.2.2016.

Wir brauchen einen Zuwachs an kompetenten Ermittlungen, entschiedene öffentliche Verurteilung und eine zügige Ahndung wie im Fall des Mordversuchs im niedersächsischen Salzhemmendorf. Die dort gezeigte Konsequenz in Ermittlungen und justizieller Ahndung als „Mordversuch" – und nicht etwa nur als „Brandstiftung" – ist vorbildlich. Ebenso die – wenn auch (späte) – Verfolgung von terroristischen Tätern im sächsischen Freital. In dem Maß, in dem sich Öffentlichkeit und Zivilgesellschaft gegen Hetze und Gewalt engagieren, werden die Bereitschaft zu Gewalt und ihre Nachahmung eingedämmt.

Integration statt Assimilation

Worum es im Sinne einer Verteidigung des Rechtsstaats und einer Achtung der Menschenrechte gehen muss, lässt sich gegenwärtig sehr konkret am Begriff der Integration von Flüchtlingen veranschaulichen. Will die Gesellschaft an der internationalen wie inneren Sicherung der Menschenrechte festhalten, wird sie streiten müssen: um eine soziale Integration gegen die Strategen der völkischen Abwehr und Abschottung, aber auch gegen die Vorstellungen einer autoritären illiberalen Assimilation – egal ob aus der Pegida-Bewegung, der AfD oder aus einzelnen europäischen Staaten wie Ungarn.

An der Frage, was genau unter Integration zu verstehen ist, wird sich entscheiden, ob die Länder der Europäischen Union den immer wieder erfolgreichen Weg der Integration einschlagen werden oder ob sie einen Weg des integralen Nationalismus gehen, der nur behauptet, die westlichen Freiheiten und liberalen Errungenschaften – oder in der Sprache von Pegida: das christliche Abendland – zu verteidigen.

Integration versus illiberale Assimilation, Abwehr und Abschottung

Es gibt eine weit verbreitete Vorstellung von Integration, wonach darunter in letzter Konsequenz eine Assimilation und Unterordnung in Nation oder Volk gemeint ist. Dabei wird Volk als eine Gemeinschaft von Menschen begriffen, die eine gemeinsame Herkunft, Sprache, Geschichte und Kultur teilen sowie eine gemeinsame Vorstellung davon haben, was gut oder gerecht ist bzw. was sich ziemt. Danach wäre nur derjenige integriert, der auf eine

Geschichte seiner Familie im jeweiligen Land zurückschauen kann und sich im alltäglichen Leben an den jeweils herrschenden Werten orientiert – das ginge weit über schlichte Gesetzestreue hinaus.

Einer solchen Form von Integration bzw. Assimilation entspricht schon die eigene Gesellschaft meist nicht. Zu unterschiedlich ist das Verhalten gegenüber und in Kirchen, zu Heirat und Scheidung oder – ganz allgemein – zur Beantwortung der Frage, was richtig und gut ist. Diejenigen, die einem solchen Assimilationsverständnis folgen, projizieren eine widerspruchsfreie Konformität mit Blick auf bestimmte Werte und Bilder vom guten Leben, die sie selbst nicht einhalten. Die Vertreter einer solchen Engfassung sind in der Regel nicht bereit, im Rahmen des politischen Gemeinwesens mit anderen zusammenzuleben. Im Falle von Pegida und Wortführern der AfD gilt inzwischen, dass sie jenen Werte-Konsens, der die Bundesrepublik bisher prägte, aufkündigen: Sie reden neuerdings von einer, wenn auch weichgespülten, völkischen oder eben nationalistischen Ideologie. Vertreter einer solchen völkisch-integralen Nation sind bereit, nicht nur die liberale Alltagskultur, sondern auch die Prinzipien und Werte des liberalen Rechtsstaats und unserer Wertegemeinschaft aufzukündigen.

Menschenwürde und Integration

Dieser Vorstellung einer illiberalen Assimilation steht der Prozess der liberalen Integration gegenüber. Dabei hat der Staat die Menschenwürde zu sichern und haben sich Bürger und Zugezogene an die Gesetze zu halten.

Ein solcher Prozess ist – so unsere Auffassung – mehrstufig. Zunächst sollte Integration selbstverständlich Willkommenskultur sein: Dazu gehört es, Flüchtlingen ein Dach über dem Kopf anzubieten, für basale medizinische Versorgung und einen erträglichen Alltag zu sorgen.

Integration sollte perspektivisch die gleichberechtigte Teilhabe aller Menschen auf allen gesellschaftlichen, politischen und sozialen Ebenen sein. Daher braucht es für Flüchtlinge neben einer fairen und freundlichen Behandlung und Kommunikation unmittelbar Deutsch- und Integrationskurse sowie Bildungsangebote. Gebraucht wird eine perspektivische Integration in das Alltagsleben einer Region oder einer Stadt und in den Arbeitsmarkt für die, die bleiben. Dies geht dort besser, wo die organisatorischen Mindestbedingungen der Unterbringung sowie Nahrungs- und Gesundheitsversorgung erfüllt sind.

Integration sollte eine Querschnittsaufgabe sein: Hinzugezogene und Einheimische teilen dieselben Rahmenbedingungen wie Bildung, Ausbildung und Beruf, Arbeit und Arbeitslosigkeit, Familie, Gesundheit und Krankheit sowie Rente und Altern. Vorhandene Ressourcen müssen bestmöglich zum Wohle aller und der Region bzw. der Stadt genutzt und eingesetzt werden.

Gelebte Integration sollte in der Einsicht gründen, dass der wechselseitige Prozess der Integration allen nutzt. Die neu entstehende Vielfalt durch die Zugezogenen, die neue kulturelle Gepflogenheiten und Gebräuche mitbringen, wird nur so zur Bereicherung und kann gemeinsam gestaltet werden. Die Beteiligung und Mitarbeit der Zugezogenen ist wichtig, um ihre Lebenssituationen besser zu berücksichtigen und ihre Erfahrungen und Wünsche in den Prozess der Integration einfließen zu lassen.

Krisenmanagement und Integration

Integration ist keine einfache Aufgabe. Je stärker das Engagement der Zivilgesellschaft und eine kompetente ressourcenreiche Verwaltung sich dem Problem der Flüchtlinge in einer Atmosphäre des „good wills" und einer „good governance" stellen, desto stärker dehnen sich die Belastungsgrenzen, die sicherlich entstehen. Die Frage, wann eine Belastungsgrenze in Sicht kommt, ist dabei abhängig von den politischen Vorannahmen, den jeweiligen parteipolitischen „Gefühlen" und weiteren schwer messbaren Verhaltensparametern einer alles in allem gegenüber Flüchtlingen oft nicht offenen Politik. Gänzlich unterkomplex – ja, willkürlich – ist daher die Behauptung, die Grenze sei erreicht und müsse deswegen hochgezogen werden.

Nach einer Umfrage in deutschen Gemeinden besteht bei angemessenen Ressourcen nur bei einer kleinen Minderheit eine Überforderung:

> „An der Grenze der Belastbarkeit, aber nicht überfordert – so sehen viele Kommunen in Deutschland die Herausforderung durch hohe Flüchtlingszahlen. Das ist das überraschende Ergebnis einer Umfrage des ARD-Magazins *Monitor* unter Städten und Gemeinden.
> 50 Prozent der befragten Kommunen geben an, dass die Grenze erreicht sei, man aber mit der aktuellen Zahl der Flüchtlinge zurechtkomme. 16 Prozent könnten laut eigener Einschätzung sogar noch mehr Flüchtlinge aufnehmen. 28 Prozent wollten sich zu der Frage nicht äußern, wie stark belastet sie sich empfinden. Entgegen weitläufiger Annahmen sehen sich

nur sechs Prozent der Kommunen selbst überfordert. An der Umfrage beteiligten sich 373 von 700 Städten und Gemeinden Deutschlands, die *Monitor* in den vergangenen Wochen befragt hat."[145]

Auch wenn sich nur knapp über die Hälfte der Gemeinden an der Umfrage beteiligt hat, ist es schon jetzt eine große Leistung der Kommunen und ehrenamtlichen Helfer, die sich auf die Seite der bedrohten Bürgerkriegsflüchtlinge stellen. Nach Schätzungen sind es sogar 10 Prozent der Bevölkerung – das wären mehr als acht Millionen Bürgerinnen und Bürger! Eine solche Mobilisierung von humanitärer Hilfe gegenüber Flüchtenden aus anderen Ländern hat es in der deutschen Geschichte noch nie gegeben.

Krisenmanagement gegen Krieg und Ausbeutung

Die derzeitige Flüchtlingssituation ist die Folge eines gefährlich außer Kontrolle geratenen Bürgerkriegs in Syrien und dem Zerfall des Irak. Die internationale Staatengemeinschaft hat es nicht geschafft oder sogar ausdrücklich versäumt, die Gewalteskalation früh einzuhegen.

Zum Versagen der Staatengemeinschaft gehören fehlende Einigkeit und Strategien im Falle von Afghanistan und des Irak. Den militärischen Interventionen der USA mit Unterstützung weiterer westlicher Länder wurden nicht einmal ansatzweise Strategien für eine positive Entwicklung von Gesellschaft und Politik zur Seite gestellt. Während des Bürgerkriegs in Syrien hat es die Staatengemeinschaft versäumt, frühzeitig Waffenstillstände durchzusetzen. Die Eskalation der Proteste in die Gewalt gegen das autoritäre Regime in Syrien wurde stattdessen eilfertig und naiv mit der Zulieferung von Freiwilligen und Waffen aus Libyen, nicht zuletzt durch amerikanische Hilfe, befeuert.

Nun, vier Jahre später, haben sich die Lebensbedingungen in Syrien enorm verschärft und führen zu einer Ausdehnung der die Zivilbevölkerung treffenden militärischen Gewalt. Die intensiven Versuche der Außenminister Deutschlands, der USA, Frankreichs und Russlands und der entsprechen-

145 Vgl. Moritz Seidel/Jochen Taßler, „Monitor-Umfrage zu Flüchtlingen. Kommunen kaum überfordert?", in: *www.tagesschau.de*, 25.2.2016.

den UN-Organisationen im Wiener Prozess blieben bisher ohne Erfolg. Die Entfremdung zwischen Russland und dem Westen hat seinen Preis: Es kommt kaum zu vernünftigen Verabredungen auf der Basis einer einhelligen Einschätzung.

Erst mit dem Ansturm der Flüchtlinge sieht sich ein bis dahin außenpolitisch schläfriges Deutschland und ein unfähiges Europa mit den Krisen im Nahen und Mittleren Osten stärker konfrontiert. Die deutsche Politik hat sich über Jahre um Syrien und die Folgen der dortigen Auseinandersetzungen kaum gekümmert. Man hat Einheiten des Technischen Hilfswerks noch jüngst aus dem Nahen Osten zurückgezogen, weil man sie angeblich nicht mehr brauchte. Jetzt hungern Flüchtlinge in den Flüchtlingslagern – Schulen und Gesundheitszentren sind abgebaut – und wollen weg.

Auch die Zuständigen in der Europäischen Union haben ihre Verantwortung nicht wahrgenommen. Zwar hatte der Bundesfinanzminister Wolfgang Schäuble in Brüssel eine finanzielle Unterstützung für Flüchtlingslager vorgeschlagen, dies aber später zurückgezogen. Erst am 4. Februar 2016, drei Jahre zu spät, kam es zur Geberkonferenz von London. Manches erinnert an das Scheitern der Flüchtlingskonferenz für Juden im Jahr 1938 in Evian. Eine solche Politik erscheint nicht nur außerordentlich kurzsichtig, sondern ist ein Versagen der Staatengemeinschaft.

Die Politik muss entschieden anders bei der Ursachenbekämpfung vorgehen. In den Flüchtlingslagern des Libanon, Jordaniens, der Türkei und des Irak leben mehr als fünf Millionen Menschen unter schwierigsten Umständen, da die Ressourcen des UNHCR endlich sind. Schätzungen zufolge werden etwa fünf Milliarden Euro jährlich benötigt, um deren Lage überhaupt zu stabilisieren und menschenwürdig zu machen. Diese Ausgaben wären ein Bruchteil dessen, was man für Flüchtlinge in Europa einsetzen müsste. Es ist daher rational, sich in der Weltgemeinschaft auch auf die Stabilisierung der Flüchtlingslager zu konzentrieren.

Zum anderen muss der Druck gegenüber Russland und den Vereinigten Staaten erhöht werden, um etwa in Syrien einen Kompromiss durchzusetzen, der diesen Namen verdient: Dazu gehört zunächst die Einstellung der Kämpfe, der Entzug von Waffen und ein Waffenstillstand sowie die entschiedene Bekämpfung des Terrors im angeblichen Namen des Islam. Dafür kann auch die deutsche Bundesregierung mehr als bisher tun, auch wenn die Anstrengungen des deutschen Außenministers Frank-Walter Steinmeier in die richtige Richtung gehen.

Verteidigung von Rechtsstaat und freiheitlicher Demokratie

In Deutschland zielen Rechtspopulisten und Rechtsradikale auf die freiheitlich-demokratisch verfasste Republik, ihre Rechtsstaatlichkeit und die im Grundgesetz für die Bundesrepublik Deutschland verbrieften Grundrechte. Sie haben sich – mehr oder weniger radikal – in der Pegida-Bewegung und kurz darauf in der AfD zusammengefunden. Immer größer werdende Teile der AfD negieren seit dem Essener Parteitag und nach der Öffnung der Grenzen für Flüchtlinge im Jahr 2015 das im Grundgesetz verbriefte Asylrecht, Menschen zu schützen, die durch Krieg, Terror und Genozid schwersten Menschenrechtsverletzungen ausgesetzt sind. Mit dem Stuttgarter Parteitag im Mai 2016 und dem Beschluss, dass der Islam nicht länger zu Deutschland gehören soll, negiert die AfD auch die ungestörte Religionsausübung, die im Grundgesetz verankert ist.

Jeder Mensch in Deutschland ist laut Grundgesetz dazu verpflichtet, die Menschenrechte all seiner Mitmenschen zu respektieren und die Regeln der Rechtsgemeinschaft wahrzunehmen und anzuerkennen. Rechtspopulisten und Rechtsradikale stellen diese grundsätzliche Verabredung immer wieder in Frage. Will die Gesellschaft an den Kernprinzipien der Rechtsstaatlichkeit festhalten, wird sie gegen die Polarisierer von rechts in die Offensive gehen und die fremdenfeindlichen und radikalen Aufladungen von realen Ängsten und Sorgen, die in der Entfesselung von Ressentiments, aber auch in der Hetze und in Gewalttaten zum Ausdruck kommen, kompromisslos zurückweisen müssen. Schon kleinste Schwächen in dieser Haltung führen nicht nur zu Erfolgen von Pegida und der AfD, sondern auch zur Eskalation von Gewalt. Es ist dringend geboten, dass jene, die sich zur liberalen Rechtsgemeinschaft des Rechtsstaats bekennen, nicht nur in der von ihr gestalteten Alltagskultur die Verschiedenheiten innerhalb der Rechtsgemeinschaft anerkennen und die friedliche Austragung einander widerstreitender Interessen verschiedenster Art auch künftig weiter betreiben, sondern diese Anerkennungs- und Aushandlungsprozesse gegen die Angriffe von rechts verteidigen.

Die nach wie vor gefährliche Gewaltwelle erinnert an das wiedervereinigte Deutschland der frühen 1990er-Jahre. Wenn es zur Ausweitung von Gewalt kommt, dann gilt es, nicht nur Appelle an Öffentlichkeit und Private zu richten oder einen „Aufstand der Anständigen" zu organisieren, dann müssen auch Politik, Verwaltungen und Sicherheitsorgane für die Sicherung von Demokratie und Rechtsstaat im Sinne eines „Aufstands der Zuständigen" sorgen. Dies hat spätestens dann der Fall zu sein, wenn sich die Gegner des Rechtsstaats und der Demokratie mit provozierenden Äußerungen ins Zentrum der öffentlichen Aufmerksamkeit stellen, die Regeln des Rechtsstaats und die Achtung der Menschenwürde mit erheblichem Nachdruck enttabuisieren und im Sinne einer politischen Paranoia die Ängste zur Untergangsangst steigern.

Da ist eine klare Linie der Sicherheitsorgane gefragt, wie auch die Nicht-Wahl der Parteien des Ressentiments.

Keine Politik mit der Angst!

Die Ängste und Sorgen, welche die Menschen umtreiben, sind in Zeiten der internationalen Krisen und der ansteigenden sozialen Ungleichheit sehr real. Sie sind durch Erfahrungen begründet, die Menschen unterschiedlich treffen. Durch eine von Mehrheiten wahrgenommene ungerechte ökonomische Ordnung wird die Wahrnehmung der Ohnmacht umfassender. Kommt ein abgehobener Stil der Politik hinzu, findet diese Ohnmacht auf gesamtgesellschaftlicher Ebene keinen Ort mehr, an den sie folgenreich adressiert werden könnte. Mehr noch: Politik gab in der Vergangenheit oft genug vor, dass diese Ungerechtigkeiten alternativlos seien. Das gilt für die Politik unter dem Stichwort Hartz IV, für die Sorge vor Altersarmut, die Sorge um gerechte Bildungschancen der Kinder, bezahlbare Wohnungen und ein lebenswertes soziales Umfeld. Nur zur Erinnerung: Die von der Bundeskanzlerin Angela Merkel als alternativlos charakterisierte Eurorettung führte zur Gründung der Alternative für Deutschland.

In einer Demokratie ist es wichtig, die Ängste der Menschen anzusprechen – gerade auch die Formen sozialer Verbitterung und politischer Entfremdung von der Politik – und Antworten zu finden, ohne Lähmung zu verbreiten. Demokraten sind gefordert, gerade nicht mit Angst Politik zu machen, sondern Ängste aufzugreifen und in rationale Politik umzuwandeln. Eine demokratische Politik muss zuallererst den sozialen Ängsten Gehör verschaffen, um dann Schritte zur Abmilderung sozialer Härten und politischer Verunsicherung zu gehen. Dies geschieht durch die Sicherung von bezahlbarem Wohnraum, durch eine Bildungspolitik, in der die Chancen für alle gleich sind, durch eine umfassende Arbeitsmarktpolitik mit der Sicherung von Mindestlöhnen und der entschiedenen Hilfe für Langzeitarbeitslose. Eine solche Politik der sozialen Gerechtigkeit und Solidarität ist immer auch eine Politik des Friedens.

Die Politik muss vor Ort auf die Probleme der Bürger neue Antworten finden und ihnen ihre Sorgen, dass sie benachteiligt werden, nehmen. Es geht um die Glaubwürdigkeit von Eliten, demokratisch gewählten Repräsentanten und damit der Demokratie insgesamt. Es geht um einen fairen Umgang mit Einheimischen ebenso wie mit Zugezogenen oder Flüchtlingen, um so der humanitären Selbstverpflichtung wie der sozialen und kulturellen Integration gerecht zu werden.

Politik, Zivilgesellschaft und Öffentlichkeit sind herausgefordert, die Dynamik von rechts einzudämmen. Hierzu gehört nicht zuletzt ein Überdenken der Wirtschafts- und Sozialpolitik. Dies ist auch Sache gesellschaftlicher Organisationen wie Kirchen und Gewerkschaften, die inzwischen massiv für den Abbau sozialer Ungerechtigkeit eintreten und damit eine erfolgversprechende Richtung vorgeben. Inwieweit es den demokratischen Kräften gelingen wird, den Erfolg von AfD und der Pegida-Bewegung einzudämmen, bleibt abzuwarten. Fest steht aber, dass es dazu großer Anstrengungen einer breiten demokratischen Front bedarf.

Demokratie als Lebensform

Eine folgenreiche Ansprache der Ängste und Sorgen ist ebenso wie die Eindämmung von Ressentiments gegenüber Minderheiten keineswegs unrealistisch. Die Politik einer Kommune oder eines Landes ist den Ausschlägen der Entwicklung solcher Vorbehalte und ihrer Mobilisierung nicht hilflos ausgesetzt.

Noch lässt sich verhindern, dass Rechtspopulisten und Gewaltbereite die Mitte der Gesellschaft erreichen, auch wenn insbesondere in den ostdeutschen Bundesländern die Aggression in die Mitte rutscht. Noch können wir den Herausforderungen, die mit dem Ankommen von Flüchtlingen auftreten, ohne Panik und vor allem ohne Hysterie Herr werden.

Meine (qualitativen) Studien zu „Lokalen Aktionsplänen" für mehr Demokratie und weniger Vorurteile in den Kreisen Altenburg, Prignitz und Oberhavel zeigen, dass soziale und demokratische Projekte und Aktivitäten vor Ort die Abgehängten oder Unzufriedenen aktiv und erfolgreich einbeziehen können. Solche Projekte machen es möglich, die Wahrnehmung gegenüber der Demokratie und den realen Beteiligungschancen zu verändern. Dies gilt für die langfristig erfolgreich betriebene Eindämmung jugendlichen Rechtsextremismus seit Anfang der 1990er-Jahre in Wittenberge ebenso wie für die vorbildliche Politik des Oberstufenzentrums in Oranienburg zugunsten einer Ausbildung und beruflichen Perspektive auch derer, die sich als sozial schwächer sehen oder lange so wahrgenommen wurden. Es gilt auch für die Aktivitäten eines Jugendclubs im Norden von Altenburg, dem es immer wieder gelingt, Jugendliche durch spannende Projekte zu deradikalisieren. In all diesen Fällen geht es weniger um formalisierte Beteiligungsverfahren, Formen direkter Demokratie oder gar die Durchsetzung einer Wahlpflicht, sondern um Demokratie als Lebensform.[146] Demokratische Beteiligungsmotive entstehen in der konkreten Interaktion um soziale Projekte im Stadtteil, auch und gerade an sogenannten sozialen Brennpunkten. Es ist daher realistisch, die ökonomischen, sozialen und kulturellen Veränderungen prodemokratisch und pro-rechtsstaatlich einzuhegen und sogar umzukehren. In so einem Rahmen kann auch politische Bildung erfolgreich sein.

Rechte Einstellungspotenziale sind damit nicht verschwunden, aber sie haben nicht jene Bedeutung, die sie haben, wenn sie durch eine Mobilisierung der Wut und der Destruktion durch Bewegungen oder Parteien öffentlich wirksam werden.

Historische Bezüge ernst nehmen

Der sich ausdehnende rechte Rand ist gefährlich für jene, die durch ihn bedroht sind. Er ist gefährlich für eine liberale rechtsstaatliche politische Kultur in der Bundesrepublik. Der Bestand des politischen Systems ist derzeit jedoch nicht in Gefahr, wie es manchmal scheinen mag, denn der Blick in die Geschichtsbücher macht klar: Der Zusammenbruch der Weimarer Republik war einer mehrfachen Krise geschuldet: Der 1929 einsetzenden fundamentalen ökonomischen Krise stand kein zureichender oder auch nur einigermaßen angemessener Sozialstaat gegenüber. Die Folgen waren größte Not und Verzweiflung. Gleichzeitig war das politische System auf der einen Seite von antisemitischen Deutschnationalen und der nationalsozialistischen Bewegung dominiert, während es auf der progressiven Seite zu einer unüberwindbaren Spaltung zwischen einer an der sozialen Demokratie orientierten SPD und einer mehr und mehr stalinistisch geprägten KPD kam.

146 Vgl. Gerhard Himmelmann: Demokratie-Lernen als Lebens-, Gesellschafts- und Herrschaftsform, Schwalbach a. Ts. 2001.

Dies führte dazu, dass die demokratischen Kräfte um die Liberalen, um das Zentrum und die Sozialdemokratie in der Wirtschaftskrise nicht mehr genügend Rückhalt bei den Wählern hatten. Der autoritäre Reichspräsident Paul von Hindenburg hatte in der ökonomischen Krise, die ohne Ausweg blieb, die Möglichkeit, jederzeit das Parlament aufzulösen und schwächte die Weimarer Demokratie dadurch zusätzlich.

Heute haben wir weder eine vergleichbare ökonomische noch eine vergleichbare politische oder politisch-kulturelle Krise. Ein Vergleich zwischen heute und den letzten Jahren der Weimarer Republik verzerrt den Blick auf die Chancen zur Lösung gegenwärtiger Probleme. Immerhin stehen stabile 80 Prozent der Deutschen hinter der gegenwärtigen Demokratie und wählen Parteien, die auf dem Boden der freiheitlich-demokratischen Grundordnung stehen. Und mehr als drei Viertel wollen, dass Bürgerkriegsflüchtlinge und Verfolgte in Deutschland und Europa Zuflucht nehmen können.

Wenn wir aus der Vergangenheit wissen, dass eine entfesselte Bewegung von rechts zu einer Krise der Demokratie führen kann, wissen wir auch von den tiefen Verletzungen, Enttäuschungen und dem Gefühl sozialer Ungerechtigkeit in Geschichte und Gegenwart, die wir ernst zu nehmen haben. Es ist gleichermaßen wichtig, das schleichende Gift autoritärer Anpassung und Angstmache, wie wir es vom autoritären DDR-Regime und erst recht aus dem totalitären Nationalsozialismus kennen, aufzulösen. Dies gilt aber auch für die aus Täuschung (oder Selbsttäuschung) formulierten falschen Wohlstandsversprechen der „blühenden Landschaften" Helmut Kohls, aber auch für die Entsolidarisierungspolitik der Hartz-IV-Gesetzgebung. Wir brauchen Projekte einer Erinnerung, die auf die Gegenwart zielen. Sie bestehen im Kern weiterhin darin, die Vergangenheit in öffentlichen Dialogen aufzunehmen, zu enttabuisieren und transparent zu machen.

Vor dem Ende des neoliberalen Zeitalters

Angesichts der gegenwärtigen Krisen und Stimmungen in Europa ist nach dem Votum für einen Austritt Großbritanniens aus der Europäischen Union die Idee von Europa als Nachkriegsprojekt der Integration in Gefahr. Es ist das vorläufige Ergebnis einer nun schon seit mehreren Jahren anhaltenden Politik, die seit der Euro- und Finanzkrise die Menschen mehr verunsichert als zukunftsfähig macht. Die rigide europäische Sparpolitik, die sich mit der

Euro- und Finanzkrise der letzten Jahre durchgesetzt hat, ließ kaum Spielraum für solidarische und gemeinwesenorientierte Handlungsoptionen. Sie hat in Griechenland, aber auch in Portugal und Spanien zu sozialen Eruptionen und zu Bewegungen gegen das etablierte Parteiensystem geführt, dem die Menschen aufgrund von Korruption oder seinem abgehobenen Politikstil die Lösung der gegenwärtigen gesellschaftlichen Probleme nicht mehr zutrauen. Und sie hat europaweit dem Rechtspopulismus neuen Auftrieb verschafft.

Wege aus der Finanzkrise: Ende des Sparzwangs

Es gab nach 2008 mehrere Wege, aus der Welt-Finanzkrise herauszutreten. Der europäische Weg unter der Leitung Deutschlands und seines Finanzministers bestand in einer weitreichenden Kürzungs- und Sparpolitik. Die rigide Politik in der Haushalts-, Sozial- und Lohnpolitik basierte auf einer falschen Analyse der Krisenursachen, so der Ökonom Klaus Busch in seinem Beitrag „Contra: Warum Sparen falsch ist".[147] Der Sparkurs „ging von der Analyse aus, dass die übermäßigen Staatsschulden die Eurokrise verursacht und die übermäßige Lohn- und Sozialpolitik in einer Reihe von EU-Staaten zum Verlust ihrer Wettbewerbsfähigkeit geführt hätten". In vielen Staaten explodierten die Schulden aber erst aufgrund der Weltfinanzkrise 2008/09. Klaus Busch erinnert daran, dass einige der nach 2009 hoch verschuldeten Staaten wie Spanien und Irland vor der Krise deutlich niedrigere Staatsschuldenquoten als der Musterstaat Deutschland hatten. „Die deutsche Politik mit ihrer überdurchschnittlichen Lohnmäßigung leistete einen großen Beitrag zu den Leistungsbilanzungleichgewichten in der Eurozone. Die mit dem Sparen verbundene Politik der starken Dämpfung der gesamtwirtschaftlichen Nachfrage produzierte in den Jahren 2012/13 in der Eurozone eine weitere Rezession."

147 Vgl. Klaus Busch: „Contra: Warum Sparen falsch ist", in: *www.bpb.de*, 10.4.2014. Klaus Busch hat in einer jüngst erschienenen Flugschrift Vorschläge zur Abwendung der Krise Europas unterbreitet. Vgl. Klaus Busch: Das Versagen Europas. Die Euro- und die Flüchtlingskrise sowie die ‚Brexit'-Diskussion. Eine Flugschrift, Hamburg 2016.

Der europapolitische Sparkurs und die Ablehnung der Forderung, zur Entlastung der Staatsschulden Schuldentilgungsfonds einzuführen, wurden mit der ideologischen Behauptung begründet, dass die verschuldeten Staaten ihre Probleme selbst erzeugt hätten und so auch für ihre Leistungsbilanzdefizite selber verantwortlich seien. Dabei wird sowohl der Einfluss der internationalen Finanzkrise negiert als auch die Verantwortung der deutschen Wirtschafts- und Lohnpolitik. Man kann von einer neoliberal-dogmatischen Finanz- und Wirtschaftspolitik unter Schwarz-Gelb sprechen, die trotz anderweitiger Einsichten in der SPD in der großen Koalition im Jahr 2013 erneut verabredet worden war. Es ist eine erstaunliche Leistung der neoliberalen Ideologen – von Roland Tichy über Hans-Werner Sinn bis zu Guido Westerwelle und immer wieder auch Angela Merkel oder Wolfgang Schäuble –, dass sie (gewiss interessengeleitet) einen solchen Mehrheitskonsens in der deutschen Öffentlichkeit herzustellen vermögen.

In den Staaten, die am härtesten sparen mussten, kam es zu einer Explosion der Arbeitslosigkeit und zu massiven Einschnitten in den sozialen Sicherungssystemen – und in Griechenland zu einem kaum noch kontrollierbaren ökonomischen, politischen und sozialen Abwärtssog. Die rigide Sparpolitik hat die realwirtschaftliche Krise verstärkt, die Sparspirale hat so die Schulden noch gesteigert. Die ökonomischen Ungleichgewichte haben zugenommen und die sozialen und nun auch die nationalen politischen Spannungen drastisch verschärft.

Selbst in Deutschland hat die Politik des rigiden Sparens und der Lohnmäßigung sowie der Ausweitung des Niedriglohnsektors Infrastruktur, Bildung und soziale Lage gleichermaßen beeinträchtigt. Inzwischen lebt ein Siebtel aller Kinder unter den demütigenden Bedingungen der Hartz-IV-Versorgung – in Berlin und Bremen sowie bei Alleinerziehenden ist es bereits ein Drittel. Noch nie war die Schere zwischen Arm und Reich so weit geöffnet wie heute.

Rolltreppe nach unten statt sozialen Aufstiegs

Mit dem neoliberalen Kürzungsregime und den Schuldentilgungszwängen konnten zwar für den Augenblick vorläufig die Banken, nicht aber die Bürger gerettet werden. Eingezwängt zwischen einer Währung ohne Abwertungspotenzial und europäischen Sparauflagen waren Lohnkürzungen, Steuererhöhungen und ein radikaler Schnitt bei sozialen Leistungen die (vermeintlich) einzigen Mittel. Dass das in ganz Südeuropa weder wirtschaftlich, sozial noch politisch funktioniert hat, wissen wir inzwischen.[148] Die Spreizung der Vermögensverhältnisse in ganz Europa ist umfassend dokumentiert.[149]

Die Entfremdung von der EU in immer mehr Staaten Europas ist Resultat einer dramatischen Schlechterstellung immer weiterer Schichten. Wir haben es nicht mehr mit einer Gesellschaft sozialer Modernisierung mit vermehrten Chancen zum Aufstieg zu tun, sondern mit einer „Rolltreppe, die nach unten fährt". Die Daten dazu sind exzellent von Oliver Nachtwey zusammengetragen worden.[150] Demnach handelt es sich um nichts weniger als die Re-Etablierung einer Klassengesellschaft unter den Bedingungen kapitalistischer Globalisierung sowie drohender und erfahrener Finanzkrisen.

Gefahr in Verzug

Es ist ein Irrtum zu glauben, dass sich Staaten durch Lohn- und Sozialleistungskürzungen ökonomisch erholen. Dies mag zwar im Fall Irlands und in Ansätzen auch in Spanien gelungen sein, in einer Reihe anderer Staaten aber eben nicht. Stattdessen beobachten wir eine Überforderung der jeweiligen Ökonomien und Gesellschaften und eine (rechts)populistische Abwehr, die ganz Europa in einen Strudel ziehen kann.

Die soziale Schieflage ist die Basis für Populisten – vor allem für Rechtspopulisten –, weil sie darauf die Entfesselung von Ressentiments als Scheinantwort betreiben können. Mit der Zunahme sozialer Schieflagen müssen wir auch zukünftig mit einem dramatisch wachsenden, teilweise schon unkontrollierten Rechtspopulismus und der damit verbundenen Enttabuisierung von Aggressionen rechnen. Es ist die Kombination von Ressentiments gegen „die da oben" und – da sie mit diesen Ressentiments alleine nicht sehr erfolgreich sind – vor allem gegen die „da unten", die sie als Fremde und Feinde zu Sündenböcken machen. Der Sog dieses europäischen Rechtspopulismus erfasst immer weitere Kreise und gewinnt an Macht. Er ist eine Gefahr für die Europäische Union, die bei weiteren möglichen Austritten so nicht weiter bestehen

148 Vgl. Ulrike Guérot: Das Versagen der politischen Mitte. Die EU und der Aufstieg des Rechtspopulismus, in: *Blätter für deutsche und internationale Politik*, 6/2016.

149 Vgl. Pierre Rosanvallon: The Society of Equals, Cambridge 2013.

150 Vgl. Oliver Nachtwey: Die Abstiegsgesellschaft. Über das Aufbegehren in der regressiven Moderne, Berlin 2016.

wird. Angesichts der bevorstehenden Präsidentschaftswahlen in Frankreich im Jahr 2017 ist Gefahr in Verzug. Was es jetzt braucht, ist die Entwicklung einer praktikablen Alternative, die einen Teil der Politik- und Parteienverdrossenheit sowie der sozialen Kälte praktisch und nachprüfbar angeht.

Desaströse Antworten der Rechtspopulisten auf Europa

Während wir in den südlichen Ländern der Europäischen Union politische Bewegungen von links und rechts beobachten können, führte die Politik in Mittel- und Nordeuropa mehrheitlich zum Aufstieg von rechtspopulistischen und rechtsradikalen Parteien. Die Rechtspopulisten haben in Großbritannien, den skandinavischen Ländern Dänemark, Schweden und Finnland, in Frankreich, Belgien, den Niederlanden, Österreich, Ungarn, aber auch in Italien und zuletzt in Polen an Einfluss gewonnen. Sie schüren rassistische und fremdenfeindliche Stimmungen in der Bevölkerung und teilen, sozialdemagogisch unterfüttert, in unterschiedlichem Ausmaß die Abwehrhaltung gegen die EU. Sie bringen sich nationalegoistisch und wohlfahrtschauvinistisch in Stellung, insbesondere gegenüber Flüchtlingen, Migranten und Muslimen, aber auch gegenüber europäischen Partnerländern.

In Österreich besteht weiterhin die Gefahr, dass die rechtsradikalen „Freiheitlichen" mit Norbert Hofer und Heinz-Christian Strache, deren Partei seit Jahrzehnten mit Slogans wie „Abendland in Christenhand" oder „Heimatliebe statt Marokkaner-Diebe" Stimmung macht, die Politik bestimmen. In dem Maße, in dem Rechtspopulisten und Rechtsradikale mit einer solchen Haltung erfolgreich sind, wächst der Anteil jener, die sich gegen das europäische Projekt wenden. Verharrt man im „Weiter so", ist es nur eine Frage der Zeit, wann es zu weiteren Austritten und zum Zusammenbruch der Europäischen Union kommt.

Die Europäische Union ist aufgrund ihrer hausgemachten ökonomischen und politischen Fehler in der Gefahr, von Rechtspopulisten überrannt zu werden. Es war nur eine Frage der Zeit, bis sich eine solche Bewegung auch in Deutschland etabliert. Nichts anderes aber hat Bernd Lucke getan, als er mit der Gründung der AfD am 3. Februar 2013 einen Austritt aus dem Euro ins Zentrum seiner politischen Agenda und perspektivisch einen Austritt aus der EU zur Disposition stellte (solche Vorstellungen finden sich im Übrigen auch unter einigen linksradikalen Gegnern des Euro und der EU). Dies allerdings war damals und wäre auch heute nicht weniger als ein abenteuerliches Harakiri. Ein Euroaustritt hätte ökonomische und politische Erschütterungen zur Folge, gerade im exportorientierten Deutschland. Nach Ansicht von Ökonomen gehören dazu Währungsauf- und -abwertungen in den einzelnen Ländern, höhere Verschuldungen aufgrund der eintretenden ökonomischen und sozialen Erschütterungen und eine Verschärfung der nationalen Spannungen in Europa.

Zurück zu einer sozialen Politik Europas in der Tradition des Europäers Jacques Delors

Mit der Entscheidung für den „Brexit" greift in den Öffentlichkeiten Europas erst nach und nach eine Ahnung um sich, welche nicht kontrollierbaren ökonomischen und kulturellen Konsequenzen mit Ressentiments aufgeladene Referenden haben können. Am Tag nach dem „Brexit" blieben viele europäische und nationale Politiker seltsam sprachlos und wirkten überfordert.

Eine der wenigen Ausnahmen stellte der jüngst zum österreichischen Bundeskanzler bestellte Christian Kern (SPÖ) dar. Einfach und klar fasste er die notwendigen sozialen und europapolitischen Konsequenzen zusammen:[151] Als Lehre aus dem „Brexit" müsse die Politik frühzeitig auf politische Stimmungen reagieren und sich mit der Frage beschäftigen, „wie wir die europäische Perspektive unseren Bürgerinnen und Bürgern erklären", so Kern. Es geht im höchsten Maße um die Frage, „ob die Art und Weise, wie wir in Europa gemeinsam Politik machen, eine ist, die von den Bürgerinnen und Bürgern, verstanden, unterstützt und geschätzt wird". Europa benötige einen Reformprozess mit einer klaren Richtung, so der österreichische Bundeskanzler, und erinnerte an den Stoßseufzer Jacques Delors', der formulierte, dass sich niemand in einen Binnenmarkt verliebe. Die EU sei mehr als eine Wirtschaftsunion, entsprechend sind die zukünftigen Agenden zu formulieren. Bei den Wirtschaftsfragen müssen Arbeitsplätze, die Beseitigung der Jugendarbeitslosigkeit und faire Bedingungen auf den Arbeitsmärkten ganz oben stehen: „Wir haben uns mit der Frage zu beschäftigen, wie wir faire Bedingungen auf den Arbeitsmärken herbeiführen können. Es kann uns nicht reichen, dass vom europäischen Projekt am Ende nur Großkonzerne profitieren, sondern wir

151 Vgl. Bundeskanzleramt Österreich: Statement des Bundeskanzlers zum britischen Referendum, in: *www.youtube.com*, 24.6.2016.

haben die Frage der Fairness, wie wir Wohlstand gemeinsam erarbeiten, wie wir wirtschaften wollen und wie wir diesen gerecht verteilen, in den Mittelpunkt unserer Überlegungen zu stellen", sagte Kern. Diese Diskussionen seien nicht nur in Brüssel zu führen, sondern auch in den europäischen Hauptstädten. „Denn wir haben jetzt erlebt, wie rasch man das Vertrauen der Bevölkerung in die EU verlieren kann", so der österreichische Bundeskanzler.

Daran fehlt es in Deutschland. Es reicht nicht, in die Bevölkerung hineinzuhören, ohne Konsequenzen zu ziehen und eine andere Politik zu gestalten. Vor drei Jahren standen ein entschiedenes sozialdemokratisches Programm von mehr Beschäftigung und eine Reform der europäischen Finanz- und Wirtschaftspolitik noch im Zentrum der Koalitionsvertragsverhandlungen zwischen SPD und CDU. Geräuschlos verschwanden solche Absichten noch während der Verhandlungen. Nun ist ein historischer Kompromiss zwischen sozial sensiblen Konservativen, den moderaten und entschieden linken Parteien in den einzelnen Mitgliedsstaaten und in den europäischen Institutionen überfällig. Der überzeugte Europäer Jacques Delors hatte – und dies hat vor ungefähr 30 Jahren zur Durchschlagskraft eines Europas der gegenseitigen Anerkennung entscheidend beigetragen – noch ein sozial sensibles Europa zu steuern vermocht. Daran wäre anzuknüpfen.

Wenn man tatsächlich einen Dominoeffekt und ein Auseinanderbrechen Europas verhindern will, wird man nicht beruhigende Worte brauchen, sondern eine definitive, schnelle und umfassende Änderung der Politik in Europa, vor allem hinsichtlich des ungeheuren Ungleichgewichts zwischen der ökonomisch und finanzpolitisch starken Stellung Deutschlands auf der einen Seite und den anhaltenden Schwächen von Wirtschaft und Sozialem in Südeuropa, aber auch in Frankreich. Europa droht nicht nur an Brüssel zu scheitern, sondern auch an den nationalen Regierungen.

Vor dem Ende des neoliberalen Marktradikalismus

Die Attraktivität des neoliberalen Modells hat erkennbar nachgelassen. Der bisher dominante Kurs des weltweiten Neoliberalismus gerät durch die sozialen Schieflagen und Abbrüche im Süden und Westen Europas, in Teilen der USA und nicht zuletzt auch durch die destruktiven Wirkungen von Rechtspopulisten und Rechtsradikalen in nun fast allen Ländern des Westens in politische (und daher auch ökonomische) Turbulenzen. Inzwischen scheint der Druck die führenden Wirtschaftsnationen erreicht zu haben, berichtet der

Journalist Maik Schieritz: „Die Vorteile des Wirtschaftswachstums müssen breiter verteilt werden, um die Inklusion zu fördern“, ist eine der Botschaften der Abschlusserklärung des Gipfeltreffens der führenden Wirtschaftsnationen G-20. Dieser Satz kündigt, so Schieritz, „einen aufregenden politischen Großversuch an: die Sozialdemokratisierung der Weltwirtschaft. Sie soll verhindern, dass die Welt den Populisten in die Hände fällt“.[152]

Mit Schieritz hoffen auch wir, dass jene, die jahrzehntelang vom neoliberalen Wirtschaftskonzept profitiert haben, die Grenzen dieses Systems erkennen mögen. Denn gegen alle Annahmen und Versprechen hat die „Globalisierung schier unvorstellbare Reichtümer entstehen lassen, aber kaum etwas davon ist nach unten durchgesickert, zumindest nicht in westlichen Industrienationen“.

Offensive für eine soziale Demokratie

Die Chancen für die Entwicklung einer ernsthaften ökonomischen, sozialen und kulturellen Alternative zum bisherigen „Weiter so“ existieren ironischerweise auch durch die Herausforderung eines Rechtspopulismus, der zunehmend erkennbar macht, was hinsichtlich Demokratie und Rechtsstaat in Deutschland und Europa auf dem Spiel steht. Nötig erscheint eine umfassende Erneuerung des Politischen, die nicht mehr von der schlichten Vereinbarkeit von Demokratie und Kapitalismus ausgeht, sondern auf das sich ausweitende soziale und demokratische Unbehagen mit einem neuen Gesellschaftsvertrag jenseits von Austerität und den beflissenen Reaktionen auf Finanzmärkte antwortet. Auf den oben genannten Ebenen müssen angemessene Politikangebote entwickelt werden, die sozialökonomisch, politisch und vor allem auch rechtsstaatlich glaubwürdig sind. Dazu gehören die Verteidigung der Menschenrechte und die Entwicklung von fairen Integrationsangeboten, die Aktivierung sozialer Demokratie, vor allem in den Kommunen, eine alternative Politik für Europa sowie ein besseres Krisenmanagement zur Eindämmung von Kriegen und der Gefahren des internationalen Terrors.

152 Mark Schieritz: „Der Kapitalismus soll netter werden“, in: *www.zeit.de*, 28.7.2016.

Perspektiven eines Politikwechsels: Sozialstaat und Demokratie

Jürgen Habermas hat in der *Zeit* in der ihm eigenen Präzision die doppelte Herausforderung an Gesellschaft und Politik in Deutschland und Europa herausgearbeitet: Auf dem Weg zu einem sozialen Europa müssen „die Bürger erkennen können, dass jene sozialen und wirtschaftlichen Probleme angepackt werden, die die Verunsicherung, die Angst vor sozialem Abstieg und das Gefühl, die Kontrolle zu verlieren, verursachen. Sozialstaat und Demokratie bilden einen inneren Zusammenhang, den in einer Währungsgemeinschaft nicht mehr der einzelne Nationalstaat allein verbürgen kann".[153]

In diesem Sinne sind die folgenden Vorschläge für einen Politikwechsel wichtig, um die sozialen Schieflagen zukünftig in den Griff zu bekommen:[154]

1. Eine Abkehr von der Kürzungs- und Sparpolitik. In Deutschland und Europa ist aus sozialen, ökonomischen und demokratiepolitischen Gründen ein Ende des rigiden Sparzwangs geboten, um ökonomische und soziale Ungleichgewichte abzubauen, Demokratien zu stärken und den Zusammenhalt der EU zu sichern.

2. Eine neue Steuerpolitik. Immer wieder angekündigt, aber nie umgesetzt ist eine koordinierte, perspektivisch aufeinander abgestimmte und regulierte Steuer- und Haushaltspolitik der europäischen Staaten, um den jeweiligen Unterbietungswettbewerb im Sinne einer vermeintlich besseren (egoistischen) Wettbewerbungsfähigkeit der einen gegen die anderen und das Steuerdumping einzudämmen. Europa braucht Mindeststeuersätze und perspektivisch gemeinsame Steuersätze, die den Wettlauf der Steuervermeidung und der Erhöhung der Wettbewerbsfähigkeit der einen gegen die anderen einschränkt. Notwendig ist eine Bankenkontrolle und vor allem die Eindämmung und Auflösung von Schattenbanken. Europa benötigt eine abgestimmte Verschuldungspolitik, auch durch gemeinsame Anleihen, den sogenannten Eurobonds, um den Finanzmärkten ein Stück weit den Spielraum zu entziehen. Europa braucht endlich eine Finanztransaktionssteuer, um die Börsenspekulation einzudämmen. All dies wären auch Schritte hin zu einer Wirtschaftsregierung, ohne die Prozesse einer Vertragsänderung der Europäischen Union abzuwarten.[155]

153 Jürgen Habermas im Interview mit Thomas Assheuer: „Die Spieler treten ab. Kerneuropa als Rettung", in: *www.zeit.de*, 9.7.2016.

154 Vgl. Klaus Busch: Das Versagen Europas. Die Euro- und die Flüchtlingskrise sowie die ‚Brexit'-Diskussion. Eine Flugschrift, Hamburg 2016.

155 Vgl. Ulrike Guérot: Warum Europa eine Republik werden muss. Ein politische Utopie, Bonn 2016.

3. Eine umfassende Beschäftigungspolitik. Eine abgestimmte Steuer- und Haushaltspolitik muss auch auf mehr Beschäftigung gerichtet sein. Dringendes Ziel muss es ein, die Arbeitslosigkeit auf dem Kontinent und dabei vor allem die Jugendarbeitslosigkeit (sie liegt in den südlichen Ländern Europas bei bis zu 50 Prozent), die sich im Zuge der Restriktionen nach 2008 immer weiter erhöhte, nicht nur symbolisch, sondern umfassend durch Investitionen in Bildung, Innovation und Infrastruktur abzubauen. Notwendig ist eine Koordination der Lohnpolitik, um das verbreitete Lohndumping abzubauen und eine Reallohnentwicklung durchzusetzen, die an die Produktivitätssteigerung gekoppelt ist. So kann der mit den Spar- und Kürzungspolitiken verbundene Abbau des Reallohns beendet werden. Um die Lohnnebenkosten zu senken, ist an eine aufkommensneutrale Wertschöpfungsabgabe in Form einer Maschinensteuer zu denken, wie sie gegenwärtig vom österreichischen Bundeskanzler Christian Kern vorgeschlagen wird. Kern, der als Manager der Österreichischen Bundesbahnen nicht nur die Flüchtlingsströme durch Österreich im Jahr 2015 vorbildlich koordinierte, sondern auch wirtschaftliche Erfolge im Unternehmen erzielen konnte, plädiert auch für eine Arbeitszeitverkürzung, damit mehr Menschen in Beschäftigung kommen und die Jugendarbeitslosigkeit abnimmt. Ebenso notwendig ist ein Mindestlohn, der perspektivisch 60 Prozent des Durchschnittslohns in den einzelnen Ländern vorsieht und die prekäre Niedriglohnpolitik eingrenzt.

4. Eine Offensive in der Bildungspolitik. Investitionen in Bildung, Forschung und Entwicklung sind die Arbeitsmarktpolitik der Zukunft und die wohl günstigste Variante von Beschäftigungspolitik. Es braucht neue pädagogische Konzepte, Schul- und Betreuungsangebote. Solche Investitionen haben eine bedeutende sozialpolitische Komponente, indem sie Chancengleichheit unter den Kindern und Jugendlichen herstellen. Während materiell besser gestellte Eltern die Bildung ihrer Kinder heute noch finanzieren können, fallen bildungsferne Schichten bereits gegenwärtig oft durch das Netz. Investitionen in Bildung sind auch Investitionen in die Infrastruktur, sie wirken darüber hinaus stimulierend auf die Wirtschaft.

5. Eine neue Sozialpolitik. Wir brauchen eine Sozialpolitik, die soziale Ungleichheit abbaut und die immer größer werdende Schere zwischen Arm und Reich wieder schließt. Dazu helfen die schon vorgeschlagene gerechtere Steuerpolitik, der Abbau von Steuerschlupflöchern und der Kampf gegen Steueroasen. Zentral ist eine Politik sozialer Sicherung für Europa, die Renten- und Arbeitslosenversicherung sowie Gesundheitsversorgung mit einschließt. Und in Deutschland brauchen wir ein Ende der autoritären Sanktionen der Hartz-IV-Empfänger.

Neue Kräfte braucht das Land

Die Politik für ein sozialeres, demokratischeres und auf eine Eindämmung der Kriege gerichtetes Europa wird neue Kräfte in den Gesellschaften und Parteien der Mitgliedsländer erfordern.

Es spricht gegenwärtig noch immer wenig dafür, dass dieses Projekt eines fundamentalen Wandels von konservativen und ökonomisch liberalen Parteien umgesetzt wird. Es gibt aber jene Sozialdemokraten, die (wie wieder in Österreich) auch eine soziale Politik betreiben wollen. Wir finden sie in größeren Teilen der europäischen Linken, in kleineren oder größeren Teilen bei den Grünen und einige auch in den konservativen Parteien, die bereit sind, ihre christliche Verantwortung sozial neu auszubuchstabieren und zu praktizieren. Hinzu kommen Institutionen und Organisationen, die angesichts der dramatischen ökonomischen und politischen Krisen in den einzelnen Ländern willens sind, ein soziales Europa zu gestalten. Dazu zählen Kirchen und Religionsgemeinschaften, Gewerkschaften oder Massenorganisationen wie Campact und Attac, die sich gegen die Ausdehnung des Marktradikalismus durch TTIP oder die ungebrochene Klimaverschärfung wenden.

Ohne ein fundamentales Umsteuern werden sich die Zentrifugalkräfte auch zukünftig beschleunigen und zu einer faktischen Erosion Europas führen. Der gesellschaftliche Aufbruch wird ein Ende des neoliberalen Zeitalters einläuten müssen, das angesichts der Krisen ohnehin vom Einsturz bedroht ist.

Anhang

Glossar

Rechtspopulismus

Der Begriff des Rechtspopulismus verweist auf eine Melange aus politisch „rechter“ Orientierung und Agitation mit einer – stilisierten oder realen – Hinwendung auf den Populus, das Volk, seine Stimmungen und seine Stimme (vox populi). Rechtspopulisten beziehen sich überwiegend auf rechtsautoritäre Vorstellungen und berufen sich zugleich formell-legitimatorisch auf die Artikulation und Stärkung eines imaginierten respektive konstruierten übergreifenden Willen des Volkes (volonté générale). In einer kollektivistischen Auslegung zielt dieser Volkswille auf eine Einheit von Einzel- und Gemeinwohl, wobei Letzterem implizit ein höherer Wert zugesprochen wird. Die Demokratie mutiert so zur homogenisierten Volksdemokratie als Ethnokratie. Eine solche Mischung aus rechtsautoritärer, ethnozentrischer Ideologie und skizziertem Legitimationsmodus ist allerdings auch der extremen neuen Rechten eigen.

Drei Elemente und Kriterien sind für den Rechtspopulismus kennzeichnend und weisen ihn als solchen aus: Im Kern steht 1) das Bedienen ethnozentrisch-fremdenfeindlicher, nationalistischer oder antisemitischer Ideologieelemente in Adaption spezifischer politisch-kultureller Narrative wie historischer Resonanzböden und politisch-psychologischer Bedürfnisse. Dazu werden Themen wie Einwanderung, Kriminalität, Globalisierung, innere Sicherheit und nationale Identität bewusst miteinander verknüpft. Hinzu kommt 2) der inszenierte Gestus vom mutigen „Tabubruch“, also die Selbstinszenierung als politische Akteure, die mit der moderierenden Sprache und den Verkehrsformen der liberalen, Interessen vermittelnden und Rechte garantierenden parlamentarischen Demokratien aufräumen. Rechtspopulisten operieren dabei mit rechts-autoritären Saubermann-Fantasien. Diese Inszenierung steht vielfach in Zusammenhang mit Verschwörungstheorien, die vielfach auch antisemitisch besetzt werden können. Schließlich ist 3) eine anti-elitäre Stilisierung gegen die „herrschende politische Klasse“ und die Einrichtung einer autoritär-charismatisch gelenkten „Bürgerdemokratie“ Ziel von Rechtspopulisten.

Diesen Dreischritt finden wir überall in rechtspopulistischen Parteien und Bewegungen. Verknüpft ist dies jeweils mit der autoritären Aggression gegenüber missliebigen und relativ beliebig definierten Feinden: den Juden, den Türken, den Migranten und Muslimen, aber auch jenen, die in der Wettbewerbsgesellschaft nicht mitkommen, wie beispielsweise Langzeitarbeitslose. Inhaltlich-ideologisch ist der Rechtspopulismus in einer fließenden „Grauzone“ zwischen Rechtsextremismus (mit dem er zentrale Motive teilt) und etablierteren Formen des (ethnozentrischen) Nationalkonservatismus angesiedelt.

Rechtspopulistische Aufwallungen und ihre Verhärtungen sind auch Resultat der Schwächen von Gesellschaften und ihrer Unfähigkeit, zentrale soziale und kulturelle Fragen zu beantworten. In dem Maße, in dem der soziale Ausgleich kaum noch formuliert und erst recht nicht in Angriff genommen wird, ist das Potenzial für mehr oder weniger destruktive rechtspopulistische Bewegungen in Europa nach oben offen. Dabei zeigt sich beispielsweise in Österreich eines deutlich: Eine Übernahme der Positionen der Rechtspopulisten führt zu ihrer Stärkung. Genau dies geschah, nachdem die konservative Österreichische Volkspartei (ÖVP) mit der Freiheitlichen Partei Österreichs (FPÖ) von Jörg Haider im Jahr 1999 eine Koalition auf Regierungsebene einging. Heute kann die FPÖ, ein Paradebeispiel einer rechtspopulistischen Partei mit rechtsradikalen Zügen, bei der nächsten Nationalratswahl mit etwa 35 Prozent der Wahlstimmen rechnen.

Rechtsextremismus

Unter Rechtsextremismus verstehen wir mit Hans-Gerd Jaschke Einstellungen, Verhaltensweisen und Aktionen, die von einer rassistisch oder ethnisch erklärten sozialen Ungleichheit der Menschen ausgehen, nach ethnischer Homogenität von Völkern verlangen, das Gleichheitsgebot der Menschenrechtsdeklaration ablehnen und für eine autoritär-totalitäre Ordnung eintreten. Rechtsextreme lehnen den Wertepluralismus der Demokratie ab, wollen die Demokratisierung rückgängig machen und treten für eine (völkisch) ethnisch-reine Nation ein.

Es reicht für eine sozial- und politikwissenschaftliche Untersuchung nicht aus, rechtsextreme Erscheinungsformen in einem Links-Rechts-Schema einzuordnen, darin die Mitte als gemäßigt zu interpretieren und die Ränder als extrem, die sich gegenseitig aufschaukeln oder sogar nach einem Bild aus der Physik (U-förmiger Magnet) gegenseitig anziehen würden. Solche Thesen sind oft verharmlosend, begreifen rechtsextreme Erscheinungsformen als normalen Teil der Demokratie und können kaum erklären, warum es zu einem Ab- oder Aufwind rechtsextremer Bewegungen kommt.

Eine sozialwissenschaftlich erweiterte Rechtsextremismus- und Rassismusforschung geht in der Regel vom Zusammenwirken langfristiger gesellschaftlicher und kurzfristiger situativer Faktoren aus. Rechtsextremismus ist das Resultat von Wechselwirkungen, deren Existenzbedingungen sich nur multifaktoriell erklären lassen. In Wechselwirkung stehen dabei negative gesellschaftliche, ökonomisch-soziale und politisch-kulturelle Prozesse, die zu prekären Verhältnissen unter Teilen der Bevölkerung führen, sowie ein rechtsextremes „Angebot", das sich an diese wendet. Für eine Untersuchung des Rechtsextremismus ist es notwendig, folgende Aspekte zu betrachten: 1. Längerfristige mentale Traditionen und ihr Niederschlag in kulturellen Praktiken, also etwa Einflüsse der politischen Kultur wie die geistesgeschichtliche Ablehnung demokratischer Ideale, obrigkeitsstaatliche Staatsbezüge, konformistische Untertanenmentalität, Traditionen der Konfliktvermeidung, vorurteilsanfällige Freund-Feind-Schematisierungen, Rassismus sowie militaristische Orientierungen und ihre aktuelle Mobilisierung – Dimensionen, die mit den von Theodor W. Adorno diagnostizierten autoritätsgebundenen Dispositionen korrespondieren (Historik und Kultur), 2. Gesellschaftliche Desintegrationsprozesse einschließlich Prozesse sozialer Anomie, nicht zuletzt gravierende Umbrüche und Transformationsprozesse (Sozio-Ökonomie), 3. Stabilität bzw. Wandel des politischen Systems und seiner Legitimität (Politik und Politische Sphäre) und 4. das „Angebot" rechtsextremer Ideologien und Netzwerke, Organisationen und Diskurse und deren Interaktion.

Rechtsradikal

Rechtsradikale bewegen sich mit ihren Forderungen, die denen der Rechtsextremen entsprechen, weit weg von den Standards rechtsstaatlich freiheitlicher Demokratie, stellen die Demokratie aber nicht in allen Facetten in Frage. In Deutschland beziehen Rechtsradikale immer wieder deutschnationale Traditionen ein. Rechtsradikale Erscheinungsformen treten in westlichen Industriegesellschaften häufig als autoritär-aggressive Reaktionen auf intensive Modernisierungs- und Demokratisierungsschübe auf.

Rechtsterroristen

Unter *Rechtsterroristen* verstehen wir einen besonders gewaltbereiten Teil des Rechtsextremen, der sich zur Verwirklichung seiner Ziele in der Regel klandestin organisiert, bewaffnet und Sprengstoffanschläge, Morde oder andere Formen terroristischer Gewalt plant und durchführt. Nahezu alle rechtsterroristischen Gruppen in Deutschland kamen aus einem alltagsterroristischen bzw. präterroristischen Milieu, in dem es zum praktischen Selbstverständnis gehörte, jederzeit gegen definierte Feinde zuzuschlagen. Im Falle des neueren Rechtsterrorismus kommt eine spezifische Genese hinzu: Vor dem Hintergrund der Terrorkonzepte wie „Combat 18" oder des weißrassistischen „Ku-Klux-Klan" und der „Hammerskins" ist das NSU-Netzwerk als quasi autonom agierende (führerlose) Zellenstruktur aus der rechtsextremen Subkultur und rechtsextremen Organisationen wie dem „Thüringer Heimatschutz", mit Unterstützung staatlicher Organe schrittweise hervorgegangen.

Neue Rechte / extreme neue Rechte

Die „Neue Rechte" knüpft am fremdenfeindlichen Ressentiment an. Sie hat insbesondere seit den frühen 1990er-Jahren ihren ideologischen Kern in den Vorstellungen von einem ethnozentrischen Nationalismus und der Idee vom autoritären starken Staat. Vertreter der „Neuen Rechten" begeistern sich zumeist für die „Konservative Revolution" der Antidemokraten in der Weimarer Republik.

Als extreme neue Rechte bezeichnen wir diejenigen, die darüber hinaus problemlos und systematisch mit (ehemaligen) neonazistischen autonomen Nationalisten kooperieren und ihren Widerstand gegen den „großen Austausch", also die angebliche Auflösung der ethnozentrisch verstandenen Identität Deutschlands (bzw. anderer Nationen wie Frankreich) durch die behauptete „größte und rascheste Bevölkerungsveränderung in der Geschichte Europas", propagieren. Zu ihnen zählen wir die „Identitäre Bewegung" in Deutschland oder die Akteure des „Instituts für Staatspolitik" von Götz Kubitschek.

Neonazis

Unter Neonazis verstehen wir diejenigen, die sich mehr oder weniger stark in Ideologie und Gewaltpraxis an den Ideen des historischen Nationalsozialismus orientieren, an ihrem Rassismus und Antisemitismus, tatsächlich ein „Viertes Reich" anstreben und nach 1990 mit der Ausdehnung eines neuen gewalttätigen Rechtsextremismus eine neue nationalsozialistisch revolutionäre Chance sahen.

Ethnozentrismus

Als Ethnozentrismus bezeichnen wir – mit dem US-amerikanischen Soziologen William Sumner – die Aufwertung des Eigenen (Individuum oder Gruppe) bei gleichzeitiger Abwertung des Anderen. Ethnozentrismus ist eine Ideologie der Ungleichwertigkeit. Sie verbindet mit der Abwertung des angeblich Fremden seine Diskriminierung und Verfolgung.

Völkisch

Unter völkisch verstehen wir jenen Traditionsstrom, der sich in Kultur, Politik und Parteien auf das ethnisch reine „Volk" bezieht. Heute richtet sich das „Völkische" gegen alle Flüchtlinge, Migranten und Muslime. Dieser Traditionsstrom geht zurück auf die völkische Bewegung aus dem letzten Viertel des 19. Jahrhunderts, die auf rassenideologischer und antisemitischer Grundlage nach einer Gesellschaft strebte, die antiegalitär, militaristisch und hierarchisch organisiert war, sich mit verschiedenen neuheidnischen und/oder germanisch christlichen-religiösen Vorstellungen verband und das „Fremde" abwehrte, um eine ethnisch-nationale Kultur zu etablieren. Ihre Ideen griff der Nationalsozialismus auf und integrierte sie in sein eklektizistisches Weltbild und Ordnungsdenken.

Rassismus und die Ideologie des Ethnopluralismus

Als spezifisches Merkmal von Rassismus wird gemeinhin der explizite oder implizite Verweis auf essenzielle Unterschiede zwischen Menschengruppen betrachtet, sofern deren Ursachen überwiegend oder wesentlich mit Herkunft, Abstammung oder äußeren Körpermerkmalen (v. a. Hautfarbe) in Verbindung gebracht werden. Rassismus ist die Abweisung und Verachtung vor allem auf Grundlage von physischen Merkmalen. Art. 1 des Internationalen Übereinkommens zur Beseitigung jeder Form von Rassendiskriminierung vom 21. Dezember 1965 definiert rassistische Diskriminierung als „jede auf der Rasse, der Hautfarbe, der Abstammung, dem nationalen Ursprung oder dem Volkstum beruhende Unterscheidung, Ausschließung, Beschränkung oder Bevorzugung, die zum Ziel oder zur Folge hat, dass dadurch ein gleichberechtigtes Anerkennen, Genießen oder Ausüben von Menschenrechten und Grundfreiheiten im politischen, wirtschaftlichen, sozialen, kulturellen oder jedem sonstigen Bereich des öffentlichen Lebens vereitelt oder beeinträchtigt wird".

Heute beobachten wir häufig Formen des kulturellen Rassismus. Ein solcher beschwört angebliche kulturelle oder ethnische „Fremdheiten" und Gefahren, die einzelnen Gruppen als natürlich oder als unvermeidbare Eigenschaften zugeschrieben werden. Diesen kulturellen Rassismus gibt es in den Debatten unter Rechtspopulisten und Rechtsextremisten gegenüber Muslimen sowie Migranten aus Südosteuropa, Asien und vor allem aus Afrika. Die extreme neue Rechte tut dies unter dem Decknamen eines „Ethnopluralismus", der kulturelle Festlegung und entsprechende Abgrenzung propagiert. Mit dem „Ethnopluralismus" werden genau wie im Antisemitismus, im Rassismus oder im radikalen Ethnonationalismus autoritär Feinde beschworen, die es um des eigenen Lebens und der eigenen Sicherheit willen zu bekämpfen gilt.

Weitere ausführliche Darlegungen zu diesen Begriffen finden sich u. a. in den Grundlagenwerken Hajo Funke: Paranoia und Politik. Rechtsextremismus in der Berliner Republik, Berlin 2002; Hans-Gerd Jaschke: Rechtsextremismus und Fremdenfeindlichkeit, Wiesbaden 2001; Michael Minkenberg: Die neue radikale Rechte im Vergleich, Wiesbaden 1998; Lars Rensmann/Steffen Hagemann/Hajo Funke: Autoritarismus und Demokratie. Politische Theorie und Kultur in der globalen Moderne, Schwalbach a. TS. 2011; Richard Stöss: Rechtsextremismus im vereinten Deutschland, Berlin 2000; William Sumner: Folkways. A study of the sociological importance of usages, manners, customs, mores, and morals, New York 1906. Alle Begriffsdefinitionen folgen einem Verständnis von „Theorien mittlerer Reichweite" und beziehen daher jeweilige historische oder aktuelle Konstellationen und Kontexte systematisch ein.

Literatur

Best, Heinrich/Hiehoff, Steffen/Salheiser, Axel/Salomo, Katja: Thüringen im 25. Jahr der deutschen Einheit. Thüringen-Monitor 2015, Jena 2016.

Brumlik, Micha: Das alte Denken der neuen Rechten. Mit Heidegger und Evola gegen die offene Gesellschaft, in: *Blätter für deutsche und internationale Politik*, 3/2016.

Bundesministerium des Innern im Auftrag der Deutschen Islam Konferenz (Hg.): Muslimfeindlichkeit – Phänomen und Gegenstrategien. Beiträge der Fachtagung der Deutschen Islam Konferenz am 4./5.12.2012, Berlin 2012.

Busch, Klaus: Das Versagen Europas. Die Euro- und die Flüchtlingskrise sowie die ‚Brexit'-Diskussion. Eine Flugschrift, Hamburg 2016.

Decker, Oliver/Kiess, Johannes/Brähler, Elmar (Hg): Die enthemmte Mitte. Autoritäre und rechtsextreme Einstellung in Deutschland, Gießen 2016.

Fukuyama, Francis: Das Ende der Geschichte. Wo stehen wir?, Reinbek 1992.

Funke, Hajo: Brandstifter. Deutschland zwischen Demokratie und völkischem Nationalismus, Göttingen 1993.

Funke, Hajo: Der amerikanische Weg. Hegemonialer Nationalismus in der US-Administration, Berlin 2002.

Funke, Hajo: Gott Macht Amerika. Ideologie, Religion und Politik der US-amerikanischen Rechten, Berlin 2006.

Funke, Hajo: Paranoia und Politik. Rechtsextremismus in der Berliner Republik, Berlin 2002.

Funke, Hajo: Staatsaffäre NSU, Münster 2015.

Gabriel, Ralph/Grastorf, Ingo/Lakeit, Tanja/Wandt, Lisa/Weyand, David: Futur Exakt. Jugendkultur in Oranienburg zwischen rechtsextremer Gewalt und demokratischem Engagement, Berlin 2004.

Gedeon, Wolfgang: Der grüne Kommunismus und die Diktatur der Minderheiten – eine Kritik des westlichen Zeitgeists, Frankfurt a. M. 2012.

Guérot, Ulrike: Das Versagen der politischen Mitte. Die EU und der Aufstieg des Rechtspopulismus, in: *Blätter für deutsche und internationale Politik*, 6/2016.

Guérot, Ulrike: Warum Europa eine Republik werden muss. Ein politische Utopie, Bonn 2016.

Heidegger, Martin: Sein und Zeit, Tübingen 1967.

Heitmeyer, Wilhelm (Hg.): Deutsche Zustände, Folge 10, Frankfurt a. M. 2012.

Hensel, Alexander/Geiges, Lars/Pausch Robert/Förster, Julika: Die AfD vor den Landtagswahlen 2016. Arbeitspapier der Otto Brenner Stiftung 20, Gießen 2016.

Himmelmann, Gerhard: Demokratie-Lernen als Lebens-, Gesellschafts- und Herrschaftsform, Schwalbach a. Ts. 2001.

Holtmann, Everhard/Jaeck, Tobias/Völkl, Kerstin: Sachsen-Anhalt-Monitor 2014. Festigung der Demokratie. Erhebung im Auftrag der Landeszentrale für politische Bildung Sachsen-Anhalt, Halle 2014.

Jaschke, Hans-Gerd: Rechtsextremismus und Fremdenfeindlichkeit, Wiesbaden 2001.

Jünger, Ernst: Politische Publizistik 1919–1933, Stuttgart 2001.

Jünger, Ernst: Der Kampf als inneres Erlebnis, in: Ders: Sämtliche Werke, Bd. 7, Stuttgart 1980.

Kemper, Andreas: „... die neurotische Phase überwinden, in der wir uns seit 70 Jahren befinden". Zur Differenz von Konservatismus und Faschismus am Beispiel der „Historischen Mission" Björn Höckes (AfD), Jena 2016.

Kemper, Markus/Klier, Harald/Funke, Hajo: „Ich will mich nicht daran gewöhnen." Fremdenfeindlichkeit in Oranienburg, Berlin 1998.

Metzger, Frank/Behrens, Kilian: „Die Bedrohung wächst. Rassistische Mobilisierungen in Berlin und Brandenburg", in: *Monitor. Rundbrief des apabiz*, 73, 4/2016.

Minkenberg, Michael: Die neue radikale Rechte im Vergleich, Wiesbaden 1998.

Nachtwey, Oliver: Die Abstiegsgesellschaft. Über das Aufbegehren in der regressiven Moderne, Berlin 2016.

Neaman, Elliot: A Dubious Past. Ernst Jünger and the Politics of Literature after Nazism, Berkeley 1999.

Pickel, Gert/Decker, Oliver (Hg.): Extremismus in Sachsen, Leipzig 2016.

Quent, Matthias/Schmidtke, Franziska/Salheiser, Axel: Gefährdungen der demokratischen Kultur in Thüringen. Expertise zur Überarbeitung des Thüringer Landesprogramms für Demokratie, Toleranz und Weltoffenheit, Jena 2016.

Rensmann, Lars/Hagemann, Steffen/Funke, Hajo: Autoritarismus und Demokratie. Politische Theorie und Kultur in der globalen Moderne, Schwalbach a. Ts. 2011.

Röpke, Andrea: Gefährlich verankert. Rechtsextreme Graswurzelarbeit, Strategien und neue Netzwerke in Mecklenburg-Vorpommern, Schwerin 2014.

Rosanvallon, Pierre: The Society of Equals, Cambridge 2013.

Sanft, Hilde/Sanders, Eike/Jentsch Uli: „Reihenweise Einzeltäter. Die Behörden verhindern die Aufklärung des NSU-Netzwerks", in: *Monitor. Rundbrief des apabiz*, 66, 10/2014.

Schäfer, Armin: Der Verlust politischer Gleichheit. Warum die sinkende Wahlbeteiligung der Demokratie schadet, Frankfurt a. M. 2015.

Sellner, Martin/Spatz, Walter: Gelassen in den Widerstand, Ein Gespräch über Heidegger, Steigra 2015.

Stöss, Richard: Rechtsextremismus im vereinten Deutschland, Berlin 2000.

Streeck, Wolfgang: Gekaufte Zeit: Die vertagte Krise des demokratischen Kapitalismus, Berlin 2013.

Sumner, William: Folkways. A study of the sociological importance of usages, manners, customs, mores, and morals, New York 1906.

Vorländer, Hans/Herold, Maik/Schäller, Steven: Pegida. Entwicklung, Zusammensetzung und Deutung einer Empörungsbewegung, Berlin 2016.

Wölk, Volkmar: Kreuzritter für das Abendland, in: Fritz Burschel (Hg.): Durchmarsch von rechts. 17. Manuskripte. Neue Folge. Rosa Luxemburg Stiftung, Berlin 2016.

Zick, Andreas/Klein, Anne: Fragile Mitte – Feindselige Zustände, von Ralf Melzer herausgegeben für die Friedrich-Ebert-Stiftung, Bonn 2014.

Dank

Wir danken unseren Lektorinnen Ariane Sept und Kristin Schulz sowie Lutz Bucklitsch, dem webmaster von *www.hajofunke.de*. Wir danken Micha Brumlik, Christiane Mudra, David Begrich und Andrea Röpke für Kritik und Einsichten. Wir danken dem Verleger André Förster und Julia Kopa für die Idee zur Umschlaggestaltung.

Wir grüßen die Aktiven in allen demokratischen Parteien, den Gewerkschaften, Religionsgemeinschaften und zivilgesellschaftlichen Initiativen, die für Flüchtlinge, den Erhalt des demokratischen Rechtsstaats und gegen rechts eintreten.